*Thilo Thielke*

# *TANSANIA – Reportagen und Reiseberichte aus dem Herzen Ostafrikas*

Thilo Thielke bietet spannende Reportagen und historische Exkursionen zu einem Land mit einer bewegten Vergangenheit. Denn in Tansania trieben sowohl deutsche Kolonialisten als auch brutale Sklavenhändler ihr Unwesen. Doch mit seinen Rohstoffen und einer beeindruckenden Natur birgt Tansania viele Schätze. So ist es Objekt unterschiedlichster Interessen und heute das beliebteste Reiseziel Ostafrikas.

In Tansania gibt es gewaltige Gold- und Erdgasvorkommen, in Tansania liegen der Kilimandscharo, die Serengeti und der Ngorongoro-Krater. Das Land hat Zugang zu allen drei großen afrikanischen Seen: Tanganyika-, Malawi- und Victoriasee. Hinzu kommt eine endlose Küste am Indischen Ozean mit dem wichtigen Hafen Dar es Salaam. Tansania hat also beste Voraussetzungen für eine Erfolgsgeschichte.

Dennoch lähmen eine ausufernde Korruption und die sozialistische Vergangenheit mit den Volkserziehungsexperimenten des Unabhängigkeitspräsidenten Julius Nyerere das Land. Ausländische Investoren werden von Bürokraten verschreckt, die Wilderei wird exzessiv betrieben – hauptsächlich weil Beamte so tief in das schmutzige Geschäft verstrickt sind. All dies vermittelt uns Thielke auf spannende Weise als Kenner dieses interessanten Landes.

*Thilo Thielke*, geb. 1968, arbeitete 1985–1990 für die Neue Presse, Hannover, danach beim SPIEGEL in Hamburg; dort 1990–1997 Redakteur bei SPIEGEL TV; beim SPIEGEL 1997–2000 Deutschlandressort, 2001 Sportressort, 2002 Auslandsressort; 2003–2008 SPIEGEL-Korrespondent in Nairobi, 2009–2012 in Bangkok; seit 2013 arbeitet er freiberuflich und besitzt eine Lodge am Kilimandscharo. Zahlreiche Buchpublikationen, bei Brandes & Apsel: *Kenia – Reportagen aus dem Inneren eines zerrissenen Landes* (2008); *Philippinen. Unterwegs im Land der 7000 Inseln* (2011).

Thilo Thielke

# TANSANIA –

## Reportagen und Reiseberichte aus dem Herzen Ostafrikas

Brandes & Apsel

Auf Wunsch informieren wir Sie regelmäßig über Neuerscheinungen in dem Bereich Psychoanalyse/Psychotherapie – Globalisierung/ Politisches Sachbuch/Afrika – Interkulturelles Sachbuch – Sachbücher/Wissenschaft – Literatur.

Bitte senden Sie uns dafür eine E-Mail an info@brandes-apsel.de mit Ihrem entsprechenden Interessenschwerpunkt.

Gerne können Sie uns auch Ihre Postadresse übermitteln, wenn Sie die Zusendung unserer Prospekte wünschen.

Außerdem finden Sie unser Gesamtverzeichnis mit aktuellen Informationen im Internet unter: www.brandes-apsel-verlag.de

1. Auflage 2015

Lektorat: Caroline Ebinger, Brandes & Apsel Verlag, Frankfurt a. M.
Umschlag und DTP: Felicitas Müller, Brandes & Apsel Verlag, Frankfurt a. M. unter Verwendung eines Fotos von Michaela Plambeck
Fotos im Bildteil von Bianca und Thilo Thielke, Peter Hiltmann, Thomas Becker, Michaela Plambeck
Druck: STEGA TISAK d.o.o., Printed in Croatia
Gedruckt auf einem nach den Richtlinien des Forest Stewardship Council (FSC) zertifizierten, säurefreien, alterungsbeständigen und chlorfrei gebleichten Papier.

Bibliografische Information der Deutschen Nationalbibliothek:
Die Deutsche Nationalbibliothek verzeichnet diese Publikation in der Deutschen Nationalbibliografie; detaillierte bibliografische Daten sind im Internet über www.ddb.de abrufbar.

ISBN 978-3-95558-110-7

# Inhalt

Ich danke meiner Frau Bianca
und meinen Kindern Arthur und Sophie
für die tatkräftige Unterstützung.

# Ankunft in Afrika

»Ich hatte eine Farm in Afrika am Fuße der Ngong-Berge« – so beginnt der vielleicht berühmteste Afrika-Roman, verfasst von der Dänin Karen Blixen, verfilmt mit Robert Redford und Meryl Streep (*Out of Africa*).

Wir haben zwar keine Farm, aber eine kleine Lodge in Afrika am Fuße des Kilimandscharo – und uns damit einen Lebenstraum erfüllt. Wir, das sind meine Frau Bianca, meine Kinder Arthur und Sophie, unsere Katze Tongtong aus Bangkok, der Mischlingshund Taffy, ein Einheimischer, und ich.

Wenn wir morgens aufwachen, vom Geschrei der Ibisse, dem Gegacker der Hühner oder dem Ruf des Muezzins, dann blicken wir auf das gewaltige schneebedeckte Massiv von Afrikas höchstem Berg.

Im Morgenlicht schimmert es rötlich-violett, abends eher golden. Oft kreisen Adler über unserem Anwesen, unten gurgelt das kristallklare Kilimandscharo-Wasser ins Tal, ringsum wuchert der Dschungel, grün und undurchdringlich und von einem kleinen Lehmpfad durchschnitten, der mit Ach und Krach für einen Geländewagen ausreicht.

Während meine alten Kollegen morgens im Büro auf Konferenzen die Weltlage debattieren, quälen wir uns im Landrover über staubige Pisten, um unseren Wachmann Kisioki in seinem Massaidorf abzusetzen. Seine Schwester ist krank, sie braucht dringend Medizin. Seit drei Tagen liegt sie schon im Fieber. Zur Begrüßung wird uns ein Trank aus Rinderblut und Milch gereicht. Alle freuen sich daran, wie wir das Zeug herunterwürgen. In Hamburg gibt es jetzt Cappuccino. Neidisch bin ich dennoch nicht.

Den Kindern scheint es auch zu gefallen: Während wir noch mit der bräunlichen Brühe hadern, lässt sich Arthur in die Kunst des Bogenschießens einweisen, und Sophie bestaunt den Halsschmuck der Massaifrauen.

Es hat nicht lange gedauert, und die Barbies aus Deutschland gehörten schon einer verstaubten Vergangenheit an. Und wie hießen noch diese rosaroten Pferde, die fliegen können? Stimmt, Filly. Vor ein paar Monaten noch mussten wir denen ein unverschämt teures Plastikschloss kaufen.

In Afrika aber hat Sophie die Natur entdeckt. Emsig schleppt sie mit meiner Frau Kaffeesträucher zum Hang. Dort entsteht gerade eine kleine Plantage, über der sich eine Terrasse mit Kilimandscharo-Blick erhebt. Karen Blixen lässt grüßen. Und die Gäste sollen es ja auch schön haben – ein bisschen

Jenseits-von-Afrika-Romantik kann jedenfalls nicht schaden. Zur Entspannung gibt es Yoga- und Pilateskurse.

Ich muss zugeben: Ich habe den Roman der Dänin erst sehr spät gelesen, als ich schon Korrespondent in Nairobi war, irgendwann zwischen 2003 und 2008. Als Kind hingegen habe ich ein Jugendbuch verschlungen, dessen Titel mir nach all den Jahren immer noch im Gedächtnis ist. Es heißt *Der Kongo gibt sein Geheimnis preis*, und es erzählt von dem amerikanischen Journalisten Henry Morton Stanley, der sich auf den Weg nach Afrika macht, um den verschollenen schottischen Missionar David Livingstone zu finden. Es war eine Abenteuer- und Entdeckergeschichte und wirklich mein Lieblingsbuch.

Später bin ich dann tatsächlich Journalist geworden, und dann sind wir in Afrika hängengeblieben. Zunächst nur für ein paar Jahre, schließlich für immer. Vielleicht hat mich Hans-Otto Meissners historischer Roman tatsächlich geprägt. Wer weiß.

Der erste Auslandsjob kam 2003, der Posten war in Nairobi, Kenias Hauptstadt, das Berichtsgebiet Schwarzafrika, also mehr als 40 Länder – genau habe ich sie nie gezählt. Lange darüber nachgedacht, ob wir das machen sollten, haben wir nicht.

Mein Ressortleiter Olaf Ihlau hatte mir in einer Hamburger Kiezkneipe das Angebot gemacht, und ich hatte noch am selben Abend zugesagt. Bianca wollte sowieso wieder nach Afrika. Als Kind war sie schon in Togo zur Schule gegangen, während ihr Vater in der Hauptstadt Lomé Leprakranke mit Prothesen versorgte. Und mir schien ein Ausflug nach Afrika aufregend und risikolos, schließlich war ich ja nur von meinem Arbeitgeber entsandt worden und konnte jederzeit an meinen alten Arbeitsplatz zurück.

Zuerst waren wir noch zu zweit, Bianca und ich. Dann kamen Arthur und Sophie dazu, geboren im Aga-Khan-Krankenhaus in Nairobis Inderstadtteil Parklands, wo die Krankenhäuser etwas besser sind.

Ein paar Jahre blieben wir auf dem »Dunklen Kontinent« (Henry Morton Stanley), dann ging es weiter nach Bangkok. In Afrika hatten wir uns zwar immer wohlgefühlt, doch nach fünf Jahren Kriegsberichterstattung im Kongo und Sudan, in Somalia und Liberia, der Elfenbeinkünste und Uganda und wo auch immer sonst noch herumgeschossen wurde, war uns nach einem Wechsel zumute. Thailand kam da gerade recht.

Doch in Bangkok, in der Schwüle der südostasiatischen Megacity, wurde uns sehr schnell klar, wie sehr uns Afrika gefangengenommen hatte. Wo war die Weite geblieben? Die Freiheit? Die Wildnis? Der Staub? Ja, auch der. Die Buschtrommeln, die Grillen, das Gelächter der Dorfbewohner, das abends aus den Kraals hallt? Dieser unendlich erscheinende afrikanische Himmel? Der Landrover? Die Tiere? Wir vermissten plötzlich tausend Dinge, die so alltäglich geworden waren, dass wir sie kaum noch als besonders wahrgenommen hatten.

Die Kinder passten sich schnell an. Sie sprachen plötzlich sogar Thai. Die Eltern hingegen litten. Zuerst in Bangkok – dann, nach einem erneuten Umzug, in Deutschland noch mehr. Arthur und Sophie spielten jetzt mit Barbies und Spiderman. Papa saß auf Konferenzen und in Pendlerzügen neben Krawattenträgern, und Mutti backte Kuchen für die Landfrauen. Schnell tauchte da die Frage auf: Was nun? Das konnte es ja nicht gewesen sein.

Warum eigentlich nicht zurück nach Afrika? Und dann für immer? Die ständigen Umzüge, die der Beruf in den vergangenen Jahren mit sich gebracht hatte, wollten wir unseren Kindern jedenfalls nicht mehr zumuten.

Die Frage war deshalb eigentlich nur noch: Deutschland oder Afrika?

Um die Kindermöbelfirma namens *Dekdek*, die meine Frau mit einer Freundin aufgebaut hatte, konnte sie sich auch nebenbei von Afrika aus kümmern – das Internet macht es möglich. Jeden Tag verbringt sie nun einige Stunden und skypt, verschickt Textnachrichten oder ist bei Facebook unterwegs. So groß ist der Unterschied zu Deutschland dank all dieser technischen Neuerungen nicht mehr.

Die Kinder hatten von ihren ersten Lebensjahren gerade einmal ein paar Monate im Land ihrer Ahnen verbracht, die meiste Zeit hingegen in den Tropen. Schlecht war ihnen das nicht bekommen. Sie sprachen fließend Englisch und Deutsch und nebenbei auch noch ein wenig Thai und Kisuaheli, ihre Freunde waren aus Afrika und Asien und sonstwoher, und die Klassenfotos, die sie mitbrachten, hätten für jede *Benetton*-Werbung getaugt. Was konnten sie in Deutschland besser lernen als in der weiten Welt?

Jetzt besuchen sie am Kilimandscharo die *Internationale Schule*. Arthurs bester Freund Aloine ist Franzose, aber gerade aus Kanada, wo die Familie die letzten acht Jahre verbracht hat, hierhergezogen. Sophies beste Freundin heißt Priska. Sie kommt aus Afrika und hat deutsche Adoptiveltern, die seit vielen Jahren schon in Moshi leben. Ihr Vater arbeitet bei einem kirchlichen Radiosender. Die anderen sind Engländer, Holländer, Inder.

Ihre Eltern sind im Ölgeschäft, vermieten Autos, arbeiten in der Entwicklungshilfe oder graben im Ngorongoro-Krater die Millionen Jahre alten Gebeine unserer Vorfahren aus.

Und was machen wir? Patchworkarbeit hat den vermeintlich sicheren Bürojob ersetzt.

Die Kaliwa Lodge, unsere neue Heimat, ist mit elf Zimmern relativ klein, aber das macht sie gemütlich. Zwei deutsche Architekten haben sie im Bauhausstil errichtet. So etwas ist einzigartig in Ostafrika. Deshalb erwarten wir demnächst den Leiter der Ernst-May-Gesellschaft zu Besuch. Er hat über das

Wirken des berühmten Bauhausarchitekten, der vor den Nazis nach Ostafrika emigriert war, promoviert und ist neugierig auf unsere Herberge am Berg.

Danach kommen Yogagruppen, um sich von der Kraft des Bergs inspirieren zu lassen, und ein befreundeter Fotograf plant eine Ausstellung und Fotokurse in unseren Räumlichkeiten. Obwohl der Schnee am berühmten Berg langsam schmilzt, hat der Kilimandscharo immer noch eine unglaubliche Anziehungskraft.

Mit unserem Schweizer Freund Joel Andres betreiben wir eine kleine Sprachschule für Kisuaheli und, nebenbei, eine gutsortierte Whiskybar. Bianca kümmert sich um ihre Spielmöbel und die Kaffeeplantage. Ich schreibe Bücher. Irgendwie kommen wir über die Runden, auch ohne Weihnachtsgeld und Pendlerpauschale. Was uns wichtiger ist: Wir fühlen uns frei.

Nur dann und wann werden wir vom Bürgermeister belästigt. Der kennt kein Schamgefühl. Er heißt Mister Wilbert, und wenn er sich meldet, dann meint er meist, er sei ein sehr geduldiger Mensch, aber noch geduldiger wäre er, wenn wir ihm einen Kuhstall spendieren würden oder, beim nächsten Mal, wenn wir ihm Dünger kaufen würden. Was passiert, sollten wir uns weigern, läßt er offen. Aber wir wissen: Er wird schon am längeren Hebel sitzen. Rechtssicherheit ist ein Fremdwort hier. Korruption und Erpressung hingegen sind endemisch.

Größer als unsere eigenen waren die Sorgen der Familie in Deutschland. Geht das gut bei den Wilden? grämte sich meine Mutter und sah hauptsächlich die Gefahren: Malaria, Bürgerkriege, Autopannen in der Serengeti.

Schließlich konnten wir sie beruhigen. Todbringende Krankheiten wie Gelb- oder Sumpffieber kommen in der Höhe, in der wir leben, kaum vor. Das Klima ist weitaus angenehmer als in Thailand, wo wir vorher waren. Politische Unruhen gibt es, soweit ich das überblicken kann, auch kaum: Der Wutbürger ist ja ein Produkt der deutschen Wohlstandsgesellschaft. Die Wahrscheinlichkeit, am Stuttgarter Bahnhof von einem Pflasterstein getroffen zu werden, erscheint mir jedenfalls größer als die Gefahr, in einen Massaispeer zu laufen. Hier lächeln die Menschen, und wenn es ihnen zu hektisch wird, rufen sie »Pole, Pole«, das bedeutet: »Langsam, langsam«, sie rufen nicht »Ruckizucki« oder »Zackzack«.

Die Löwen lassen einen ebenfalls in Ruhe, wenn man sie nicht reizt. Und die Schlangen sind dermaßen schüchtern, dass Arthur schon ganz enttäuscht ist.

Er hatte sich den Rückzug nach Afrika aufregender vorgestellt. Morgens muss er jetzt neben Kisuaheli auch Mathe, Englisch und Erdkunde büffeln – so wie seine alten Kumpels Marten, Finn und Oke an der Ostseeküste auch.

Schwieriger gestalteten sich die bürokratischen Hemmnisse. Noch immer leidet Tansania unter den Spätfolgen von Julius Nyereres sozialistischer Kommandopolitik. Private Investoren werden misstrauisch beäugt. Ausländer sind natürlich als Touristen willkommen, die nach Herzenslust gemolken werden können. Von Marktwirtschaft allerdings wollen die wenigsten tansanischen Apparatschiks etwas wissen. Das Geld kommt ja auch in der Regel aus der Entwicklungshilfe.

Privater Grundbesitz ist in Tansania folglich nicht gestattet – alles gehört dem Staat, und so sieht es dann auch aus. Felder verrotten, Staatsbetriebe vergammeln, in den Nationalparks wird gewildert wie selten zuvor. Uns steht nun ein wahrer Marathon bevor: Einwanderungsbehörde, Anwälte, das *Tanzanian Investment Center* in Dar es Salaam, das Monate benötigt, um das Geld zu zählen, das wir für die Lodge bezahlt haben. Doch endlich sind alle Papiere zusammen, und wir erwarten sehnsüchtig den Container aus Hamburg, in dem sich unser Hab und Gut befindet. Ein paar Tausend Dollar noch am Zoll, dann ist alles da. Ein neues Leben am Fuße des Kilimandscharo kann beginnen.

Nur von Beamten der Immigrationsbehörde in Moshi bekommen wir noch regelmäßig Besuch. Angeblich kommen sie immer wieder, um schon längst begutachtete Genehmigungen in Augenschein zu nehmen. In Wirklichkeit wollen sie sich bei uns satt essen und schnorren Cola und Kaffee, und einmal klaut ein besonders dreister Vertreter dieses fragwürdigen Gewerbes unser Gästebuch. Wir weisen unsere Mitarbeiter an, besonders achtzugeben, wenn der Typ wieder auftauchen sollte. Er nennt sich Henry und behauptet, er habe »Regierungsautorität«. Nachdem unsere Massaiwächter ihm streng in die rotunterlaufenen Augen geschaut haben, trollt er sich aber, und tatsächlich verliert seine Bande nach einer Weile die Lust und belästigt uns nicht mehr. Vermutlich hatten es diese Vertreter eines abgewirtschafteten Staatswesens ohnehin mehr auf unseren Whisky abgesehen. Mehr schlecht als recht schaltet sich auch unser Anwalt aus Arusha in die Kabale mit der Ordnungsmacht ein. Er ist ein feister Typ namens Boniface, der nur selten den Zahnstocher aus dem Mund nimmt, was sein genuscheltes Englisch noch unverständlicher macht. Seine Firma hat er *Royal Attorneys* genannt, ein kleiner Treppenwitz in diesem immer noch mehr oder weniger sozialistischen Land. Welch ein Theater das alles! Seine Dienste hat er sich jedenfalls königlich von uns bezahlen lassen – und zwar im Voraus. Beamte und Anwälte leben auch in Tansania in einer symbiotischen Beziehung. Aber vergessen wir die Raffzähne von Regierung und Jurisprudenz und genießen die Schönheit der neuen Heimat! »Daß ein Berg in diesem dampfend heißen Erdstrich unerschütterlich, dauernd eisbedeckt sein kann, macht ihn doppelt bemerkenswert«, schrieb in den fünfziger Jahren des 20. Jahrhunderts der amerikanische Reisende John Gunther in seinem Buch *Afrika von Innen*, »schließlich ist er nicht von andern Bergen eingeengt oder umlagert; er ist kein Teil einer Gebirgskette, sondern erhebt sich abgesondert und allein aus dem Boden. Keine Vorberge drängen sich an sein sanft gefurchten Flanken.« Dieses Kapitel nannte Gunther übrigens »Die Wunderwelt von Tanganyika«, und er leitete es mit einem alten Sprichwort aus der Region ein: »Vom Tage der Geburt des Menschen an sind seine Tage gezählt.« So ist das wohl, und darum verlieren wir auch keine Zeit und erkunden die Umgebung.

# Moshi

Moshi nimmt uns Neulinge mit offenen Armen auf. Ein buntes Völkchen tummelt sich hier, holländische Blumenzüchter, amerikanische Missionare, deutsche Reiseveranstalter – auch mancherlei dubiose Typen wie die zwei weißen Quacksalber, die behaupten, Aids mit Globuli heilen zu können, und mit derlei Versprechen leider den einen oder anderen Leichtgläubigen in ihre »Praxis« locken.

Unseren Honig beziehen wir nun von Francis. Der Belgier lebt seit vier Jahren am Fuße des Kilimandscharo und hat mittlerweile fast 600 Bienenstöcke in der Umgebung aufgebaut. »Jeder Stock beherbergt 20.000 bis 50.000 Bienen«, erklärt uns Francis, der auch findet: »Der Honig, den sie liefern, gehört zum Besten der Welt.«

30 Kilogramm liefert jeder Bienenstock pro Jahr. Das Produkt nennt sich Kili Delight. Es ist purer Honig ohne jegliche Zusatzstoffe. Die Aufkäufer kommen aus diversen ostafrikanischen Ländern: aus Burundi, Ruanda oder Tansania. Nur der weltweite Export ist schwierig. Der Hafen von Dar es Salaam erweist sich einmal mehr als kaum zu überwindendes Hindernis. Korruption und Faulheit führen dazu, dass Ware verrottet, verschwindet oder schlicht zu teuer wird. Der Hafen im kenianischen Mombasa kommt ebenfalls kaum in Frage. Zwischen Tansania und Kenia toben ständig irgendwelche Handelskriege. Weil die Tansanier Angst vor einer Invasion kenianischer Geschäftsleute haben, machen sie den Kenianern das Leben so schwer wie möglich. Im Gegenzug verbietet Kenia tansanischen Reisebussen, den internationalen Flughafen von Nairobi, Jomo Kenyatta, anzusteuern. Seit Kurzem wird sogar die in Nairobi herausgegebene Wochenzeitung *The East African* nicht mehr in Tansania verkauft. Es stand irgendetwas Kritisches über die Regierung in Dodoma darin. Trotz diverser Hindernisse will Francis aber bleiben. Früher hat er für *Shell* in Holland und in Paris gearbeitet, war Manager in der petrochemischen Sparte. Doch dann hatte er genug von der Chemie und dem großen Geld und dem schlechten Wetter und packte seine Sachen, um sich in Tansania niederzulassen und einen neuen Anfang zu wagen. »Das Leben hier ist einfach, und als Weißer bist du quasi rechtlos«, sagt er, »dennoch lohnt es sich: Afrika fordert dich heraus, immer wieder! Ich mag das.« Und Angst vor seinen Bienen hat Francis auch nicht.

Dabei gehörten die berüchtigten Stechimmen einst zu den größten Schrecken früher Afrikaforscher. So klagte schon der Deutsche Richard Kandt, als er sich 1897 von Sansibar aus zu den Quellen des Nils aufmachte: »Bienenattacken gehören immer wieder zu den wenig angenehmen Reiseepisoden, denn die Träger lösen sich sofort nach allen Himmelsrichtungen in wilder Flucht auf.« Einmal habe sich ein Bienenschwarm über seine Reisegruppe regelrecht ergossen, »und wir alle rannten wie toll den jähen Berg hinab, während die Warundi, die auf dem Kamm zurückgeblieben waren und den Grund unserer Panik nicht erkannten, in ein triumphales Geheul ausbrachen. Ich selbst hatte schon ein paar Angeln in der Haut, aber ich mußte gleichwohl vor Vergnügen und Bosheit heulen, wie mein fußkranker Jäger, dessen Kopf durch keine Last geschützt den Bienen ein besonders exponiertes Angriffsobjekt darbot, wild und hurtig und wie eine verrückt gewordene Windmühle mit den langen Armen durcheinanderfuchtelnd, einem Böcklein gleich, über die Felsen hinabsprang und fast als erster von allen eine Platte dicht über dem Fluß erreichte.« Lang ist's her.

Als erstes fallen einem in Moshi die vielen weißen Rubensfrauen mit ihren schwarzen Boys auf. Arm in Arm schlendern sie durch die staubigen Straßen des verschlafenen Städtchens und genießen das leichte Leben. Viele kommen ganz gezielt zur Paarung nach Afrika, andere verlieben sich eher zufällig in die Reiseführer mit ihren kunstvoll geölten Rastafrisuren und dem einstudierten Schmachtblick. Glaubt man der tansanischen Tageszeitung *The Citizen Daily* hat sich der Sextourismus in Tansania zur regelrechten Plage ausgeweitet. »In den vergangenen Jahren hat sich Tansania zum beliebten Reiseziel entwickelt, und auch die Zahl der Sextouristen ist gestiegen«, schreibt das Blatt: »Sextouristen besuchen regelmäßig Sansibar, Dar es Salaam, Arusha und Moshi. Die meisten dieser weißen Frauen erfüllen nicht die europäischen Schönheitsstandards, und viele haben ein ziemliches Übergewicht. Zu Hause würden sie nur schwer einen Mann oder Freund finden.« In Moshi aber sind die Walküren aus dem hohen Norden hochwillkommen. Viele führen mittlerweile kleine Herbergen, Kneipen oder Souvenirshops, in denen Bilder eher untalentierter Künstler aus Kenia oder auch Speere und Holzfiguren angeboten werden. Wenn es Ärger mit dem *African Lover* gibt, fließen allerdings oft Tränen, und all das investierte Geld ist verloren, denn die im Liebestaumel gegründeten Geschäfte sind immer auf Rastaman und Beachboy angemeldet. Wenn man Land pachten oder Geschäfte gründen möchte, benötigt man nämlich einen tansanischen Partner, der mindestens 51 Prozent der Firma besitzt. Das ist eine ganz spezielle Art von Entwicklungshilfe. Den nun mittellos gewordenen Frauen bleibt oft nichts anderes übrig, als eine Autobiographie zu verfassen und ihre Abenteuer in Talkshows öffentlich zu verarbeiten. Ähnliche Phänomene kannten wir übrigens schon aus Kenia, wo sich gelangweilte weiße Nairobi-Frauen ihre Liebhaber gerne unter den Animateuren der Remmidemmiküstenhotels rekrutieren. Warum auch nicht? Es soll schließlich jeder nach seiner Fasson glücklich werden.

Neu ist das alles also nicht. In seiner lesenswerten Abhandlung *Im Tropenfieber* von 2002 stellt der Anthropologe Johannes Fabian fest: »Es überrascht nicht, daß erotische Spannung die Begegnungen zwischen Afrikanern und europäischen Forschungsreisenden gelegentlich aus dem Gleichgewicht bringt.« Nur die Aidsseuche wird so natürlich nicht eingedämmt. Die vielen Kinder, die die interkulturellen Romanzen hervorbringen, lassen auf mehr als nur eine gewisse Nachlässigkeit schließen. Die Krankenschwester Angelika Wohlenberg, die sich als »wilde Heilige der Steppe« oder auch »Mama Massai« einen kleinen Ruhm erworben hat, bestätigt die schlimmsten Befürchtungen. »Ein junger Massai schläft mit so vielen Mädchen, wie er möchte, ob sie verheiratet sind oder nicht, ob sie es selbst wollen oder nicht«, vertraute sie ihrer Biographin Hanna Schott an. An Aids würden die wenigsten glauben, schon gar nicht, dass sie sich infizieren könnten, »nur weil sie sich mit jemandem auf der Kuhhaut vergnügten, der an dieser Krankheit litt«. Ein nachgerade irrsinniger Leichtsinn breitet sich da aus. Immerhin waren schon 1983 erste Fälle der Seuche in Tansania aufgetaucht. Und »heute gehört das Land zu den Hochburgen der tödlichen Immunschwäche«, wie der Afrika-Kenner Tom Kunkler, der selbst am Kilimandscharo lebt, weiß. In bestimmten Regionen liege die Infizierungsrate bei über 45 Prozent, berichtet Kunkler. »Afrika blutet aus. Jedes Jahr sterben dort so viele Menschen an Aids wie Berlin Einwohner hat«, berichten die Journalisten Ursula Meissner und Heinz Metlitzky in ihrem lesenswerten Buch *Todestanz*, »es ist keine Übertreibung, wenn man HIV/Aids als die größte Seuche seit Menschheitsgedenken bezeichnet, verheerender als der Schwarze Tod.«

Dass gerade aufgeklärte Europäerinnen in Tansania so wenig an die Konsequenzen ihres Tuns denken, verblüfft, stellen doch die zwei Autoren fest, dass gerade dieses ostafrikanische Land eine besondere Bedeutung für die Ausbreitung der Seuche hat: »Am Victoriasee, auf dem Staatsgebiet von Tansania, wurden die ersten HIV-infizierten Afrikaner entdeckt.« Doch das Verdrängen der tödlichen Krankheit scheint weit verbreitet. Wenn die beiden Journalisten auf das Thema Aids und Schimpansen zu sprechen kommen, hören sie immer wieder, die ehemaligen Kolonialmächte versuchten, »den Ruf Afrikas als den eines dunklen Kontinents wiederzubeleben, um von der kolonialen Hinterlassenschaft abzulenken«. Ihr Fazit: Eine öffentliche Diskussion finde nicht statt und sei auch nicht zu erwarten. »Besonders besorgniserregend« findet es der Hamburger Professor Cord Jakobeit, »dass die Aidspandemie in Afrika inzwischen den kriegerischen Konflikt als Haupttodesursache abgelöst hat.«

Aber nicht nur dieses suizidale Sexualverhalten ansonsten eher gesundheitsbewusster Naturen, auch die Musik, die aus den Ghettoblastern der germanischen Grazien scheppert, ist bisweilen gewöhnungsbedürftig. Mit dem Respekt gegenüber dem heiligen Berg ist es nämlich manchmal so eine Sache. Deutsche Kulturschaffende beispielsweise haben sich jahrelang mit eher mäßigem Erfolg an dem Berg abgearbeitet. So behauptete Tony Marschall in seinem Kilimandscharo-Gassenhauer von 1982, »Kili Kili Kilimandscharo« heiße »ein uraltes Lied, Kili Kili Kili Kilimandscharooo / Und alle singen es mit / Die rote Scheibe der Sonne sinkt / Ein heißer Tag ist vorüber / Flöße treiben im Abendwind / die weite Steppe erwacht«. Die rote Sonne mag am Kilimandscharo ja noch sinken, der heiße Tag vorübergehen und die Steppe irgendwann erwachen, schon bei den Flößen allerdings stellen sich erste Zweifel an Tony Marschalls geographischen Kenntnissen ein. Dann allerdings treibt es der Barde allzu bunt: »Die weiße Sichel des Mondes steht / Im Meer der funkelnden Sterne / Affen kreischen, ein Tiger geht / Auf seine nächtliche Jagd / Das Krokodil liegt im Fluß und lauscht / Auf die Musik in der Ferne / Im Menschendorf ist ein großes Fest / Das endet erst, wenn es tagt.« Afrikanische Tiger auf nächtlicher Jagd sind uns bislang jedenfalls noch nicht untergekommen. Aber möglicherweise kann ja Marschalls Ostpendent, DDR-Popstar Thomas Lück, mit präziseren Beobachtungen glänzen. Der hatte in den siebziger Jahren (»Wo kommt der Schnee auf dem Kilimandscharo her?«) geträllert: »Das hat die Welt noch niemals gesehn / Oft hat schon der Wüstensand / Männerkehlen ausgebrannt / Frauen gehen oben ohne / das macht sie zur heißen Zone / Kleidung wird dort eingespart / Pelz trägt nur der Leopard.« Und tatsächlich: Trotz systembedingter Reiseeinschränkungen (Ostsee, Rumänien, Bulgarien, Pjöngjang) besticht Lücks Lied mit einigen klugen Feststellungen: »Nicht umsonst sind alle Fraun / von der Sonne kaffeebraun / Sechzig Grad in der Oase / das versengt dir glatt die Nase / Und du wünschst um jeden Preis / dir ein Schokoladeneis.« Immerhin wähnte der Liedermacher aus dem Osten den Kilimandscharo mit seinen berüchtigten 60 Grad heißen Oasen nicht in Tansanias nördlichem Nachbarland. Das zumindest ist der Schlagersängerin Andrea Berg zuzutrauen. Die schmachtet in ihrem Kilimandscharo-Lied: »Jenseits von Afrika träum ich davon / Kenia noch einmal zu sehn / Und am Rande der Nacht / wenn die Sonne versinkt / neben dir in die Steppe zu gehn / Hoch auf dem Kilimandscharo / da liegt im Sommer noch Schnee / Und tief im Herzen / da spür ich genau / Es tut immer noch weh.« Da loben wir uns doch das französische Schlagersternchen France Gall, das sich 1970 ebenfalls an den afrikanischen Berg wagte und halbwegs fehlerfrei Folgendes zustande brachte: »Kiliman Kiliman Kilimandscharo / Glühend heiße Sonne und die Trommeln rufen / eine alte Melodie /

durch die Savanne klingt / und der große Häuptling / ruft im Dorf der Berge / und er tanzt den Chagadagh / der uns den Regen bringt / Und die braunen Mädchen drehen sich im Kreise / und sie singen Chagadagh / das ewig alte Lied / Von der Serengeti kommen graue Wolken / und aus weißem Wüstensand / das neue Leben blüht.« Denn so ist es tatsächlich am Kilimandscharo. Sehr zu empfehlen sind übrigens die Stücke »Tales of Kilimanjaro« von Carlos Santana, erschienen auf der Platte »The Best Instrumentals«, »Filles des Kilimanjaro« von Miles Davis oder »Kilimanjaro« von Miriam Makeba.

Die eigentlich nur halbstündigen Fahrten zwischen Moshi, wo wir leben, und Machame, wo die Lodge liegt, gestalten sich bisweilen qualvoll. Alle paar Minuten hält uns die Ordnungsmacht an und begutachtet Versicherungsaufkleber, Handschuhfach, Führerschein, Warndreieck und was sonst noch so interessant erscheint. Die Polizisten, die wegen ihrer schneeweißen Uniformen an Matrosen auf Landgang erinnern, werden von ihren Vorgesetzten regelmäßig irgendwo an der Straße abgesetzt, um Geld einzutreiben. Vieles davon wandert allerdings in die eigene Tasche. Man kann es den Streifenpolizisten nicht verdenken. Sie werden nicht nur schlecht bezahlt, sondern oft überhaupt nicht. Und weil es im Beamtenstaat viel zu viele von ihnen gibt, müssen sie mit irgendetwas beschäftigt werden. Ein Ärgernis ist es dennoch, und es herrscht meist die reine Willkür.

In der Lodge haben jetzt Thomas und Heike aus der Gegend von Erfurt angeheuert. Die beiden haben Deutschland ebenfalls den Rücken gekehrt und kümmern sich sehr liebevoll um das Alltagsgeschäft in unserem kleinen Hotel. Die meisten Gäste, die sie betreuen, wollen den Kilimandscharo besteigen und damit dem Pionier Hans Meyer nacheifern, der im Oktober 1889 als erster Mensch den Schneeberg im Herzen Afrikas bezwungen hatte. Meyer übrigens hat Machame geliebt. Von der ganzen Gegend schwärmte der eifrige Chronist des Kilimandscharo als der »großartigsten Seite des äquatorialafrikanischen Schneeriesen«. Diesem Urteil können wir uns nur anschließen. Für Europäer herrscht ein ganzjährig angenehmes Klima – ewiger Frühling.

Kein Wunder, dass sich die Kinder schnell eingewöhnt haben. Auf der *Internationalen Schule Moshi* (ISM) können sie nach dem Unterricht reiten, Tennis oder Fußball spielen und den Swimming Pool benutzen. Hier wird nicht nur gelehrt, die ISM ist so etwas wie das soziale Zentrum des Stadtteils Shanty Town. Dazu tragen auch die vielen Internatsschüler bei, die ganzjährig auf dem Gelände leben und meist nur in den Ferien nach Hause fahren. Von den rund 320 Schülern, die die ISM derzeit besuchen, gehören 150 zum Internat, also fast die Hälfte. Gegründet wurde die Schule im Jahr 1969 eigentlich für die Kinder der Ärzte, die am *Kilimanjaro Christian Medical Center*, von den meisten nur kurz KCMC genannt, arbeiteten, und auch für den Nachwuchs der vielen Missionare, die die Gegend bevölkern. Doch die Schule erfreute sich solch einer Beliebtheit, dass 1986 sogar ein Ableger im 100 Kilometer entfernten und weitaus größeren Arusha gegründet wurde. Seit 1975 kann man hier auch seinen Schulabschluss machen, das »International Baccalaureate« (IB), eine Art Abitur, mit dem man überall auf der Welt studieren kann und auf das sie in der Schule in Moshi besonders stolz sind. »Die IB-Programme für Schüler zwischen drei und neunzehn Jahren helfen, die intellektuellen, emotionalen und sozialen Fähigkeiten in einer sich schnell globalisierenden Welt zu entwickeln«, schreiben sie auf ihrer Homepage und vergessen nicht zu erwähnen, dass es derzeit weltweit eine Million IB-Schüler gibt, die rund 4.000 solcher Schulen in 144 Ländern besuchen. So etwas gibt es also auch im kleinen Moshi am Kilimandscharo.

Schulleiter ist der Brite Bob Hornton. Bob stammt aus der Nähe von London, lebt seit drei Jahren am Kilimandscharo, ist aber ein richtiger Vagabund. Er war schon in Moskau, Warschau, Istanbul, Kairo und Hanoi Lehrer, bevor er die Schule an Afrikas berühmtesten Berg übernahm. Ihm gefällt das Herumziehen. Seine jungen Töchter parlieren mittlerweile in diversen Sprachen, und der größte Teil ihrer Freundinnen sind Tansanierinnen. »Die Welt ist doch wirklich ein Dorf«, sagt Bob, »und durch moderne Kommunikation und den Verkehr rückt sie immer enger zusammen – was kann es da Besseres geben, als die Kinder international aufwachsen zu sehen?« Die Kinder auf internationale Schulen geschickt zu haben, sei das »größte Geschenk«, das er seinen Töchtern habe machen können. Dadurch ermögliche er seinen Kindern einen »guten Start in eine moderne Welt«. Das bemerke er natürlich auch an den anderen Schülern. Die seien durchweg aufgeschlossener, kritischer, flexibler und kommunikativer als die Schüler, die er bei Heimatbesuchen im Vereinigten Königreich sehe: »Sie haben vor allen Dingen mehr Freiheit zu lernen, was wichtig ist und was nicht. In ihrer Heimat müssen sie lernen, was die Regierung für richtig hält.« Ich erzähle Bob, für wie verrückt uns viele Bekannte in Deutschland gehalten hatten, als wir erzählten, dass wir nach Ostafrika zögen, und dies hauptsächlich mit den Bildungschancen der Kinder begründeten. Bob lächelt milde. Er kennt diese Bedenken. »Sie sind unsinnig«, meint Bob, »und haben ihre Ursachen in Unkenntnis.«

In Tansania ist die ISM, eigentlich nur eine von 32 internationalen Schulen im Land, eine Berühmtheit. Besonders Eltern aus Dar es Salaam schicken ihre Kinder gerne hierher, deren Nachwuchs macht fast 60 Prozent aller Internatszöglinge aus. Interessanterweise schicken die schwarzen Tansanier ihre Kinder eher aufs Internat, während auf der regulären Schule die indischen Tansanier überwiegen – möglicherweise ein Indiz für die traditionell eher lockereren Eltern-Kind-Bindungen der Afrikaner. Die kennen ja auch das Sprichwort, für die Erziehung eines Kindes benötige man ein ganzes Dorf. Aber auch aus anderen afrikanischen Ländern, hauptsächlich den Nachbarstaaten Kenia, Burundi oder Ruanda, kommen Internatsschüler und sogar drei Deutsche sind darunter. »Für viele Europäer und Amerikaner hat Afrika immer noch einen besonderen Reiz und der Kilimandscharo diesen Mythos«, hat Bob erkannt. Das stellt er auch beim Lehrkörper fest. Die Lehrer kommen aus aller Welt: Australien, Amerika, Europa, Afrika oder sogar Asien – nur Englisch müssen sie sprechen können, denn das ist die Schulsprache. Die Schüler der regulären Schule kommen aus aller Welt, 14 Nationen hat Bob gezählt. Die meisten sind Holländer, weil es in der Gegend so viele Blumenfarmen gibt, und weil sie so viele sind, leisten sich die Holländer sogar einen eigenen Holländischlehrer. »Das Interessantere aber ist«, meint Bob Hornton, »dass die Zahl der tansanischen Schüler am schnellsten wächst, und das ist ein deutliches Indiz für einen wachsenden Mittelstand.« 10.000 Dollar kostet die Schule im Jahr für eines unserer Kinder, wenn sie in die Oberstufe kommen, steigt die Summe auf 15.000. Wir finden, dass das eine ganze Menge ist, aber Bob hält das für eher wenig. So viel koste in Dar es Salaam auf der *Internationalen Schule* der Kindergarten. Und weil es in Moshi nicht so viel Kapital gebe, seien vor einigen Jahren die ISM-Gebühren sogar um 25 Prozent gesenkt worden. Wie auch immer: Die ISM kostet einen Haufen Geld, und wenn sich das immer mehr Tansanier leisten können, scheint es dem Mittelstand zumindest besser zu gehen. Schon jeder zweite ISM-Schüler ist Tansanier. In Nairobi, ganz nebenbei, hat jetzt ein Restaurant eröffnet, in dem sich die afrikanische Mittelklasse von importierten weißen Kellnern aus Montenegro bedienen lässt.

Bob fühlt sich wohl in Moshi. Sicher, die Ausstattung der Schule in Hanoi war besser, da hatte jeder Achtjährige seinen eigenen Laptop im Unterricht. Aber er schätzt »das kritische Denken und die Kreativität«, die in Moshi vermittelt werden. Nur die Sicherheit macht ihm gelegentlich Sorgen: »Das Land ist so unendlich korrupt und am Ende gibt es für uns so gut wie keine Sicherheit.« In Moskau habe er sich geborgener gefühlt. Und das will etwas heißen.

# Der Kilimandscharo

Am 11. Mai 1846 machte der deutsche Missionar Johann Rebmann, eine gute Tagesreise von dem Dörfchen Taveta entfernt, eine merkwürdige Entdeckung. »Wir sahen diesen Morgen die Berge von Dschagga immer deutlicher, bis ich gegen 10 Uhr den Gipfel von einem derselben mit einer auffallend weißen Wolke bedeckt zu sehen glaubte. Mein Führer hieß das Weiße, das ich sah, schlichtweg ›Kälte‹: es wurde mir aber ebenso klar als gewiss, dass das nichts anderes sein könne als Schnee«, notierte er in sein Tagebuch. »Alle sonderbaren Geschichten von einem unzugänglichen, weil von bösen Geistern bewohnten Gold- und Silberberg im Innern, die ich mit Dr. Krapf seit meiner Ankunft an der Küste oftmals gehört hatte, waren mir nun auf einmal klar geworden.« Das war er also, der sagenumwobene »Schneeberg, der den Äquator verhöhnt« (so der spätere Erstbezwinger Hans Meyer). Frühe Kunde von diesem Phänomen hatte im Jahr 1507 bereits der Spanier Fernandez de Encisco, der auf einer Reise entlang der ostafrikanischen Küste in Mombasa haltgemacht hatte, gegeben. »Westlich von diesem Hafen«, schrieb er in seiner *Summa de Geographia*, »liegt der äthiopische Olympos, der sehr hoch ist, und weiterhin liegen die Mondberge, von denen der Nil entspringt.« Dort lebten »wilde Eber und Menschen, die Heuschrecken essen«. Und noch viel früher hatte ein Seemann namens Diogenes von afrikanischen Schneebergen gehört, die er damals ebenfalls Mondberge genannt hatte, bei denen es sich nach heutiger Ansicht aber wahrscheinlich um den Kilimandscharo, den Mount Kenya und den Elgon handelt.

Eigentlich hatte es der württembergische Gottesmann Rebmann, der gemeinsam mit Ludwig Krapf für die *Church Missionary Society* kurz zuvor in Mombasa die Missionsstation *Rabai Mpia* aufgebaut hatte, gar nicht auf die Entdeckung des Riesenberges abgesehen. Er war lediglich in das Innere Afrikas gereist, um den eingeborenen Chagga das Evangelium zu bringen. Und das offenbar mit eher geringem Erfolg. »Die Negerbevölkerung Afrika's ist eben noch auf jener niedrigen Stufe allgemeiner Cultur, dass sie einen Religionswechsel gar nicht vertragen kann«, kommentierte der österreichische Geograph Philipp Paulitschke im Jahr 1880 (*Die Geographische Erforschung des Afrikanischen Continents*) die Bemühungen von Rebmann und Krapf, denen er immerhin attestierte: »Beide Glaubensboten, besonders aber Krapf, gaben sich mit grossen Eifer und stürmischer Begeisterung ... dem schwierigen

Bekehrungswerke hin.« Zwar hatte man Kunde von diesem seltsamen Berg. Doch Krapf berichtete, man habe das, was sich später als Schnee herausstellen sollte, zunächst für Silber gehalten und dieses habe sich in der Hand derjenigen, die nach ihm gegriffen hätten, in Wasser verwandelt. Ein anderer Weiser dieser Tage, der arabische Küstenbewohner Ali Bin Nassir, gestand später: »Ich verbot Rebmann, den Kilimandscharo zu besteigen, denn er ist voller böser Geister. Die Hände und Füße der Menschen, die in der Vergangenheit versucht haben, ihn zu besteigen, wurden steif, ihre Kräfte schwanden und alle Arten von Krankheiten befielen sie.«

Nun aber stand Rebmann staunend vor der schneebedeckten Kuppe des gewaltigen Vulkans und reiste, von der Magie des Bergs angezogen, weiter bis nach Machame, an jenen Ort also, an dem sich heute die Kaliwa Lodge befindet – »dem Kilimandscharo so nahe, dass er sein herrliches Schneehaupt sogar bei Nacht im Mondschein ganz deutlich sehen konnte« (Meyer). Rebmann veröffentlichte später seine Entdeckungen in den *Calwer Missionsblättern*: »Es sind zwei Hauptgipfel, die sich auf der gemeinsamen, etwa zehn Stunden langen und ebenso breiten Basis lagern, dass zwischen denselben ein Sattel gelassen ist, der sich von Osten nach Westen drei bis vier Stunden ausdehnt. Der östliche Berggipfel ist niedriger und von spitzigen Formen, während der westliche höhere eine prächtige Kuppe darstellt, die auch in der heißen Jahreszeit, wo der östliche Nachbar seine weiße Decke nicht mehr halten kann, mit einer Masse von Schnee bedeckt ist.« Auch Rebmanns Kollege Ludwig Krapf machte sich nun auf die Reise zu jenem Berg, den sie an der Küste Kilima-Ndscharo, »Berg der Größe«, oder Kilimana Ngara, »Leuchtender Berg«, nannten und bestätigte die Sensation: »Sogar in dieser weiten Entfernung konnte ich wahrnehmen, daß die weiße Materie, die ich sah, Schnee sein mußte.«

Mit ihrer Entdeckung machten sich die beiden Deutschen allerdings nicht nur Freunde. Besonders in London betrachtete man Rebmanns und Krapfs Berichte mit Argwohn und Spott. Rebmann sei einer Sinnestäuschung erlegen, lästerte der britische Geograph Desborough Cooley, Krapf aber sei »von einem ungerechtfertigten Ehrgeiz besessen, hänge blind an großen Problemen und scheine gänzlich jener geistigen Schärfe bar zu sein, ohne welche ein tätiger Verstand eine gefährliche Angelegenheit werde« (Meyer). Da machte sich 1861 der hannoversche Baron Carl Claus von der Decken gemeinsam mit dem englischen Geologen und früheren Livingstone-Begleiter Thornton auf den Weg, den Gerüchten nachzugehen. Bis auf eine Höhe von 8.000 Fuß kraxelten die beiden den Kilimandscharo von Kilema her kommend hoch, dann zwang sie ein Unwetter zur Umkehr. Zu Hause aber schwärmte von der Decken: »Prächtig leuchtete die glänzende Kappe seines stolzen Hauptes, bei Sonnenuntergang mit zartem, rosigen Licht übergossen.« Und stellte klar: »Der Berg, dessen Gipfel eine Kuppe bildet, ist mit Schnee bedeckt.« Kurze Zeit später brach von der Decken erneut auf (»Nachts schneite es tüchtig und am anderen Morgen sahen wir den Schnee zur Rechten und Linken«), doch noch immer wollte Cooley seinen Irrtum nicht eingestehen und wetterte in London: »Der Baron sagt, es habe bei Nacht stark geschneit; im Dezember, als die Sonne vertikal stand! Ich kann dem Baron nur Glück wünschen zu einem Schneefall, der so gelegen kam. Aber ich glaube eher an die Exzentrizitäten eines Reisenden als an solche der Natur.« Der nächtliche Schneefall sei erfunden worden, »um Krapfs wunderliche Behauptung, dass auf dem Kilimandscharo ewiger Schnee« liege, zu bestätigen. Natürlich desavouierten Cooleys Injurien am Ende nur ihn selbst und diskreditierten seine eigene Arbeit. Die *Londoner Geographische Gesellschaft* jedenfalls verlieh von der Decken für seine Verdienste um die Erforschung von Afrikas großem Schneeberg ihre große goldene Medaille. Manche Irrtümer hielten sich hartnäckig, andere lösten sich auf. »Die Tendenz, den Berg zu mystifizieren, ist sowohl universell als auch zeitlos«, schreibt das französisches Autorengespann Mazurier, Saule-Sorbe, Lenoble-Bart und Menges in seinem Beitrag »Schnee in den Tropen, Mythos und Image« für die Sammlung *Kilimanjaro – Mountain, Memory, Modernity*: »Diese Vision vom Berg als Begegnungsstätte von Göttern und Geistern reicht vom Mittelalter bis zum Beginn des zwanzigsten Jahrhunderts. Es hat sogar geschafft, Rebmanns Entdeckung zu überleben. Dafür ist eine andere Darstellung nach 1848 verschwunden: die vom Kilimandscharo, der mit Gold und Silber bedeckt und Stätte furchteinflößender Bräuche ist.«

Eine Weile sollte es ruhig bleiben am Kilimandscharo. Dann machte sich 1871 erneut ein Missionar auf den Weg: Charles New. Als erster Europäer schaffte er es bis zum Schnee, den er auf etwa 4.000 Metern lokalisierte, beobachtete sechs verschiedene Vegetationszonen am Berg und entdeckte den Lake Chala, einen Kratersee, der heute sowohl von Kenia als auch von Tansania zugänglich ist. Leider bescherte ihm der Berg, dessen Schönheit er so liebgewonnen hatte, kein Glück. Bis aufs »nackte Leben« sei der Gottesmann »von dem habgierigen Häuptling Mandara« ausgeplündert worden, schrieb Hans Meyer 1889, und »krank an Geist und Körper« gestorben, »bevor er die Küste wiedergewann«. Das Schicksal des armen New muss eine abschreckende Wirkung gehabt haben, denn nun dauerte es bis 1883, ehe wieder ein Deutscher die Herausforderung an Afrikas höchstem Berg und dem höchsten freistehenden Berg der Erde suchte. Gustav Adolf Fischer hatte bereits 1876 an der Expedition von Clemens Denhardt nach Sansibar teilgenommen, wo er sich daraufhin als Physiker niederließ und verschiedene Erkundungsreisen ins Innere des afrikanischen Kontinents unternahm. So hatte er das Oromo-

(im heutigen Äthiopien) und Witu-Land (an der Küste des heutigen Kenias, in der Nähe von Lamu) erforscht und außerdem den Tana-Fluß (im heutigen Kenia) erkundet. 1882 beschäftigte er sich mit Unterstützung der *Hamburger Geographischen Gesellschaft* zudem mit den Massai. 1883 führte ihn seine Reise zum Naivasha-See auch am Kilimandscharo und Meru entlang. Fischer kartographierte beide Berge. Berühmt wurde er später allerdings durch die Entdeckung des nach ihm benannten »Agapornis fischeri«, Fischer's Lovebird, einem kleinen Papagei mit grünem Gefieder, orangefarbenem Kopf und rotem Schnabel.

Kurze Zeit nach Fischer erreichte dann der britische Geologe Joseph Thomson eine Höhe von immerhin 2.700 Metern. Wichtiger für die damalige Kilimandscharo-Forschung aber war, dass Thomson den bislang weniger bekannten Westteil des Bergs in Augenschein nahm, »hat er doch«, wie Meyer festhält, »durch den Vormarsch zu der im Westen des Kilimandscharo jenseits Madschame auslaufenden Schirakette und durch die Umgebung der Nordostseite des Gebirges neue Bahnen betreten, einen umfassenden Überblick über das ganze Bergsystem gewonnen und mit seinem offenen, viel geübten Blick den geologischen Bau des Kilimandscharo erkannt«. Weniger ergiebig war der darauf folgende sechsmonatige Aufenthalt von Thomsons Landsmann Henry Hamilton Johnston, der von der *British Association* und der *Royal Geographical Society* den Auftrag bekam, Flora und Fauna des Berges zu erforschen. Johnston machte sich später durch seine allzu schillernde Beschreibung dessen, was er da zu sehen bekam, in der Fachwelt unglaubwürdig.

Noch hatte es also niemand bis auf die Spitze des Schneebergs geschafft, da machte ein anderer Afrika-Reisender von sich reden: Carl Peters, der sich in den Fußstapfen des englischen Imperialisten Cecil Rhodes (Peters: »Er war ein *empire-builder*, Reichsgründer«) wähnte und tatsächlich die Entwicklung des deutschen Kaiserreichs und auch die von Ostafrika nachhaltig beeinflussen sollte. Aber dazu später mehr.

Der Kilimandscharo wurde dann doch noch bezwungen – jener Berg, der den tschechischen Reiseschriftsteller Jiri Hanzelka an ein Raubtier erinnerte: »Wenn man das breit ausladende Massiv des Kilimandscharo von Süden aus, von Aruscha oder Moschi, betrachtet, erscheint es wie die Silhouette eines riesigen Löwen, der sein Haupt nach Osten wendet. Die scharfgeschnittenen Zacken des Mawensi erinnern den, der ein bißchen Phantasie hat, an die dichte Mähne des Königs des afrikanischen Busches.«

Am 6. Oktober 1889 stand der Thüringer Hans Meyer gemeinsam mit seinem österreichischen Reisegefährten Ludwig Purtscheller auf dem Gipfel des Kibo, pflanzte, so können wir es in seinen Erinnerungen (*Die Erstbesteigung des Kilimandscharo*) nachlesen, »auf dem verwitterten Lavagipfel mit dreimaligem, von Herrn Purtscheller kräftig sekundiertem ›Hurra‹ eine kleine, im Rucksack mitgetragene deutsche Fahne auf und rief frohlockend: ›Mit dem Recht des ersten Ersteigers taufe ich diese bisher unbekannte, namenlose Spitze des Kibo, den höchsten Punkt afrikanischer und deutscher Erde: Kaiser-Wilhelm-Spitze‹«.

Es war nicht der erste Versuch, den der Geograph und Verleger (*Meyers Konversationslexikon*) unternommen hatte. Bereits 1887 hatte der 29-Jährige im Kilimandscharo-Gebiet geforscht und war bis auf eine Höhe von 5.500 Metern gekommen. Diesen Versuch musste er jedoch schlecht ausgerüstet abbrechen – und auch der zweite Versuch, diesmal gemeinsam mit jenem Oscar Baumann, der später als erster weißer Mann den Ngorongoro-Krater erblicken würde, scheiterte. Weil 1888 an der Küste ein Aufstand gegen die *Deutsche-Ostafrika-Gesellschaft* (DOG) ausgebrochen war, meuterten die Träger. Baumann und Meyer mussten den Versuch abbrechen und wurden von dem küstenarabischen Rebellenführer Buschiri bin Salim gefangen genommen.

Ganz uneigennützig war der Aufstand gegen die Weißen allerdings nicht gewesen. »Dieser ›Araberaufstand‹, wie er später genannt wurde, war die Folge eines Pachtvertrags zwischen dem Sultan und der DOG, demzufolge Letztere gegen Zahlung einer Pachtsumme die bisher an den Sultan geleisteten Zölle übernahm«, hat der Historiker Heinrich Pleticha herausgefunden, »die Araber, in deren Händen vor allem der Sklavenhandel lag, befürchteten zu Recht eine starke Beeinträchtigung und schließlich das völlige Verbot ihrer menschenverachtenden Geschäfte, kalkulierten durchaus richtig, daß die Gesellschaft zu diesem Zeitpunkt nicht imstande sein würde, einen allgemeinen Aufstand zu unterdrücken, und empörten sich gegen deren Herrschaft.« Und so hetzten die Araber die Afrikaner gegen die Deutschen auf, damit sie weiter ihren Sklavenhandel betreiben konnten. In dieses Tohuwabohu waren die beiden Forscher nun geraten, schon auf dem Weg zur Küste waren sie »von marodierenden Eingeborenen« (Pleticha) immer wieder belästigt worden. Als Buschiris Leute die beiden erspähten, schlugen sie sie nieder, misshandelten sie und sperrten sie in eine dunkle Zelle. Erst gegen ein hohes Lösegeld wurden sie später freigelassen.

Den Araberaufstand, der 1888 ausbrach, sollte derweil ein anderer Afrika-Forscher niederschlagen, der bereits für den belgischen König Leopold II. den Kongo-Bogen erforscht hatte. Mit den Worten »Schaffen Sie eine Kolonialtruppe, und schlagen sie den Aufstand nieder«, hatte Bismarck den 36-jährigen preußischen Offizier Hermann Wißmann in die Schlacht geschickt und gewarnt: »Aber ich bin nicht der kaiserliche Hofrat von Wien, und Sie sind Tausende von Meilen entfernt. Stehen Sie auf eigenen Füßen! Ich gebe Ihnen immer nur den einen Auftrag: Siegen Sie!« Und das tat dieser dann auch: Buschiri wurde aufgegriffen und gehängt.

Besonders ungewöhnlich war dieser vermeintliche Rollentausch, wenn es um die Frage der Sklaverei ging, übrigens mitnichten. Während im 19. Jahrhundert europäische Mächte versuchten, dem Sklavenhandel Einhalt zu gebieten, erfuhren sie den heftigsten Widerstand von den Afrikanern selbst. »Ein nur scheinbares Paradox«, befindet der Afrikanist Andreas Eckert in seiner Schrift *Kolonialismus*, »denn Sklaverei war inzwischen zu einer wichtigen Form der Mobilisierung von Arbeitskraft geworden. Zudem hatten die Jahrhunderte des Sklavenhandels die Sklaverei zu einer akzeptierten Institution gemacht und nicht zuletzt bestimmten Gruppen zu jener Macht verholfen, die notwendig ist, um andere zu versklaven. Viele afrikanische Herrscher hatten jedenfalls kein Interesse an der Abschaffung der Sklaverei.« Ganz im Gegenteil: In weiten Teilen des unwirtlichen Landes gehörten Sklavenkarawanen aus dem Innern des Kontinents zur beliebten Beute der einheimischen Stämme. Es hätten sich nachgerade »Spezialisten in Karawanenüberfällen« herausgebildet – wie die »in der Gegend des oberen Rusiyi ansässigen Mafiti, welche Raubzüge großen Stils unternahmen und ihre Einfälle bis ins Küstengebiet trugen«, hatte der deutsche Schutztruppenhauptmann Fonck beobachtet. Sie hätten »geeignete Stellen weitab von den Wasserplätzen zu ihren Übeltaten« gewählt und »so ihren Bedarf an Stoffen, Perlen, Draht, Gewehren und Munition und schließlich an Sklaven auf eine billige Weise« gedeckt: Viele »von den im heutigen Kongostaat westlich des Tanganika geraubten Menschen wurden den Arabern auf diese Weise selber wieder abgenommen«.

Meyer ließ sich von dem Zwischenfall mit den Sklavenhändlern nicht beirren. Kaum in Freiheit plante er bereits seine dritte Kilimandscharo-Expedition und gewann als Partner den erfahrenen Alpinisten und »k. u. k. Turnlehrer« Purtscheller aus Salzburg, mit dabei war außerdem der tansanische Bergführer Yohani Kinyala Lauwo vom Stamm der Chagga. Mzee Lauwo soll später 124 Jahre alt geworden sein, aber ganz genau kann man das nicht wissen, weil in Afrika kaum jemand sein genaues Geburtsdatum kennt. 1996 wurde er am Kilimandscharo beigesetzt.

Meyer beginnt also seine dritte Kilimandscharo-Expedition im September 1889. Er reist nach Sansibar, stellt dort seine Expedition zusammen und rüstet sie aus. Diesmal nimmt er jede Menge scharfe Munition mit; fertige Patronen, schreibt er, »und zwar nur in Messinghülsen, weil Papierhülsen durch Nässe und Hantieren sehr bald aufgeblättert und unbrauchbar werden«. Noch immer treibt der Sklavenhändler Buschiri sein Unwesen und terrorisiert die Küste. Noch einmal will Meyer ihm nicht in die Hände fallen. Als Waffen hat sich der Deutsche für eine Zentralfeuerdoppelbüchse und eine Zentralfeuerdoppelflinte Kaliber 12, die mit Schrot geladen wird, entschieden, außerdem einen Revolver. »Zur Verteidigung gegen menschliche Angriffe bleibt der Schrotschuß immer der beste«, weiß er, die andere Büchse ist für Leoparden. Dann geht es nach Mombasa, in englisches Hoheitsgebiet. Zur Sicherheit trägt Meyer ein Empfehlungsschreiben der *Imperial British East Africa Company* bei sich.

Die ersten Tage einer Expedition empfindet Meyer jedes Mal als die lästigsten und notiert: »Die Freude an der freien großen Natur, der Genuss der ungebundenen, sebstbestimmten Lebensweise, die frohe Hingabe an das intensive wissenschaftliche Arbeiten werden geschmälert und getrübt, die Frische der Eindrücke wird geschwächt durch die beständige Sorge vor dem böswilligen Davonlaufen der Träger und durch die noch ungebändigte Zügellosigkeit der Leute. Sie toben sich in Schreien und wüsten Tänzen aus, solange es ihnen noch danach zumute ist.«

Doch diesmal geht alles gut. Die ganze Mannschaft kommt zügig voran, und in Taveta, dem Knotenpunkt diverser Karawanenzüge, wird noch einmal Rast gemacht. Normalerweise kommen hier »zur nachdrücklichen Zollerpressung alle verfügbaren Krieger mit wildem Geheul angetanzt« (Meyer), aber diesmal erscheinen nur einige Greise und begrüßen die Fremden. Aus der frischen Milch, die den Gästen zweimal täglich gebracht wird, fertigt Purtscheller eine »köstliche Milchsuppe«, ansonsten gibt es barschartige Fische aus dem Lumi-Fluss, geröstete junge Maiskolben und Bananenbier. Aber davon bekommen alle einen dicken Kopf, und einige Träger werden im Suff widerspenstig und beziehen dafür eine Tracht Prügel. »In der Nacht schallt das Kreischen der Affen, das Zirpen der Zikaden, das klägliche Geheul der Hyänen laut durch die hohen Hallen des Waldes, abwechselnd mit dem dumpfen Trommelschlagen der Eingeborenen, das die Wildschweine aus den Feldern verscheuchen soll.« Dann geht es weiter zum Kilimandscharo, der schon in Sichtweite liegt. Auch der Aufstieg gelingt diesmal problemlos, und Meyer kann zufrieden festhalten: »Der afrikanische Riese war bezwungen, wie schwer er uns auch den Kampf gemacht hatte, und damit eine mehr als vierzigjährige Belagerung und Bestürmung des Kilimandscharo zum Abschluß gebracht.«

Als Meyer damals da oben stand, waren die Gletscher des Kilimandscharo, die einst einen Großteil der Kuppe, bis hinab auf 4.500 Meter, bedeckten, bereits dabei abzuschmelzen. Deshalb mutet es etwas seltsam an, dass die Klimahysteriker von heute für diesen Schrumpfungsprozess eine angebliche Erderwärmung durch Autoabgase und Kühlschränke verantwortlich machen. Experten, die sich mit der Region auskennen, hingegen gehen schon seit Jahren davon aus, dass eher Kahlschlag eine Rolle spielt. Durch die massive Abholzung von Waldgebieten, um Kohle zu gewinnen, eine Folge der Bevölkerungszunahme, sinkt die Zahl der Niederschläge nämlich oben auf dem Berg, sie sind innerhalb von 100 Jahren um ein Drittel zurückgegangen – den Gletschern fehlt ganz einfach Schnee. Der amerikanische Klimaforscher Hardy ist deshalb überzeugt: »Die Gletscher schrumpfen nicht durch Erwärmung, sondern durch Trockenheit.«

Ohnehin ist der Berg immer noch ein Mysterium. Seine Gletscher entstanden vor etwa 11.700 Jahren, also genau gegen Ende der letzten Eiszeit, das Tropenklima verläuft also asynchron. »Wie Ebbe und Flut«, so *Der Spiegel*, »schrumpften und wuchsen die afrikanischen Gletscher« seitdem und bedecken heute noch knapp eine Quadratmeile Berg, haben nur noch rund ein Zehntel der Größe von vor 100 Jahren. Im Moment ist die Lage oben übrigens stabil. »Die Gletscher schmelzen nicht mehr«, sagt Imani Kikoti, Chefökologe des *Mount Kilimanjaro National Park*. Im Jahr 2006 haben die Tansanier drei verschiedene Wetterstationen in den Bereichen Shira II, Kibo Hut und Mweka eingerichtet. Seitdem sammeln sie Daten. »Natürlich ist es richtig, dass die Gletscher über die vergangenen Jahrzehnte kleiner geworden sind, aber seit wir Messungen durchführen, sind sie stabil«, so Kikoti: »Die Gletscher werden uns noch eine Weile erhalten bleiben.« Der Grund dafür dürfte sein, dass die Regierung vor rund 15 Jahren den Baumschlag am Kilimandscharo unter Strafe gestellt und Aufforstungsprogramme ins Leben gerufen hat.

# Am Tanganjika-See

Es ist das immer gleiche Ritual an diesem Maitag 2015: Zuerst werden die Schwachen über die Reling gehievt, die abgemagerten Kinder, die Krüppel, die Alten. Seit Wochen haben die meisten von ihnen hier am Tanganjika-See schon ausgeharrt, notdürftig versorgt nur von Mitarbeitern des Flüchtlingshilfswerks der *Vereinten Nationen, UNHCR,* und des *IRC, International Rescue Committee.* Krankheiten – wässriger Durchfall und auch die Cholera – haben sich ausgebreitet. Von immer mehr Toten ist die Rede. Tausende harren am Ufer aus und beobachten teilnahmslos den Vorgang. Sie haben sich an das Warten gewöhnt.

Jetzt endlich sollen die Menschen Kagunga verlassen, dieses desperate tansanische Dorf an der Grenze zu Burundi – die *Liemba* wird sie nach Kigoma bringen, einer 160.000-Einwohner-Stadt weiter südlich am See. Jeweils 600 Menschen kann das Schiff aufnehmen – bis alle 50.000 Menschen, die sich über die Grenze gerettet haben, evakuiert sind, wird es Wochen dauern. Und noch strömen immer mehr nach Kagunga – Hutus überwiegend, die vor dem Machtkampf zwischen Präsident Pierre Nkurunziza, der Opposition und Teilen des Militärs in ihrem Heimatland flüchten. Nkurunziza will eine dritte Amtszeit und dafür die Verfassung ändern. Dagegen gibt es schon seit Wochen blutige Proteste in der Hauptstadt Bujumbura. Vor ein paar Tagen versuchten Militärs, den umstrittenen Machthaber aus dem Amt zu putschen, als der zu Friedensgesprächen in Dar es Salaam war, doch sie scheiterten. Seitdem herrscht Chaos in dem kleinen ostafrikanischen Land mit seinen etwas mehr als zehn Millionen Einwohnern, und schlimme Erinnerungen an die Massaker zwischen Hutus und Tutsis in den neunziger Jahren werden wach.

Zwei Stunden dauert es, bis alle an Bord sind, dann ertönt das Schiffshorn und die *Liemba* setzt sich schwerfällig in Bewegung. Dabei ist es ein Wunder, dass dieses Schiff überhaupt noch fährt. Gebaut wurde es zu einer Zeit, als Burundi und Tansania noch zu Deutsch-Ostafrika gehörten und das Schiff, 70 Meter lang, zehn Meter breit, den Namen des deutschen Grafen Goetzen trug.

1913 hatte Kaiser Wilhelm II. der Meyer-Werft aus dem niedersächsischen Papenburg den Auftrag gegeben, die *Goetzen* zu bauen. Er wollte damit den Tanganjika-See beherrschen, den mit 670 Kilometern längsten See der Welt. Das Südufer kontrollierten damals die Briten, das Westufer die Belgier – wer aber Herr über den See sein wollte, benötigte ein Kanonenboot. Und bis dato hatten die Deutschen bloß ein kleines Zollschiff, die *Kingani*, und den kleinen Dampfer *Hedwig von Wissmann*. Kaiser Wilhelm aber wollte das größte Kriegsschiff, das man sich zur damaligen Zeit auf so einem Binnensee vorstellen konnte: einen wahren Koloss.

Auf das große Projekt setzte Meyer umgehend seinen besten Mann an, den Schiffsbaumeister Anton Rüter, und der begann, mit seinen Mitarbeitern das Schiff aus hunderttausenden Teilen zusammenzuschweißen – jedes einzelne so klein, dass es gut transportiert werden konnte.

Um die *Goetzen* zum großen See schaffen zu können, ließ man das 1.200-Tonnen-Monstrum nämlich zuerst in Deutschland zusammenschweißen, danach aber wieder zerlegen. In 5.000 kleine Teile verpackt wurde das Boot schließlich von Hamburg nach Dar es Salaam am Indischen Ozean verschifft und von dort mit der Bahn ins Landesinnere transportiert.

In Kigoma wurde die *Goetzen* dann von 250 einheimischen Arbeitern und 20 Indern wieder zusammengesetzt. Alex Capus stellte sich das in seinem *Goetzen*-Roman *Eine Frage der Zeit* so vor: »Die Arbeiten gingen gut und rasch voran. Über der Baustelle lag der Duft der Holzfeuer, in denen die Nieten bis zur Rotglut erhitzt wurden, und von den Bergwänden hallte das Klang-Klang der Luftdruck-Niethämmer wider.« Später wurde sie mit einem 10,5-Zentimeter-Geschütz, einem 8,8-Zentimeter-Geschütz sowie zwei 3,7-Zentimeter-Revolvergeschützen ausgerüstet. Das Schießgerät war von der *Königsberg* übrig geblieben, einem Kriegsschiff, das im Rufiji-Delta versenkt worden war – denn in der Zwischenzeit war der Große Krieg ausgebrochen. Außerdem verfügte die *Goetzen* über zwei Dampfmaschinen, deren Kessel mit Kohle oder Holz befeuert wurden. Stapellauf war am 9. Juni 1915.

Was die Deutschen damals nicht ahnten: Nicht sie alleine hatten den verrückt klingenden Plan, ein Kanonenboot zum Tanganjika-See zu bringen – zur gleichen Zeit schickten sich die Briten an, zwei Kriegsschiffe, die später *Mimi* und *Toutou* genannt wurden, von Südafrika her über die Berge zu transportieren. Die Idee dazu hatte ein Großwildjäger namens John Lee gehabt. Das aberwitzige Kommando aber wurde von Geoffrey Spicer-Simson angeführt, über den *Spiegel*-Redakteur Clemens Höges einmal schrieb, er sei ein »Angeber, Lügner und Draufgänger« gewesen: »Spicer war 39 Jahre alt, er hatte einen Spitzbart und graue Augen, der Plan des Elefantenjägers war seine Chance auf Ruhm.« Dieser Mann kam nun ohne das Wissen der Deutschen, aber auch ohne selbst etwas von der *Goetzen* erfahren zu haben, mit einer 2.000 Mann starken Expedition von Süden her angerückt. Giles Foden hat darüber später ein unterhaltsames Buch geschrieben: *Mimi and Toutou go forth*. Noch bekannter dürfte C. S. Foresters *The African Queen* sein. Auch das beschreibt den ungewöhnlichen Kampf auf dem See. Später wurde es mit Humphrey Bogart und Katharine Hepburn verfilmt. Allerdings fanden die Dreharbeiten hauptsächlich in Belgisch-Kongo und Uganda statt.

Viel Freude hatten die Deutschen an ihrem Schiff nicht. Zwar konnten die Briten mit ihren beiden jeweils nur rund 13 Meter langen Kanonenbooten *Mimi* und *Toutou* der *Goetzen* nicht gefährlich werden, dennoch stand die Schutztruppe in Ostafrika auf verlorenem Posten, und bereits im Juli 1916 gab General Paul von Lettow-Vorbeck den Befehl, das Schiff zu versenken. Zu jener Zeit hatten *Mimi* und *Toutou* bereits die kleineren deutschen Schiffe *Hedwig von Wissmann* und *Kingani* kurz und klein geschossen.

Mit dem Auftrag, die *Goetzen* auf den Grund des Sees zu befördern, wurde Anton Rüter betraut – der Mann, der das Schiff konstruiert und bis nach Afrika begleitet hatte. Rüter ließ die wichtigsten Teile mit Fett einschmieren, so blieb es auch unter Wasser gut erhalten, und versenkte es in der Nähe von Kigoma in 20 Metern Tiefe.

Nach dem Krieg bargen zunächst die Belgier das Schiff und schleppten es nach Kigoma. Wenig später sank die *Goetzen* in einem schweren Sturm jedoch erneut, und es dauerte bis 1924, bis die Briten, die neue Kolonialmacht in Tanganjika, sie schließlich endgültig hoben und 1927 wieder in Dienst stellten. Jetzt wurde auch der Name in *Liemba* geändert – so hatten die Einheimischen früher den See genannt.

Später geriet die *Liemba-Goetzen* in Vergessenheit und wurde Ende der siebziger Jahre ganz aus dem Dienst genommen. Aber seine Geschichte ist damit nicht beendet. Zunächst machte ein Ire das Schiff wieder flott, später dänische Entwicklungshelfer. Seitdem fährt sie regelmäßig auf dem Tanganjika-See – immer zwischen Kigoma und Mpulungu in Sambia. Doch sie ächzt und stöhnt und klappert, und niemand weiß, wie lange sie den Strapazen noch standhalten wird.

»Das Schiff ist unsere Rettung«, sagt Tom Winston Monboe. Monboe lebt seit vier Jahren in Kigoma. Für *UNHCR* kümmert er sich um die Ströme an Flüchtlingen, die hier seit Langem schon zusammenfließen. Um die Massen zu bewältigen, haben die *UN*-Mitarbeiter die *Liemba* von der Regierung gechartert. Es ist nicht das erste Mal, schon vor zehn Jahren stand ich hier am See. Damals brachte die *Liemba* kongolesische Flüchtlinge zurück in ihre Heimat. Doch billig ist das nicht: Jede dreistündige Fahrt kostet *UNHCR* mehr als 10.000 Dollar. Heute morgen ist ein elfjähriges Mädchen auf dem Pier gestorben. Bis an Bord der *Liemba* hatte sie es noch geschafft, dann war sie leblos zusammengebrochen. Monboe: »Zum Glück sind das Einzelfälle – wenn wir die Liemba nicht hätten, hätte es hier schon ein Massensterben geben können.«

Flüchtlinge befinden sich schon seit vielen Jahren auf der tansanischen Seite des Sees. In Tansania herrscht ein friedliches Klima, doch rundherum toben ständig Kämpfe. 1994 kamen schon einmal Flüchtlingsmassen aus Burundi und Ruanda, und zwei Jahre später brachen die Gemetzel im Osten des Kongos aus. Während es in Ruanda noch ruhig ist und sich Tutsi-Diktator Paul Kagame mit eiserner Faust an der Macht hält, brodelte es in Burundi und im Kongo. Hunderttausende von Menschen flüchteten damals nach Tansania und wurden in Flüchtlingslagern in der Kigoma-Region untergebracht. 2002 dann drangen verstörende Berichte über Missbrauch an die Öffentlichkeit.

Seinen Abschied aus Afrika hatte sich Kai Nielsen damals wahrlich anders vorgestellt. Eine Weile noch wollte der stellvertretende Leiter der *UNHCR*-Mission Tansania in der Hauptstadt Dar es Salaam verbringen, dafür sorgen, dass ein Großteil der Flüchtlinge in seine Heimat zurückkehren kann. Und dann wollte Nielsen – nach Jahrzehnten harter Arbeit und mit positiver persönlicher Bilanz – dem Schwarzen Kontinent den Rücken kehren und in Asien sesshaft werden.

Doch nun saß der Däne etwas hilflos im Büro des Flüchtlingshilfswerks und fühlte sich, als müsste er ein Buschfeuer mit dem Wassereimer löschen. Nach Vorwürfen gegen *UNHCR*-Angestellte in Kenia und Westafrika hatte es nun also auch Tansania erwischt.

Von »weit verbreiteter Korruption« unter *UNHCR*-Mitarbeitern war die Rede, von Einschüchterungsversuchen und »massiven Forderungen nach sexuellen Gefälligkeiten weiblicher Flüchtlinge durch korrupte *UNHCR*-Angestellte«, wie die tansanische Tageszeitung *Guardian* berichtete.

Das Schlimmste war, dass Nielsen nicht die geringste Ahnung hatte, ob die anonym geäußerten Vorwürfe stimmten, und auch nicht so recht wusste, wie er das herausbekommen sollte. Nur eines stand fest: »Allein der Verdacht ist eine Katastrophe.«

Wie an einer Kette reihte sich im Nordwesten des Landes, an der Grenze zu Burundi, ein Dutzend Flüchtlingslager aneinander: Über 500.000 Menschen lebten dort, Vertriebene aus Burundi, Somalia, dem Kongo und Ruanda. Häufig genug mussten dort auch Todfeinde zusammen leben: Hutu und Tutsi, ehemalige Anhänger der Diktatoren Mobutu und Kabila, Aufständische und Regierungstreue. Einige hausten bereits seit acht Jahren in den Camps.

Probleme waren da immer schon aufgetaucht. »In den Lagern gibt es Prostitution, Gewalt und Alkoholismus. Und Anzeichen dafür, dass Flüchtlingsfrauen sexuell ausgebeutet werden, hat es ständig gegeben«, räumt Nielsen ein. Nur: Erstmals richteten sich die Vorwürfe gegen Angestellte des Flüchtlingshilfswerks selbst. Und Nielsen wusste: »Ausschließen, dass an den Geschichten etwas dran ist, kann ich nicht. Geschehen kann so etwas überall.«

Denn bisweilen schien die *UNO*-Flüchtlingsorganisation schlicht überfordert. Um die halbe Million Flüchtlinge in Tansania kümmerten sich lediglich 200 fest angestellte *UNHCR*-Leute, von denen 50 nicht aus Tansania stammen. Darüber hinaus kooperiert das *UNHCR* mit 20 Hilfsorganisationen, die einheimisches Personal beschäftigen. Wer hatte da schon die Möglichkeit, genau hinzuschauen?

Jedenfalls nicht die Leute in der *UNHCR*-Station in Kigoma – direkt am Tanganjika-See, dessen »dunkelgrünes Wasser« 1871 schon den Entdecker Henry Morton Stanley beeindruckte. Um zu kontrollieren, dass kein Machtmissbrauch betrieben wurde, beschäftigte die *UNO*-Hilfsorganisation extra einen »Protection Officer«, der als Zeichen seiner bedeutenden Stellung über eine eigene Toilette, diverse Aktenordner und einen modernen Computer verfügte, nur »leider gerade nicht zugegen« war. Stattdessen saß der deutsche Praktikant Jörg Kühnel an dessen Schreibtisch.

Gerade hatte er mit Flüchtlingen gesprochen, die gern nach Nordamerika übersiedeln wollten. Die *UNHCR*-Mitarbeiter mussten nun entscheiden, ob jemand in die USA oder nach Kanada oder zurück nach Burundi oder in den Kongo geschickt werden würde.

Doch wer kann seine Ansprüche auf einen der wenigen, begehrten Plätze des Einwanderungsprogramms am besten begründen? »Die Entscheidung dafür liegt oft hart an der Grenze zur Willkür«, sagte Kühnel.

Besonders drastisch musste es bisher in Tansanias Nachbarland Kenia zugegangen sein. Laut einer damals kurz zuvor veröffentlichten Untersuchung der *Vereinten Nationen* (A/56/733) sollen sich *UNHCR*-Mitarbeiter jahrelang schamlos am Flüchtlingselend bereichert haben: Zwischen 1.500 und 6.000 Dollar verlangten sie für die Ausstellung von gefälschten Dokumenten. Ihren Opfern versprachen sie eine Ansiedlung als Verfolgte in einem sicheren Drittland wie den Vereinigten Staaten, Großbritannien oder Australien.

Doch die Ausbeutung begann schon an der Pforte des heruntergekommenen *UNHCR*-Betonklotzes in Nairobis Stadtteil Westlands: Besuchern sollen Mitarbeiter vom Sicherheitsdienst allein für den Eintritt 100 Kenia-Schilling abgeknöpft haben – immerhin 1,40 Euro.

Bis zu 70 Personen sollen sich an solchen schmutzigen Geschäften beteiligt haben: Neun Verdächtige, darunter drei *UNHCR*-Angestellte, wurden im Zuge der Ermittlungen bereits festgenommen, drei Angeklagte standen in Nairobi vor Gericht.

Noch schlimmer müssen es aber *UNHCR*-Leute in Westafrika getrieben haben. Weltweites Entsetzen löste das Flüchtlingshilfswerk Ende Februar 2002 aus, als es gemeinsam mit der britischen Hilfsorganisation *Save the Children* einen Bericht über den Zustand der westafrikanischen Flüchtlingslager in Sierra Leone, Liberia und Guinea veröffentlicht hatte. Dort waren rund 70 Mitarbeiter von über 40 Hilfsorganisationen verdächtig, junge Frauen und Kinder sexuell missbraucht zu haben.

»Einige Organisationen haben beschuldigte Mitarbeiter suspendiert«, berichtete Jennie Clark vom *UNHCR*. Auch *Save the Children* bestätigte, den Vertrag mit einem Mitarbeiter aufgelöst und zwei freiwillige Mitarbeiter von ihren Aufgaben entbunden zu haben. 67 Verdächtigte sollen mittlerweile namentlich bekannt, drei bereits verhaftet worden sein.

Zuvor hatten Ermittler in den Lagern 1.500 Zeugen befragt und dabei massenhaft Horrorgeschichten zu hören bekommen. Hauptsächlich betroffen: Mädchen zwischen 13 und 18 Jahren, aber auch einige Jungen, die von älteren Frauen missbraucht worden sein sollen.

»Wenn du keine Frau oder Schwester oder Tochter hast, die du den Helfern anbieten kannst, wird es schwierig, an Hilfsgüter zu kommen«, berichtete ein Flüchtling den Ermittlern. Eine Frau sagte: »In unserer Gemeinde kommt niemand an Sojamehl, ohne vorher Sex zu haben. Sie sagen: ›Ein Kilo für Sex.‹«

Offenbar jahrelang missbrauchten vor allem einheimische Mitarbeiter der Hilfsorganisationen und wohl auch Blauhelmsoldaten die Bürgerkriegsflüchtlinge. So wurde der sexuelle Missbrauch zum alltäglichen Ereignis. Ein Kind beschrieb die gängige Praxis der Helfer so: »Der große Mann macht mit dem kleinen Mädchen Liebe. Der große Mann kann das kleine Mädchen rufen, wenn es auf der Straße läuft. Dann kommt das Mädchen, und sie gehen in sein Haus, und sie schließen die Tür zu.«

Hartes Durchgreifen versprach zumindest der damalige *UNO*-Flüchtlingskommissar Ruud Lubbers, oberster Dienstherr aller *UNHCR*-Mitarbeiter weltweit. »Schmerzhaft« sei es, wie die Arbeit seiner Organisation von den »Taten einer Minderheit besudelt« werde.

Lubbers Sorge war berechtigt: Bis Ende 2002 musste das *UNO*-Flüchtlingshilfswerk aus Geldmangel fast 800 Mitarbeiter entlassen und seine Aktivitäten auf »Kernaufgaben« zurückführen. Außer den Niederlanden und den skandinavischen Ländern kürzten alle EU-Mitgliedsstaaten ihre Beiträge, ebenso die USA – schwere Zeiten für den ehemaligen niederländischen Premierminister, der erst seit einem Jahr im Amt war.

Da feierte das *UNHCR* gerade sein 50-jähriges Bestehen – mit dem höchst zweifelhaften Slogan »50 Millionen Flüchtlinge – 50 Millionen Erfolgsgeschichten«.

Bekannt aber ist Kigoma nicht nur durch die Flüchtlingsströme und die *Liemba*. Die meisten Touristen kommen, um den Schimpansenpark Gombe, der durch Jane Goodalls Wirken weltberühmt wurde, zu besuchen. Von

Kigoma ist es nur eine etwa halbstündige Bootsfahrt bis zum Eingang des Nationalparks. Berühmt ist die Gegend auch, weil hier Henry Morton Stanley einst David Livingstone getroffen hatte: in Ujiji. Damals schrieb Stanley, er befinde sich »in Sicht der herrlichen Bai von Kigoma, die sich sofort als ausgezeichneter Hafen gegen die auf dem Tanganjika herrschenden sehr veränderlichen Winde darstellt«. Überhaupt entzückte die Landschaft am Tanganjika-See den Entdecker und Reporter: »Der See war ganz ruhig, sein dunkelgrünes Wasser spiegelte den heitern blauen Himmel wider. Flußpferde kamen in beunruhigende Nähe unseres Nachens, um nach Luft zu schöpfen, und tauchten die Köpfe wieder unter, als ob sie mit uns Verstecken spielten.« Er erspähte »Waldhügel mit ihren reichen, schön belaubten Bäumen, von denen viele aus ihrem Blütenschmuck unbeschreiblich süße Düfte entsandten« und eine Reihe anderer »herrlicher Naturgemälde«.

In Ujiji gibt sogar ein kleines Museum. Doch bislang ist es kein guter Tag. Schon halb zwölf und noch hat sich kein *Mzungu* sehen lassen. Govola Mbingo schaut missmutig aus seinem Unterstand. Draußen knallt die Sonne. Mbingo trägt sein schönstes Hemd. Es ist grau-weiß mit afrikanischen Mustern, seine braune Hose hat eine Bügelfalte und der Fez ist schneeweiß. Alles für die *Wazungu*, die sich heute nicht blicken lassen wollen.

*Mzungu* – das heißt auf Kisuaheli Fremder, aber eigentlich nennt man hier in Ujiji am Tanganjika-See nur die Weißen so. Manche sagen, der weiße Mann sei der Fluch Afrikas, für Mbingo jedoch ist er ein Segen. Mbingo ist Museumswärter, seit 20 Jahren schon, und seine Kundschaft kommt überwiegend aus Europa und den USA.

Sie sind manchmal reichlich merkwürdig, diese *Wazungu*, findet Mbingo, aber das macht nichts, solange sie gute Trinkgelder zahlen. An manchen Tagen kommen sie busweise, um sich die Garage mit der kleinen Ausstellung und dem Mangobaum anzugucken. »Es ist der Ableger eines sehr berühmten Mangobaums«, sagen die *Wazungu* und machen Fotos. »Und manchmal schütteln sie sich ganz kräftig die Hände und sagen Sachen wie ›Mister Meier, I presume‹ und lachen.« Herr Mbingo lacht jetzt auch. Er freut sich immer, wenn es der Kundschaft gefällt.

Der berühmte Mangobaum in Ujiji – hier trafen sich am 10. November 1871 der tot geglaubte schottische Missionar David Livingstone und der angloamerikanische Reporter Henry Morton Stanley. Ujiji war damals ein Nest, in dem sich arabische Sklavenjäger trafen, wenn sie mit ihrer menschlichen Beute aus den dichten afrikanischen Wäldern heimkehrten.

Livingstone, der verschollene Menschenfreund, kam damals aus dem Inneren Afrikas – todkrank, abgemagert zu einem Skelett, zahnlos und vom Wechselfieber heftig geschüttelt. Stanley, der ruhmsüchtige Reporter, kam aus dem Osten nach Ujiji, aus Sansibar, mit einer bunt zusammengewürfelten Karawane. Er schrieb für den *New York Herald*, und dies war seine größte Story.

Die Begegnung unter dem Mangobaum hat Stanley in seinem Reisebericht »Wie ich Livingstone fand« später so geschildert: »Ich tat also, was Feigheit und falscher Stolz mir als das Beste anrieten, schritt bedächtig auf ihn zu, nahm meinen Hut und sagte:

›Dr. Livingstone, wie ich vermute.‹

›Ja‹, sagte er mit freundlichem Lächeln, die Mütze leicht lüftend.

Ich setze meinen Hut wieder auf den Kopf, er seine Mütze, wir reichen uns herzlich die Hand, und ich sage laut:

›Ich danke Gott, Doktor, daß es mir gestattet ist, Sie zu sehen.‹

Er erwiderte: ›Und ich bin dankbar, daß ich Sie hier begrüßen kann.‹«

Natürlich weiß niemand, ob sich das Treffen tatsächlich so zugetragen hat. Stanley war schließlich ein phantasiebegabter Mann. In Herrn Mbingos Garage findet sich die berühmte Szene selbstverständlich auch, einmal auf Leinwand und einmal in der Form zweier überlebensgroßer Skulpturen: Zwei Wazungu, die sich überschwänglich die Hand reichen und Hut und Mütze lüften. Der Dorfschullehrer hat sie vor einigen Jahren gemalt, um das Museum etwas attraktiver zu machen.

Govola Mbingo blinzelt freundlich. Ein weißes Paar schreitet durch das Tor. Mbingo zeigt auf den Mangobaum. Das ist er also. Heiter schütteln sich die beiden die Hände und lüften ihre Baseballkappen von der *UNO* und nuscheln etwas, das wie »Susy, I presume« und »John, I presume« klingt. Govola Mbingo macht ein Foto. Die beiden drücken ihm einen 2.000-Schilling-Schein in die Hand, einen Euro ungefähr. Dann fahren sie zurück. Sie leisten Flüchtlingsarbeit im nahegelegenen Lager, wo Zehntausende von Kongolesen seit Jahren darauf warten, in ihre Heimat zurückgebracht zu werden.

Ohne die Leute von der *UNO* wäre in Mbingos Museum nicht viel los. Echte Touristen verirren sich nicht oft an den See. Manchmal kommt Jane Goodall. Selten kommen rotgesichtige Leute in Badelatschen; die werden aus dem Strandurlaub auf Sansibar hierhergelotst. Und manchmal kommen auch die Pausbäckigen in Wanderstiefeln, die gerade auf den Kilimandscharo gekraxelt sind.

Der skurrilste Gast am See war Ernesto »Ché« Guevara. Ob auch er sich den Mangobaum angesehen hat, ist nicht überliefert. Aber er hatte 1965 in Kigoma, nur zehn Kilometer entfernt, sein Rebellenhauptquartier. Von hier wollte er mit einem Haufen kubanischer Berufsrevolutionäre den Kongo befreien. Immer wieder tuckerten die Guerilleros in klapprigen Booten über den See und brachten Nachschub in den Kongo.

Doch der Ché schimpfte mit seinen afrikanischen Kameraden. Sie würden »meist in Hotels ein behagliches Leben führen«, schrieb er in sein Tagebuch: »Die Angehörigen der Volksbefreiungsarmee benahmen sich wie Schmarotzer: Sie arbeiteten nicht, exerzierten nicht, kämpften nicht und zwangen, manchmal mit äußerster Härte, die Bevölkerung, zu arbeiten und sie zu versorgen.« Außerdem soffen die Kongolesen und hurten herum, statt sich für die Weltrevolution zu begeistern. Frustriert packte der Argentinier seine Revolutionsutensilien zusammen und kehrte Afrika für immer den Rücken.

Stanley hatte nach seinem Aufenthalt in Ujiji immerhin noch für König Leopold II. den Kongo erobert und damit eine grässliche Barbarei eingeleitet. Livingstones Zeit jedoch war abgelaufen. Er wollte nicht mehr zurück nach Europa, er wollte bei seinen geliebten Afrikanern bleiben. Dem enttäuschten Stanley, der von einer ruhmreichen Heimkehr nach London – Seite an Seite mit dem berühmten Missionar – geträumt hatte, gab er ein paar Briefe mit und starb zwei Jahre später nicht weit entfernt in Chitambo am Bangwuelu-See.

Unten, auf dem See, dampft die *Liemba* vorbei, das älteste noch in Dienst befindliche Passagierschiff der Erde.

»Diese *Wazungu*«, seufzt Govola Mbingo, »naja, fleißig sind sie ja.«

# Carl Peters

Es muss ein vergnügtes Beisammensein gewesen sein. Die deutschen Delegationsteilnehmer nahmen den afrikanischen Sultan in ihre Mitte, legten die Arme um den verdutzten Mann und flößten ihm gutgelaunt Grog ein – was den Herrscher über einen Teil jenes Landes, das heute als Tansania bekannt ist, »in die vergnüglichste Stimmung« versetzt haben soll.

So jedenfalls schildert Carl Peters, der Anführer der deutschen Abteilung, die Begegnung in seinen Erinnerungen *Wie Deutsch-Ostafrika entstand.* Danach wurden »Ehrengeschenke« ausgetauscht, es wurde ausgiebig getafelt und hernach der Sultan mit süßem Kaffee traktiert.

Dann schien die Zeit reif. Der Afrikaner, weder des Lesens noch des Schreibens mächtig, setzte ahnungslos sein »Handzeichen« unter einige Blatt Papier. Man hisste die Fahne des Reichs, schoss ein paar Salven in die Luft und ließ Kaiser Wilhelm hochleben.

Am 4. Dezember 1884 ging so das Land des Sultans Muinin Sagara in deutschen Besitz über. Der »Herr von ganz Usagara« habe nun einen »ewigen Freundschaftsvertrag« mit seinen Gästen aus dem hohen Norden abgeschlossen, heißt es nämlich in dem Konvolut – er habe »eine Reihe von Geschenken« erhalten und erhalte auch noch »weitere Geschenke« in der Zukunft und dafür stellte er sich »unter den Schutz der Gesellschaft für deutsche Kolonisation«. Dessen Vertreter Carl Peters erhalte, »kraft seiner absoluten und uneingeschränkten Machtvollkommenheit, das alleinige und ausschließliche Recht, Kolonisten nach ganz Usagara zu bringen«.

Das war wohl ein historischer Moment, denn auch wenn noch ein paar Schritte gegangen werden mussten, bedeutete es: Deutschland war in Ostafrika plötzlich Kolonialmacht geworden. Und: Carl Peters, ein hagerer 32-Jähriger mit raubvogelartiger Nase und walrossartigem Schnauzbart, war seinem Traum nahe gekommen – Kolonialherr zu werden und Deutschland im Wettrennen mit den anderen europäischen Mächten zu seinem Platz an der Sonne zu verhelfen.

Insgesamt zwölf derartige Abkommen hatte Carl Peters geschlossen, ehe er fünf Wochen nach Beginn seiner Expedition fiebernd und mit schwärenden Wunden an den Füßen nach Sansibar zurückkehrte und von dort die Heimreise nach Deutschland antrat. Dort versuchte er umgehend, Kaiser und Kanzler von seiner Sache zu überzeugen.

Und tatsächlich: Am 27. Februar 1885 unterzeichnete »Wilhelm, von Gottes Gnaden Deutscher Kaiser, König von Preußen« einen Brief, in dem er kund tat, über die betreffenden Gebiete die Oberhoheit angenommen und sie unter »Unseren Kaiserlichen Schutz gestellt« zu haben.

Gegengezeichnet wurde das Schriftstück von Reichskanzler Otto von Bismarck. Der preußische Fürst, anfangs allen kolonialpolitischen Ambitionen abhold, hatte also nachgegeben. »So lange ich Reichskanzler bin, treiben wir keine Kolonialpolitik«, hatte er noch 1881 gewettert, »wir dürfen keine verwundbaren Punkte in fernen Weltteilen haben, die den Franzosen als Beute zufallen, sobald es losgeht.« Und: »Diese Kolonialgeschichte ist für uns genau so wie der Pelz polnischer Adelsfamilien, die keine Hemden haben.« Für Peters und Konsorten hatte er nur Hohn und Spott übrig und warnte vor den »Fehlern dieser Kolonial-Jingos, deren Begehrlichkeit viel größer ist als unser Bedürfnis und unsere Verdauungsfähigkeit«. Doch er hatte offenbar nachgegeben, und nun war der Weg frei.

Einige Jahre später nur sollte das deutsche Reich die heutigen Länder Tansania, Burundi und Ruanda in Ostafrika kontrollieren, flatterten in Togo und Kamerun im Westen des Kontinents die schwarz-weiß-roten Fahnen des Kaisers, pirschten in Namibia im Süden Afrikas Schutztruppler durch die Halbwüste und selbst auf einigen Südseeinseln wie Samoa und den Salomonen sowie in Kiautschou an der chinesischen Ostküste sprach man Deutsch. Erst während des Ersten Weltkriegs verlor das Reich seine überseeischen Besitztümer wieder.

Wer aber war Carl Peters – dieser Mann, der das Kaiserreich gegen alle anfängliche Skepsis des einflussreichen und angeblich eisernen Kanzlers ins koloniale Abenteuer zu treiben vermochte?

Ein kleinwüchsiger Pastorensohn aus einer Landpfarre in Neuhaus an der Elbe, damals Teil des Königreichs Hannover, das achte von elf Kindern, aufgewachsen in ärmlichen Verhältnissen.

Ein Träumer mit Hang zum Okkultismus – der davon überzeugt war, schon »im 3. Jahrhundert nach Chr. als byzantinischer Gouverneur in Alexandrien« gewirkt zu haben und später »als Dschinghis Khan noch einmal geboren« zu sein, wie sein Biograph Fritz Carl Roegels (*Mit Carl Peters in Afrika*) herausgefunden haben will.

Ein Streber mit besten Noten, der später in Göttingen, Tübingen und Berlin studierte, mit einer Arbeit über Barbarossas Frieden von Venedig (1177) promovierte und bereits im zarten Alter von 23 Jahren ein Buch über den Pessimisten Arthur Schopenhauer veröffentlichte (*Arthur Schopenhauer als Schriftsteller und Philosoph*).

Ein Mensch mit Hang zum Größenwahn, der in seinem Afrika-Bericht *Wie Deutsch-Ostafrika entstand* von sich selbst behauptet: »Meine Vorbilder in der Geschichte waren Perikles, Hannibal, die Gracchen bis zu Cortez, Sir Walter Raleigh, Nelson usw..«

Ein polyglotter Bildungsbürger, der seine Wanderjahre in England verbrachte – als Gast seines vermögenden Onkels Karl Engel im Londoner Stadtteil Kensington, einem Schöngeist durch und durch: Komponist, Pianist und Musikschriftsteller. »Für Peters lag in der Bewunderung Englands und im gleichzeitigen Aufruf zum erbitterten Kampf gegen England überhaupt kein Widerspruch«, hält der Historiker Christian Geulen fest, »vielmehr betonte er häufig, daß der entschlossene Eintritt des Deutschen Reiches in den imperialen Konkurrenzkampf mit dem englischen *empire* die beiden Nationen einander näher und Deutschland endlich auf die gleiche Stufe nationaler Entwicklung bringen werde«.

Damals hätte Carl Peters auch Brite werden können – und die Geschichte hätte womöglich einen anderen Verlauf genommen. Sein Onkel war ein einflussreicher Mann im Vereinigten Königreich. Er hatte in den sechziger Jahren des 19. Jahrhunderts eine Engländerin aus der angesehenen Pagets-Familie geehelicht und war nun sowohl mit dem Augenarzt der Königin als auch mit dem Handelsminister Joseph Chamberlain, dem Vater des späteren Premierministers Neville, verwandt.

Nach dem Tod seiner Frau hatte Karl Engel ein Vermögen geerbt und drängte nun seinen Neffen Carl, sich von ihm adoptieren zu lassen und Engländer zu werden. Doch Carl Peters, »dieser junge Deutsche mit dem harten Dickschädel des Hannoveraners« (Roegels) wollte nicht. Offenbar hatte er während der drei Jahre im Herzen der Weltmacht unter Minderwertigkeitskomplexen gelitten.

»Wenn man ein egoistisches Moment in diesem Motiv für meine kolonialpolitische Tätigkeit suchen will, so mag man es darin finden, daß ich es satt hatte, unter die Parias gerechnet zu werden und daß ich einem Herrenvolk anzugehören wünschte«, gab er später zu Protokoll; wenn Deutschland Weltmacht werden wolle, sei es »wohl oder übel gezwungen, der angelsächsischen Rasse in ihrer großartigen Weltentwicklung nachzustreben«.

Kaum zurück in Deutschland gründete Carl Peters konsequenterweise mit Gleichgesinnten die *Gesellschaft für Deutsche Kolonisation* – ein Verein von mittelständischen Phantasten mit dem Ziel »in entschlossener und durchgreifender Weise die Ausführung von sorgfältig erwogenen Kolonisationsprojekten selbst« in die Hand zu nehmen. Insbesondere der schottische Missionar David Livingstone habe große Verdienste daran gehabt, in Europa Interesse an Afrika zu wecken. »Durch die Forschungen Livingstones hörte die moderne europäische Kulturwelt um die Mitte des vorigen Jahrhunderts von fruchtbaren und feuchten Hochländern im Innern des afrikanischen Weltteils«, würde er 1915 schreiben (*Afrikanische Köpfe*). Doch für die »Angliederung des Schwarzen Erdteils an die europäische Zivilisation« sei der Forscher ungeeignet gewesen: »Er war hierfür zu negerfreundlich und hat das Vordringen der weißen Rasse, z. B. in seiner Haltung gegen die Buren, nur gehemmt.«

Vorbild des ambitionierten Clubs sind hingegen britische Eroberer – »unternehmende Männer«, wie Carl Peters in seinen Erinnerungen schwadroniert, »welche ein Betriebskapital zusammenschossen, sogenannte adventurers, Schiffe, aber auch nur ein Schiff ausrüsteten und unter schneidigen Führern in die ins Auge gefaßte Weltgegend entsandten«. Kolonien seien in Deutschland bereits »vor der Reichsgründung für die liberalen Nationalisten immer auch ein Stück normaler Ausstattung einer europäischen Großmacht« gewesen, schreibt der Historiker Helmut Bley in seinem Aufsatz »Der Traum vom Reich? Rechtsradikalismus als Antwort auf gescheiterte Illusionen im Deutschen Kaiserreich«: »Carl Peters wollte ein deutsches Indien in Afrika, Franz Adolf Lüderitz sein eigenes Reich, viele Siedler und Beamte suchten ihren autonomen vorindustriellen Herrschaftsbereich und Lothar von Trotha führte einen grundsätzlichen Rassenkrieg mit Genozidabsicht in Südwestafrika.« Kolonialpolitik hätte »sich im Rahmen der Konsolidierung als Großmacht als ein neues Politikfeld« etablieren können.

Und da wollte Peters mitmischen, doch nicht nur in den Berliner Debattierstuben, sondern mittendrin, so wie Cecil Rhodes, der gesagt hatte: »Expansion ist alles. Ich würde den Planeten annektieren, wenn ich könnte.« Doch erste Pläne, in Südostafrika, wo »das Gold von Mashonaland und Sambesia« lockte, Fuß zu fassen, ebenso wie der Plan, einen Trupp als Jagdgesellschaft verkleideter Eroberer ins Gebiet des heutigen Angola zu entsenden, scheiterten an der mangelnden Unterstützung durch die Reichsregierung, insbesondere Bismarcks.

Doch der unternehmungslustige Verein ließ sich nicht beirren, und eines Tages fiel bei den zwei Anführern Carl Peters und Graf Joachim von Pfeil der Groschen. Im Buch *Durch den Dunklen Kontinent* des Haudegens und Livingstone-Entdeckers Henry Morton Stanley stießen sie auf die Region Usagara an der Ostküste Afrikas. Hier, zwischen Portugiesisch-Ostafrika (heute: Mosambik) und dem britischen Protektorat Kenia schien sich ein weißer Fleck auf der Landkarte zu befinden: das Land zwischen dem schneebedeckten Gipfel des Kilimandscharo und dem Gewürzinselsultanat Sansibar. Zwar hatten schon 1879 die Gebrüder Denhardt im Gebiet von Witu den Lauf des Tana-Flusses erkundet, doch hatte man diesen Unternehmungen in Berlin keine Aufmerksamkeit geschenkt.

Es dauerte nicht lange, da machten sich Graf Pfeil, Carl Peters und Kamerad Karl Ludwig Jühlke schon auf den Weg nach Sansibar, um dort eine kleine Expedition nach Usagara zusammenzustellen. Schließlich mochten sie auf dem Festland »eine Landerwerbung behufs Anlegung einer deutschen Ackerbau- und Handelskolonie« vollziehen.

Mit Geschenken und Grog, 200 Pfund Reis, einem Kochkessel und sechs Patronentaschen, einer Henry-Martini-Büchse mit 500 Patronen, einem Revolver, einigen Dolchmessern und 36 mit Speeren bewaffneten Trägern geht es schließlich los ins Innere Afrikas.

Immer vorneweg, wenn die Überlieferung stimmt, Carl Peters mit zwei bewaffneten Dienern, gefolgt von Doktor Jühlke aus Greifswald, der von einem Einheimischen begleitet wird. Dahinter dann Graf Pfeil und ein Mann namens Herr Otto nebst Koch. Über Herrn Otto ist nicht viel bekannt, er hat sich dem Tross wohl aus Abenteuerlust vor Ort angeschlossen.

Eine Zeit lang lief es für Carl Peters wie gewünscht. Die örtlichen Fürsten waren mit Geschenken und Versprechungen schnell um ihr Land gebracht. Bismarck und der Kaiser gaben der Expansion nach Afrika ihren Segen – vermutlich weil der Druck durch nationalistische Kolonialverbände zu groß wurde. Daheim konnte man später alles nachlesen. In der *Täglichen Rundschau* erschien Peters' afrikanischer Reisebericht als Fortsetzungsroman. In einer »an Karl May geschulten Mischung aus Abenteuer- und Hintertreppenroman« hätten sich in dem Bericht »weder eine Begründung für das waghalsige Unternehmen noch der explizite Versuch, die Leser von der Notwendigkeit einer deutschen Kolonialpolitik zu überzeugen« finden lassen, moniert Geulen. Es sei eine reine Abenteuergeschichte gewesen: »von vier Deutschen, die unter falschem Namen heimlich das Reich verlassen, nach Afrika fahren, dort eine stattliche Anzahl von Dienern und Trägern engagieren und vor allem in möglichst raffinierter Weise obskure Verträge mit exotischen Häuptlingen abschließen, von denen einer sogar – laut Peters – ein klassisches Blutsbrüderschaftsritual mit ihm vollzog«. Immerhin hat es funktioniert.

»Die ganze Kolonialgeschichte ist ja Schwindel«, soll Bismarck gesagt haben, »aber wir brauchen sie für die Wahlen.«

Eine Expedition nach der anderen wurde schließlich entsandt, bis ein Land dreimal so groß wie die heutige Bundesrepublik erobert worden war. Die Soldaten und Askaris des Kaisers standen nun am Tanganjika-See und am Kilimandscharo, am Kivu-See und in der Serengeti, in Dar es Salaam und Bujumbura. »Peters träumte von einem großen zusammenhängenden deutschen Kolonialreich in Ostafrika, wie es die Engländer in Indien besaßen«, so der Kolonialismusforscher Carl G. Wingenroth (*Des weißen Mannes Bürde*), doch am Ende scheiterten seine Absichten an der allgemeinen politischen Lage: »Bismarck brauchte die englische Freundschaft und wünschte sie nicht durch maßlose Annexionen in Ostafrika aufs Spiel zu setzen. Nur der zur neuen Kolonie gehörende Küstenstreifen wurde vertraglich gesichert.«

Also wurde es die kleinere Variante: Auf Somaliland verzichteten die Deutschen zugunsten Italiens. Nördlich herrschten die Briten, südlich die Portugiesen und im Osten führte Belgiens König Leopold den Kongo mit eiserner Hand als Privatbesitz. Wie aber kam es nun, dass der Kilimandscharo den Deutschen und nicht den Briten zugeschlagen wurde? »Die beliebte Geschichte der Grenzziehung ist normalerweise die, daß sich Britannien und Deutschland zunächst auf eine gerade Linie von der Küste zum Victoriasee geeinigt hatten«, schreibt der Brite David Lovatt Smith, der als Natur- und Artenschützer lange in kenianischen Nationalparks arbeitete, in seinem Amboseli-Buch, »als der Sohn des deutschen Kaisers, der Enkel Königin Victorias also, seine Grußmutter daran erinnerte, daß Großbritannien zwei schneebedeckte Berge am Äquator besitzen würde, wenn man die Grenzlinie gerade ziehen würde, während Deutschland dann gar keinen hätte. Daraufhin entscheid die Königin, daß das nicht fair sei und man die Grenze zugunsten Deutschlands verändern müsse.«

Allerdings verweist Lovatt diese Geschichte ins Reich der Fabeln und meint, irgendein phantasiebegabter Kolonialoffizier müsse sie sich ersonnen haben. In Wirklichkeit, meint er, hatten Briten und Deutsche ganz andere Interessen. Den Engländern sei es um eine Verbindung zwischen Mombasa und ihrer Kolonie Uganda gegangen. Die direkte Verbindung führte durchs Land der Massai, doch die wurden von den weißen Reisenden gefürchtet wie das Weihwasser vom Teufel, weshalb die Engländer, die auf Sansibar stark vertreten waren, über ihren Mann auf der Insel, John Kirk, den Sultan gegen die Deutschen aufhetzten. Der möge am Kilimandscharo die Flagge des Sultans aufziehen und den Engländern später freies Geleit durch die Gegend garantieren. Das wiederum hätten die Deutschen erfahren, daraufhin »einen gewissen Dr. Juhlke« nach Moshi geschickt, um das Land von den Chagga zurückzukaufen. Am Ende, schließt Lovatt, mussten die Briten nachgeben. Sie lagen zu jener Zeit mit den Franzosen über Indien und die Türkei im Clinch und »brauchten Deutschland verzweifelt als einen Freund«. Und so sei es gekommen, dass der Kilimandscharo eine Zeit lang als höchster Berg Deutschlands bezeichnet werden konnte.

1890 wurde die ostafrikanische Interessenssphäre endgültig abgesteckt. Deutschland erkannte Englands Anspruch auf Sansibar an, verzichtete auf Witu und jede Ausdehnung in Richtung Uganda und Nil. Dafür erhielt das Kaiserreich die Insel Helgoland und den später so genannten Caprivi-Zipfel im äußersten Nordosten von Deutsch-Südwest. Man hatte wohl auch nicht geglaubt, aus Ostafrika besonders viel herausholen zu können. »Zwei Zehntel unseres Ostafrika sind gutes Land, acht Zehntel sind trockene Savanne«, hatte Hermann von Wissmann gemeint und Hans Meyer sekundierte: »Der größte

Teil des tropischen Ostafrika ist nicht nur unfruchtbar, sondern auch ungesund. Das Klimafieber gebietet im ganzen Land.« Beide befanden sich damit im deutlichen Widerspruch zum Träumer Peters, der fand, dass Deutsch-Ostafrika »was Üppigkeit und Großartigkeit der Bildung betrifft, kaum den Vergleich mit irgendeiner anderen tropischen Kolonie der Erde zu scheuen braucht«.

Irgendwann war das Glück Carl Peters, dem Abenteurer aus dem Hannoverschen, aber nicht mehr hold. Peters wurde in der *Deutsch-Ostafrikanischen Gesellschaft*, die aus der *Gesellschaft für Kolonisation* hervorgegangen war, entmachtet.

Und erfolglos endete auch eine draufgängerische Expedition zur Rettung des schlesischen Sudan-Gouverneurs Eduard Schnitzer. Dieser als Emin Pascha bekannt gewordene Afrika-Forscher war in den Strudel des Mahdi-Aufstands geraten, konnte den mohammedanischen Horden allerdings aus eigener Kraft entkommen und lief zudem Henry Morton Stanley über den Weg, bevor die Peters-Expedition auch nur in seine Nähe gekommen war.

Mit dem Posten des Reichskommissars für das Kilimandscharo-Gebiet musste sich Carl Peters schließlich begnügen. Seinen Ruf als Afrika-Pionier aber büßte er vollends ein, als er seine Konkubine Jogadja und deren Liebhaber Nabruk im August 1891 nach der Einberufung eines Kriegsgerichts, dem Peters selbst vorstand, aufknüpfen ließ.

Der Fall landete vor dem deutschen Reichstag, wo er heftige Debatten auslöste. Der sozialdemokratische *Vorwärts* verspottete den Kilimandscharo-Herrscher als »Hänge-Peters«.

Halbherzig versuchte Peters später, seine Taten zu rechtfertigen. Zum Beispiel den Arbeitszwang: »Wer nicht arbeitet, muß hungern«, schrieb er in seinem Buch *Afrikanische Köpfe*, »weshalb schreit der deutsche Philister jedesmal sentimental auf, wenn von Zwang in Verbindung mit seinem lieben schwarzen Bruder die Rede ist, den er gar nicht kennt, und der ohne solchen Zwang am liebsten von jeder Arbeit fernbleibt?«

Sonst hatte Peters aus seiner Brutalität im Umgang mit der Urbevölkerung keinen Hehl gemacht. Insbesondere unter dem Krieger- und Hirtenvolk der Massai müssen die Deutschen schlimm gewütet haben, wie Peters in seinen Erinnerungen *Die deutsche Emin Pascha-Expedition* schreibt. »Als die Adventsglocken in Deutschland zur Kirche riefen«, führt der Kolonialist aus, »prasselten Flammen über das große Kral an allen Seiten gen Himmel. Ein kurzes Triumphgefühl für uns, welches freilich durch die Erwägung über das, was nun zu geschehen habe, sehr schnell vollständig beseitigt ward.« 43 Leichen zählten Peters Männer nachher, »der Verlust der Massais muß aber sicherlich mehr als das Dreifache betragen haben, da hinten mit gleicher Erbitterung wie vorn gekämpft ward, und dieselben in den meisten Fällen imstande waren, ihre gefallenen Stammesgenossen fortzuschleppen. Da die Massais die auf unserer Seite Gefallenen, sieben an der Zahl, in schmachvoller Weise verstümmelt hatten, wurden Repressalien ergriffen, indem unsere Leute den Massaileichen die Köpfe abschnitten und solche in weitem Bogen unter deren Stammesgenossen unten am Hügel hinunterschleuderten.« Nicht minder grausam wüteten die Deutschen auf ihrer Rückreise unter den Wagogo. Diese ehemaligen Sammler und Jäger aus dem Gebiet des heutigen Dodoma hatten es gewagt, einen Tribut für die Durchquerung ihres Gebiets zu verlangen. Als deren Sultan, nach einer ersten Schlappe, Frieden wünschte, soll Peters nach eigener Aussage erwidert haben: »›Der Sultan soll Frieden haben, und zwar den ewigen Frieden. Ich will den Wagogo zeigen, was die Deutschen sind.‹« Dann gab Peters den Befehl: »›Plündert das Dorf und werft Feuer in die Häuser hinein, zerschlagt alles, was nicht brennen will.‹« Später schlichen die Deutschen sich an die Wagogo »in dem Maisfeld heran und fingen plötzlich an, auf die Horden, welche von Osten herandrängten, in der Seite und im Rücken zu schießen. In wilder Flucht stoben dieselben auseinander. Meine Verachtung gegen die Wagogo war so groß, daß ich, in diesem Einzelgefecht wiederholt meinen Leuten sagte: ›Ich will euch zeigen, welche Art Gesindel wir vor uns haben! Bleibt alle stehen, ich will ganz allein die Wagogo beiseite werfen. Ich ging auf die Wagogo zu, rief Hurra, und Hunderte von ihnen stoben beiseite.« Später schließt Peters damit, er »erwähne dies nicht, um unser Vorgehen als irgend etwas Heldenartiges hinzustellen, sondern um zu zeigen, welcher Art dieses ganze Afrikanertum ist, und welche übertriebenen Anschauungen in Europa in Bezug auf ihre Kriegstüchtigkeit derselben und auf die zu ihrer Unterwerfung erforderlichen Mittel im Gange sind.«

Peters wird am Ende reichlich unehrenhaft aus dem Kolonialdienst entlassen. »Für ihn bestand der einzige Weg nationaler Politik in kolonialer Expansion und entsprechend zog es ihn nach seiner Entlassung in die Kolonial-Metropole London und nicht in irgendeinen der vielen völkischen und nationalpolitischen Vereine in Deutschland«, schreibt der Historiker Christian Geulen: »Er blieb an der Themse, von wo er häufiger nach Afrika und Asien als nach Deutschland reiste, und kehrte erst in dem Augenblick nach Hannover und in seine eigentlich nationale Heimat zurück, als der Weltkrieg die nationalen Grenzen Europas zur Disposition stellte.« Begraben wurde er schließlich in der niedersächsischen Landeshauptstadt. Wie sagte Rudyard Kipling, Britanniens imperialistischer Großdichter? »Das Große Spiel ist aus, wenn alle tot sind. Nicht vorher.«

Mit Deutschlands Traum von kolonialer Größe war hier also Schluss. Nur die Nazis kamen später noch einmal darauf zurück. In ihrem Größenwahn wollten sie südlich der Sahara gar ein »Mittelafrikanisches Kolonialreich« errichten – es sollte sich von Sierra Leone im Westen bis Südwestafrika im Süden und Tanganjika im Osten erstrecken. Besonderes Interesse zeigte die I. G. Farben, die eigens Pläne ausarbeitete, wie die koloniale Neuordnung aussehen könnte. Besonders nach der Niederlage Frankreichs im Jahr 1940 war die Stimmung euphorisch. Und auch im Auswärtigen Amt herrschte emsige Betriebsamkeit. So verfasste der Leiter der Kolonialabteilung, Ernst Bielefeld, eine Denkschrift darüber, wie der Kontinent aufgeteilt werden könne, und hielt fest: »Das anzustrebende Endziel ist, einen möglichst großen Teil des in Afrika verfügbaren Kolonialraumes so unter deutschen Enfluß zu bringen, daß in gemeinsamer Arbeit mit den anderen Kolonialmächten eine einheitliche Aufschließung, Pflege und Ausnutzung der sämtlichen wirtschaftlichen Möglichkeiten des afrikanischen Kontinents zum Nutzen von ganz Europa unter besonderer Sicherstellung des großdeutschen Eigenbedarfs erfolgen kann.« So weit kam es dann ja zum Glück nicht.

# Lettow-Vorbeck – der Löwe von Afrika

Die rotgesichtigen britischen Angehörigen des North-Lancashire-Regiments und ihre aus Asien herbeigeschafften Kaschmir-Schützen müssen in tropischer Nacht ein Bild des Jammers abgegeben haben. »In wilder Flucht floh der Feind in dicken Klumpen davon, und unsere Maschinengewehre, aus Front und Flanke konzentrisch auf ihn wirkend, mähten ganze Kompagnien Mann für Mann nieder«, notierte ihr Bezwinger, der deutsche General Paul von Lettow-Vorbeck, noch Jahre später genüsslich in seinen Memoiren *Meine Erinnerungen aus Ost-Afrika*: »Mehrere Askari kamen freudig strahlend heran, über dem Rücken mehrere erbeutete englische Gewehre und an jeder Faust einen gefangenen Inder.«

Zu allem Überfluss fiel am Ende des Getümmels noch ein Schwarm verrückt gewordener Insekten über die Geschlagenen her. Heia Safari! Was für ein Triumph gegen die britische Übermacht. 1.000 deutsche Kaisersoldaten von der 13. Feldkompanie, verstärkt durch ein paar schwarze Hilfstruppen, schlagen im November 1914 eine Übermacht von mindestens 6.000 bis 8.000 Briten und Indern in die Flucht.

Deren Landungsversuch bei Tanga war damit misslungen. Noch eine Weile wird die schwarz-weiß-rote Trikolore über der Hafenstadt am Indischen Ozean flattern. Auf mindestens 2.000 gefallene Feinde schätzt Lettow-Vorbeck die Verluste des Gegners – »aber größer noch war die moralische Einbuße des Feindes. Er fing beinahe an, an Geister und Spuk zu glauben.« So geschockt seien die Engländer von der Kriegskunst ihrer deutschen Widersacher gewesen, dass sie Lettow-Vorbeck später gefragt hätten, »ob wir dressierte Bienen verwandt hätten«, feixte der Kriegsheld im Nachhinein – und begründete damit einen der vielen Mythen, die ihn ein Leben lang begleiten würden. Lettow-Vorbeck: »Der Erfolg von Tanga wirkte belebend auf die Entschlossenheit der ganzen Kolonie zum Widerstande.« Glaubt man dem General muss die Stimmung anfangs so glänzend gewesen sein, dass sich die Kaiserlichen »in der Umgebung von Neumoschi des Sonntags zu fröhlicher Treibjagd zusammengefunden« hatten, um auf »Hasen, verschiedene Zwergantilopen, Perlhühner und verschiedene Verwandte des Rebhuhnes, Enten, Buschböcke, Wasserböcke, Luchse, verschiedene Arten Wildschweine, kleine Kudus, Schakale und eine

Menge anderes Wild« anzulegen – alles, was halt in dem »wildreichen Gebiet des Kilimandjaro« so kreucht und fleucht.

Die verlorenen Schlachten des ersten Kriegsjahres sollten die Briten noch für eine ganze Weile zurückwerfen. »Während die Deutschen kaum über genug Kräfte verfügten, die Grenzen ihrer Kolonie zu verteidigen, geschweige denn groß angelegte Offensiven gegen alliiertes Territorium vorzunehmen, brauchten die Briten nahezu ein Jahr, um sich von den Niederlagen des Jahres 1914 und den ersten Monaten des Jahres 1915 zu erholen«, behauptet der Autor Michael Pesek in seinem Buch *Das Ende eines Kolonialreiches. Ostafrika im Ersten Weltkrieg*: »Die Briten waren über den Widerstand der Deutschen mehr als erstaunt.« In Mombasa und Nairobi hatten zu dieser Zeit Gerüchte die Runde gemacht, die Deutschen verfügten über 140.000 Mann, und eine Invasion der britischen Kolonie Kenia stünde bevor.

»Löwe von Afrika« sollte Lettow-Vorbeck später von seinen Anhängern genannt werden. Man verglich ihn mit dem legendären Lawrence von Arabien, der auf englischer Seite versprengte Arabergruppen gegen die mit dem Kaiser verbündeten Türkentruppen führte, und verehrte ihn als Guerillaführer einer Armee, die nie größer als 14.000 Mann gewesen sein soll: 3.000 Deutsche und 11.000 Askaris.

Mit dieser kümmerlichen Truppe habe Lettow-Vorbeck vier Jahre lang eine Übermacht von 300.000 Briten, Indern, Südafrikanern, Belgiern und Portugiesen an der Nase herumgeführt. Am Ende des Tropenkrieges, so der Mythos, habe man ihn zum Aufgeben zwingen müssen – im Felde aber sei Lettow-Vorbeck, im Gegensatz zu seinen auf europäischem Kampfgebiet operierenden Kameraden, tatsächlich unbesiegt geblieben: ein deutscher WK-I-Heroe wie sonst allenfalls der Rote Baron.

Kein Wunder, dass nach der Schmach der Kapitulation besonders der Mann mit dem rechts hochgeklappten Schutztruppenhut besungen wurde. »Als Deutschland ward der Sieg geraubt, / An den es bis zuletzt geglaubt, / Vergaß er seiner Sieger Ruhm, / Und seiner Helden Heldentum«, dichtete schon 1927 der ehemalige Landsturmmann Friedrich Wilhelm Mader in seinen Afrika-Erinnerungen *Am Kilimandscharo*: »Es sah nur Schmach, Leid und Verrat, / Die gift'ge Frucht der Drachensaat. / Ein Name nur durch Nacht und Not / Strahlt ihm, wie Zukunftsmorgenrot: / Lettow-Vorbeck.«

Und auch moralisch habe der Spross einer preußischen Offiziersfamilie geglänzt. Dass es keine nennenswerten Erhebungen der Asakaris gegen die Khakisoldaten gegeben habe, sei ein Zeichen für die Ritterlichkeit des Generals und seiner Schutztruppen gewesen, argumentieren Lettows Leute – und die meisten Nachkriegsdeutschen, hungrig nach Kriegshelden, glaubten ihnen nur allzu gern.

»Er führte eine Kolonne schwarzer Soldaten aus dem afrikanischen Busch in das Geschichtsbewußtsein der Deutschen: Stramme Askaris, den silbernen Reichsadler vorn und den Nackenschutz hinten am Fez, marschierten im Geist der Nation noch in die Schlacht von Tanga, als sie längst den Ehrensold verzehrten, den ihnen das Reich – inzwischen der Kolonien bar – ausgesetzt hatte«, schrieb *Der Spiegel* in Lettow-Vorbecks Nachruf: »Als ihre Spuren verwehten, überstrahlte der Ruhm des großen Kolonialgenerals den Krampf des deutschen Kolonialsentiments. Die Kolonien waren unpopulär, solange Deutschland sie hatte. Erst als sie verlorengegangen waren, fanden sie ihren Platz im Herzen der Nation, die sie in Atlanten konservierte und den General ... zum Gralshüter bestellte.« 1964 war der alte Ostafrika-Kämpfer allerdings schon weitgehend in Vergessenheit geraten und in Hamburg im Alter von 93 Jahren einsam gestorben.

Natürlich hat das Bild vom Edelmann im ostafrikanischen Busch längst Risse bekommen. »Es gibt nichts an Lettow-Vorbeck, das heute noch verehrungswürdig wäre«, behauptet der Historiker Uwe Schulte-Varendorff in seiner Lettow-Vorbeck-Biographie *Kolonialheld für Kaiser und Führer*: »Lettow-Vorbeck stellte sich immer wieder gern als ›Vater der Askari‹ und Freund der afrikanischen Zivilbevölkerung dar. In Wirklichkeit aber waren die Afrikaner für ihn nur ›primitive Schwarze‹, denen er eine ›geringere Intelligenz‹ und einen ›geringeren Kulturstand‹ bescheinigte. Seine wahre Einstellung zu den Afrikanern zeigte sich in der schlechten Behandlung ›seiner‹ Askari, von denen er nicht umsonst den Beinamen ›Der Herr, der unser Leichentuch schneidert‹ erhielt.« Überhaupt findet Schulte-Varendorff wenig warme Worte für das Objekt seiner Forschung.

Lettow-Vorbeck habe die Afrikaner als »rassisch minderwertig« betrachtet, sei ein »Militarist, der im Soldatentum die höchste Form des menschlichen Daseins erblickte« und »galt als autoritärer Selbstdarsteller«, meint der Biograph, er sei ein »Verfechter des unbedingten Gehorsams« gewesen, habe sich aber selbst als unfähig erwiesen, sich »in Hierarchien einzuordnen«, ein »absoluter Machtmensch«, ein »unbelehrbarer Militär«, der in »seinen selbstverherrlichenden Schriften« sein Ego gefeiert habe. Die *Süddeutsche Zeitung* mutmaßt gar: »Er war wohl einer der größten Kriegsverbrecher in der deutschen Geschichte.«

Ein anderer Reporter der *Süddeutschen Zeitung*, der die letzten Askaris noch selbst getroffen hatte, hatte allerdings einen ganz anderen Eindruck gewonnen. »Man glaubt seinen Ohren nicht zu trauen, aber es ist tatsächlich wahr«, staunte *SZ*-Reporter Stefan Klein (»Die Tränen des Löwen«), »mit der größten Selbstverständlichkeit wird hier die Glorie des deutschen Kaiserreichs besungen.« Es war in Tanga, an einem schwül-heißen Sonntagmorgen des Jahres

1997, als sich die letzten Überlebenden der legendären Schlacht trafen und sangen: »Heil dir im Siegerkranz, Herrscher des Vaterlands, Heil Kaiser, dir!« Dann legten sie einen Kranz am Ehrenmal ab, auf dem noch immer steht: »Hier ruhen 16 deutsche Helden an der Stelle, wo sie am 4. November 1814 für die Größe des Vaterlands fielen. 48 brave Askaris und Kompanieführer folgten ihren deutschen Führern in treuer Erfüllung ihrer Soldatenpflicht in den Tod. Auch sie starben für Kaiser und Reich.« Die alten Männer hatten sich in einer Reihe aufgestellt und sehr ernst geblickt und das Lied beendet: »Fühl' in des Thrones Glanz, die hohe Wonne ganz, Liebling des Volks zu sein, Heil Kaiser dir!« Ganz so schlimm, wie Schulte-Varendorff meint, werden die Männer dann vermutlich doch nicht behandelt worden sein.

Tatsächlich hat sich der in Saarlouis geborene Preuße Lettow-Vorbeck zeit seines Lebens auf allen möglichen Kriegsschauplätzen getummelt und im Dreieck zwischen China, Hamburg und Südwestafrika eine durchaus blutige Spur hinterlassen. Seine Feuertaufe erlebte Lettow-Vorbeck als Freiwilliger während des sogenannten Boxeraufstands. Im Jahr 1900 hatte Kaiser Wilhelm eine deutsche Truppe nach China in Marsch gesetzt – sie sollte mit anderen Großmächten wie Großbritannien, Frankreich, Russland, Österreich, Japan oder den Vereinigten Staaten den Widerstand aufmüpfiger Chinesen, die Missionare und chinesische Christen ermordet hatten, niederschlagen.

Ausgerechnet der Preußenkaiser Wilhelm II. hatte sich damals durch besondere Härte hervorgetan und in seiner später als Hunnenrede bekannt gewordenen Ansprache verlangt: »Kommt ihr vor den Feind, so wird er geschlagen, Pardon wird nicht gegeben; Gefangene nicht gemacht. Wer in Eure Hände fällt, sei in Eurer Hand.«

Wie vor 1.000 Jahren »die Hunnen unter ihrem König Etzel« sollten die Feldgrauen im Reich der Mitte wüten und den Namen Deutschlands bekannt machen, »dass niemals wieder ein Chinese es wagt, etwa einen Deutschen nur scheel anzusehen«.

Lettow-Vorbeck, bis dato Oberleutnant im Großen Generalstab, kam als Adjutant zur I. Ostasiatischen Infanteriebrigade, erhielt zunächst das Transportkommando über einen Trupp ostsibirischer Kosaken, ehe er, seiner Abenteuerlust entsprechend, auch an Kampfeinsätzen gegen Boxernester teilnehmen durfte.

Er nahm Chinesen gefangen, wurde Zeuge standrechtlicher Erschießungen und wurde schließlich zum Hauptmann im Kommando eben jenes Lothar von Trotha ernannt, der einige Jahre später den Herero-Aufstand in Deutsch-Südwestafrika niederwerfen sollte.

Doch bevor er General von Trotha nach Afrika folgen sollte, kehrte Lettow-Vorbeck üppig dekoriert ins Kaiserreich zurück: behängt mit dem amerikanischen »Military Order of the Dragon«, dem preußischen »Roten-Adler-Orden 4. Klasse mit Schwertern« und dem russischen »St.-Stanislaus-Orden«. Eine Weile hielt es Lettow-Vorbeck als Kompaniechef im Königin-Elisabeth-Garde-Grenadierregiment in Berlin-Charlottenburg aus – und wartete doch sehnsüchtig auf seinen nächsten Einsatz im Felde.

1904 ging es dann endlich wieder los. In der südwestafrikanischen Dornbuschsavanne hatten gerade Hereros und Hottentotten, wie die Angehörigen des Nama-Stamms seinerzeit genant wurden, gegen die kaiserlich-deutsche »Schutzmacht« rebelliert. Unter der Führung des trunksüchtigen Häuptlingssohns Samuel Maharero überfielen sie deutsche Höfe und schlugen ganze Siedlerfamilien tot.

Die Schutztruppe unter dem Kommando des Gouverneurs Theodor Leutwein war nicht in der Lage, Herr des Aufruhrs zu werden – so wurden erneut Truppen aus Deutschland entsandt. Natürlich zögerte Paul von Lettow-Vorbeck nicht lange, meldete sich erneut freiwillig und wurde Erster Adjutant im Stab seines alten Bekannten Lothar von Trotha.

Der schrieb nun ein weiteres unrühmliches Kapitel in der kaiserlichen Militärgeschichte. Weil von Trotha seinem Hunnenkaiser Wilhelm an Härte nicht nachstehen wollte, gab er seinen Schutztrupplern den Befehl, ein Blutbad unter den aufrührerischen Hereros anzurichten.

»Innerhalb der deutschen Grenze wird jeder Herero, mit oder ohne Gewehr, mit oder ohne Vieh erschossen«, ordnete von Trotha an: »Ich nehme keine Weiber und keine Kinder mehr auf, treibe sie zu ihrem Volk zurück oder lasse auf sie schießen.« Noch heute streiten Historiker darüber, ob die brutale Anweisung einer Aufforderung zum Völkermord gleichkommt.

Klar aber ist: Mehr als 60.000 Hereros und 10.000 Nama wurden niedergeschossen oder verdursteten qualvoll in der Omaheke-Halbwüste. Und Lettow-Vorbeck verteidigte noch 1957 den tödlichen Befehl seines einstigen Vorgesetzten. »Ich glaube, dass ein Aufstand solchen Umfangs erst mal mit allen Mitteln ausgebrannt werden muss«, ließ er die Leser in seinen Erinnerungen *Mein Leben* wissen: »Der Schwarze würde in Weichheit nur Schwäche sehen.«

Bis dahin deutete nicht viel auf Lettow-Vorbecks spätere Karriere als edelmütiger Askariführer im Ersten Weltkrieg hin. Dabei scheinen es gerade seine Erfahrungen im südwestafrikanischen Gemetzel zu sein, die ihm später in der Savannenlandschaft zwischen Tanganjika-See, Kilimandscharo und Indischem Ozean zugute kommen sollten.

»Die sowohl von den aufständischen Herero als auch Nama angewandte Taktik des Klein- beziehungsweise Guerillakriegs, bestehend aus Hinterhalten und Überfällen auf zumeist kleinere Abteilungen und dem sofortigen Rückzug in sichere Gebiete gegen einen zahlenmäßig und waffentechnisch überlegenen Gegner«, urteilt Uwe Schulte-Varendorff, »wurde von ihm im Kampf gegen die alliierten Truppen in Ostafrika kopiert und verfeinert.«

Im Januar 1914 schließlich landete Lettow-Vorbeck, nach einem Zwischenstopp in Kamerun, als Kommandeur der Schutztruppe in Deutsch-Ostafrika – gerade rechtzeitig zum Kriegsbeginn. Auf der Reise dorthin hatte er sich mit der jungen Dänin Karin Dinesen, die in Kenia den Baron Blixen zu ehelichen gedachte, angefreundet. Später betrieb die Baronin eine Kaffeeplantage am Rande der Ngong Hills, schrieb den Klassiker *Jenseits von Afrika* und wurde von Ernest Hemingway hochgeschätzt.

Das Reiterbild mit Vers, das Lettow-Vorbeck der Dänin zur Hochzeit schenkte, soll sie während des gesamtes Kriegs sorgsam gehütet haben – falls Lettows deutsche Krieger Kenia eingenommen hätten und sie in Kriegsgefangenschaft geraten wäre. Doch soweit sollte es bekanntlich nie kommen.

Als Schlachtfeld waren die Kolonien eigentlich gar nicht vorgesehen, doch keine der Kriegsparteien hielt sich an die Abmachungen der Kongo-Akte, nach der in den afrikanischen Besitzungen – ungeachtet der Kriegshandlungen in Europa – Ruhe herrschen sollte: Am 8. August 1914 bestrichen britische Haubitzen die deutsche Festung Dar es Salaam vom Meer aus. Eine Woche später überfiel ein deutsches Kommando unter der Führung Lettow-Vorbecks die britische Kenia-Grenzstation in Taveta.

Der Große Krieg hatte nun auch in Afrika begonnen. Das war gar nicht nach dem Geschmack des deutschen Gouverneurs Heinrich Schnee. Dieser wollte am liebsten sofort kapitulieren und drohte später damit, Lettow-Vorbeck wegen Hochverrats vor ein Kriegsgericht zu bringen. Doch der General brannte geradezu darauf, in den Krieg zu ziehen. »Ich wusste, dass das Schicksal der Kolonien, wie das jedes deutschen Besitzes, auf den europäischen Schlachtfeldern entschieden werden würde«, schrieb er später, »die Frage war, ob wir die Möglichkeit hatten, die große heimische Entscheidung von unserem Nebenkriegsschauplatze aus zu beeinflussen.«

Er rekrutierte jeden, der ein Gewehr halten konnte, scharte schließlich 3.000 Weiße und 11.000 pechschwarze Askaris um sich, eine Kompanie Araber stieß auch noch dazu. Besonders die Askari hätten sich als »sehr disziplinierte und fähige Soldaten« erwiesen, hat Historiker Pesek rekonstruiert: »Nur selten ist in den Gefechtsberichten von einem Versagen der Askari zu lesen, und dies, obwohl manche Einheiten aus mehr als einem Drittel neuer Rekruten bestand, die erst in den ersten Kriegswochen geworben worden waren. Im Gegenteil, größtenteils waren die Offiziere voll des Lobes ob des Ausbildungsstandes, der Eigenständigkeit und Kampfmoral der *Askari*. Die zu Beginn des Krieges einberufenen neuen Rekruten waren größtenteils erfolgreich in die Kompanien integriert worden. Einzig das ›Araberkorps‹, zusammengestellt aus den Söhnen reicher Plantagenbesitzer und Händler aus den Küstenstädten, war immer wieder Gegenstand heftiger Kritik der Offiziere.«

Er hatte keine große Wahl gehabt, dennoch hatte Lettow-Vorbeck von Beginn an ein gewisses Vertrauen in die Askari. »Nach Beobachtungen, die ich während des Aufstandes in Südwestafrika 1904–1906 gemacht hatte, glaubte ich aber, daß auch in dem ostafrikanischen Schwarzen, der ja derselben großen Familie des Bantustammes angehört wie der Herero, Tapferkeit und militärische Tüchtigkeit geweckt werden könnten«, schreibt er in seinen *Erinnerungen aus Ostafrika.*

Allerdings stammte die Mehrheit der ersten schwarzen Soldaten, die schon von Wissman für seine Truppe rekrutiert worden waren, mitnichten aus Tanganjika, hat der in Moshi lebende Afrika-Kenner und Politologe Jörg Gabriel recherchiert: »Anfangs waren es hauptsächlich Sudanesen und Ngoni-Zulus, die in der portugiesischen Kolonie Mosambik angeheuert wurden. Selbst Abessinier aus dem Hinterland von Massawa, den heutigen Gebieten von Tigray und Eritrea, wurden rekrutiert.« Als Soldaten seien die Fremden »sehr gut gewesen«, befand der Schutztruppenhauptmann H. Fonck (*Deutsch Ost-Afrika*), dennoch: »Die Hoffnungen, welche man sonst auf ihre Geeignetheit setzte, haben sich nicht erfüllt, da sie das Klima nicht vertrugen ... Ebenso wenig wie die Abessinier waren die in der ersten Zeit als Bootsleute verwendeten Somali dem Klima gewachsen. Sonst hatten sich diese stolzen, unerschrockenen Gesellen bei einer auf ihre Stammeseigentümlichkeiten Bedacht nehmenden Behandlung als außerordentlich brauchbar erwiesen.« Erst danach wurden Männer von der Küste, Wasuaheli, die mit den klimatischen Bedingungen besser zurechtkamen, in die Truppe aufgenommen.

Probleme hatte es anfangs eher mit der Ausrüstung der schwarzen Krieger im kaiserlichen Waffenrock gegeben. Die hatten zwar maßgeschneiderte Uniformen und breite Ledergürtel mit Munitionstaschen bekommen und trugen auf dem Kopf eine »zylinderförmige Kappe mit lang herunterhängendem Nackenschutz« (Gabriel). Sie wurden allerdings auch mit alten Infanteriegewehren des Typs 71 ausgestattet, und die hatte das deutsche Heer bereits 1892 aus gutem Grund ausgemustert: Die alten Schießprügel hinterließen beim Abfeuern so starke Rauchwolken, dass sie die Postion des Schützen verrieten. Erst nach den Kämpfen von Tanga und Longido, als die Deutschen jede Menge britischer Gewehre erbeuten konnten, wurde es besser. Lettow-Vorbeck notierte nach der Tanga-Schlacht: »Die Beute an Waffen gestattete, mehr als 3 Kompagnien modern zu bewaffnen; die 16 erbeuteten Maschinengewehre waren uns hierbei besonders willkommen.«

Die Kampfkraft der Askaris fand auch bei deren Gegnern höchste Anerkennung. So schrieb der Großwildjäger und Abenteurer Frederick Courtenay

Selous, der sich 64-jährig freiwillig zum Kampf gegen die Deutschen gemeldet hatte und im 25. Bataillon der Royal Fusiliers diente, in einem Brief: »Die Arbeit im Busch ist sehr anstrengend, und die deutschen schwarzen Askaris sind darin sehr viel besser als die schwer ausgerüsteten weißen Männer, von denen viele immer nur in Städten gelebt hatten, bevor sie hierher kamen.« Die Askaris aber seien »nicht nur sehr tapfer, sondern auch gut ausgerüstet«. Selous überlebte den Ersten Weltkrieg nicht. Am 4. Januar 1917 geriet sein Trupp am Belo-Belo-Fluss in einen Hinterhalt und der Mann, der später einem der größten afrikanischen Nationalparks seinen Namen geben sollte, wurde – von einem deutschen Scharfschützen – erschossen.

Dass man mit diesem Häuflein eine Übermacht von angeblich 300.000 Mann nicht in einer Feldschlacht besiegen konnte, war dennoch von Anfang an klar. Lettow-Vorbeck versuchte das auch gar nicht: Sein Ziel war die Ugandabahn, die legendäre Verbindung Kampalas mit dem kenianischen Hafen Mombasa. Mit Bomben und nächtlichen Überfällen setzten die Deutschen der von dem südafrikanischen General Jan Christian Smuts geführten Übermacht zu, zerschnitten Telegraphenleitungen, sprengten Gleise, kaperten Züge mit Munition – allein 30.000 alliierte Soldaten, Inder, Südafrikaner, Briten, mussten zum Schutz der Bahn eingesetzt werden. Einmal soll Lettow-Vorbeck den Burenführer sogar vor der Flinte gehabt haben, doch »aus einem gewissen Ehrgefühl zwischen Offizieren im Kommandeursrang« will er nicht abgedrückt haben, was Smuts später zu der Bemerkung hinreißen ließ: »Von Lettow ist ein Dummkopf, zugleich aber auch ein Gentleman. Verdammt nochmal, er verdient unseren Respekt.«

Dass Lettows-Vorbecks Kleinkrieg das Geschehen in Europa tatsächlich beeinflusst hat, darf bezweifelt werden – die alliierten Truppen, mit denen es die deutschen Guerilleros zu tun hatten, waren wohl nie für den Einsatz dort vorgesehen. Und auch die Truppenstärke des Feinds wurde später nach unten korrigiert: 148.000 bis 240.000 sollen es maximal gewesen sein, von denen nie mehr als 50.000 bis 87.000 im Einsatz waren. Lettow-Kritiker Schulte-Varendorff: »Die besonders von Lettow-Vorbeck viel beschworene Entlastung war also zu keiner Zeit gegeben. Damit erweist sich seine Behauptung als reines Konstrukt, vordergründig seinem persönlichen und militärischen Ruhm dienend. Für den in Europa ausgetragenen Ersten Weltkrieg hatte der Krieg in Ostafrika keinerlei Relevanz; es handelte sich um einen vollkommen unwichtigen und unbedeutenden Nebenkriegsschauplatz, am Ende der Welt.«

Zwei Jahre lang konnten Lettow-Vorbecks malariakranke Soldaten ihre Kolonie noch halten, dann kippte auch in Ostafrika das Kriegsglück. Eine Weile noch zogen 2.000 Deutsche unter seinem Kommando durch die Wildnis, fielen im portugiesischen Mosambik und im von Briten kontrollierten Rhodesien ein, lockten feindliche Truppen in Hinterhalte und zermürbten ihre Gegner.

Erst im November 1918 kapitulierte Lettow-Vorbeck als letzter deutscher General. Die einen feierten ihn fortan als unbesiegten Helden des Kriegs, andere dagegen, gerade in den ehemaligen Kolonien, kritisierten die Beharrlichkeit des Generals. So berichtet der Österreicher Colin Ross: »Ich habe häufig, besonders in Südwestafrika, die Ansicht gehört, der erbitterte, zähe Widerstand Lettow-Vorbecks sei unklug gewesen. Durch rechtzeitige Kapitulation hätte man in Ostafrika, ebenso wie in Südwest, dem Deutschtum Besitz, Sprache und Kultur erhalten können.« Ross verwirft diesen Gedanken jedoch, meint, im Gegenteil, »die Tapferkeit und Ritterlichkeit, mit der die deutsche Schutztruppe vier Jahre lang kämpfte« werde auf dem ganzen Kontinent respektiert und und verschaffe Landsleuten »Achtung, Geschäftsmöglichkeiten, leichtere Arbeiteranwerbung und dergleichen«.

Nach kurzer Zeit in südafrikanischer Kriegsgefangenschaft wurde dem Schutztruppenführer in Berlin schließlich ein triumphaler Empfang bereitet. Mit Fanfaren und Trompeten zogen Lettow-Vorbeck und die Reste seiner Schutztruppe durchs Brandenburger Tor – erst jetzt rückten die Kolonien ins Bewusstsein des Volks und begannen, wie *Der Spiegel* 1964 schrieb, »deutscher Wahn zu werden«.

Dass sich der General später dem rechten Freikorps anschloss, mit Kapp gegen die Weimarer Regierung putschte und in Hamburg Spartakisten niederknüppelte, wurde ihm lange verziehen. Noch in der Bundesrepublik benannten sie Kasernen nach dem Safarikrieger. Die Deutschen liebten den Mythos – mehr als den Mann.

# Kibosho – Kaffeefarmer und Daktari

Gut anderthalb Autostunden von der Kaliwa Lodge entfernt haben Ralph Luther und Bente Luther-Medoch ihre neue Heimat gefunden. Wie wir stammen die beiden aus Norddeutschland. Bente, eine gelernte Erzieherin, kommt aus der Stadt Schleswig und hat später in Wedel bei Hamburg eine Tanzschule betrieben, Ralph ist Hamburger und Kaffeehändler aus dem Freihafen. Vor 24 Jahren zogen die beiden zum ersten Mal nach Tansania. Ralph hatte während seiner Lehre viel Zeit in Ostafrika verbracht, und so waren die beiden willig dem Angebot seiner Firma gefolgt, für einige Zeit nach Moshi überzusiedeln. Zunächst blieben sie für sieben Jahre. Dann folgten zweieinhalb Jahre in Kenias Hauptstadt Nairobi. Doch richtig Wurzeln schlugen die beiden in Ostafrika erst, als sie Ende der neunziger Jahre plötzlich die Möglichkeit bekamen, in Kibosho, an den Hängen des Kilimandscharo, eine alte Kaffeefarm zu pachten: Machare.

Aufgebaut hatte diese Plantage in den dreißiger Jahren des vergangenen Jahrhunderts der Deutsche Fritz Veit. Veit, Jahrgang 1897, war der Sproß einer großbürgerlichen preußischen Familie. Sein Großvater mütterlicherseits, James Hardy, hatte das Berliner Bankhaus Hardy und Co. gegründet. Fritz Veit war später als Kriegsfreiwilliger in den Ersten Weltkrieg gezogen, hatte dann aber, enttäuscht von der Entwicklung in Deutschland, sein Heil in der Sowjetunion gesucht und beim Wiederaufbau der russischen Landwirtschaft geholfen. Als die Nazis an die Macht gekommen waren, konnte er nicht dauerhaft in seinem Heimatland bleiben, und so beschloss er, nach Ostafrika auszuwandern, in die frühere Kolonie Deutsch-Ostafrika, die jetzt »Tanganyika Territory« hieß und von den Briten verwaltet wurde.

Von diesem Land zwischen dem Indischen Ozean und Afrikas großen Seen hatte Fritz schon als Kind viel gehört, hauptsächlich von seinem Onkel Hugo. Der war immer »voll von Erzählungen über tolle Jagdabenteuer« gewesen, wie sich Veit in *Vom Pariser Platz zum Kilimandscharo* erinnert, »und hatte das schöne Land und seine Bevölkerung geliebt«. Am 16. Juli 1933 stach Fritz Veit an Bord der Ubena, einem 9.000-Tonnen-Dampfer der Woermann-Linie, in Hamburg in See. Mit 60.000 Reichsmark Startkapital und unter anderem in Stalins Sowjetunion erlernten landwirtschaftlichen Fähigkeiten wollte er, der »einen Kaffeebaum noch niemals mit eigenen Augen gesehen hatte«, sich als »Kaffeepflanzer im Hochland von Tanganyika und zwar, wenn möglich, am Hange des 6.000 Meter hohen Kilimandscharo« niederlassen. Schließlich war dieser Berg, das sogenannte Dach Afrikas, immer schon einer der Sehnsuchtsorte der Deutschen gewesen, und das war der ganzen Region nicht schlecht bekommen. »In den 20er Jahren des 20. Jh. gesellten sich zu den *Wachagga* – den ›Schwaben‹ Tanzanias – einige arbeitstüchtige Deutsche«, kann man im Dumont-Reiseführer nachlesen, diese Kombination habe »die Wirtschaft am Fuße des Kilimandscharo zum Florieren« gebracht.

Nachdem Veit diverse Grundstücke rund um dem Kilimandscharo begutachtet hatte, stieß er schließlich auf Machare – »am Rande des Urwalds, mit kühlerem Klima, stärkeren Regenfällen, mit einem humösen, sehr reichen Lavaboden von lockerer Struktur«. Zwei Drittel der insgesamt 130 Hektar Fläche waren bereits mit Kaffee bepflanzt worden. Schon Jahrzehnte zuvor hatten katholische und lutherische Missionare den Kaffeeanbau in der Region betrieben, nachdem die Deutschen herausgefunden hatten, dass die Böden am Kilimandscharo weitaus fruchtbarer waren als in den Usambara-Bergen, wo die ersten deutschen Kaffeeplantagen im ersten Jahrzehnt des 19. Jahrhunderts entstanden waren. Zu Veits Zeit wimmelte es rund um den Berg noch immer von Alemannen. Der Neuankömmling traf die Kaffeefarmer Heinrich Rohde und Heinz Bueb, dessen Nachbarn Heinz und Inge von Kalckstein, Wolfgang Klett in Marangu und Karl Landgrebe, »einen alten Deutschen Pflanzer«, Dieter Gaudchau, einen jungen Jagdführer, und Ludwig Überrück »ein gedienter Feldwebel der Schutztruppe« – um nur einige wenige zu nennen. »Die deutschen Siedler«, schließt Veit, »bildeten ein buntes Mosaik verschiedenster Typen.«

Zu jener Zeit, schrieb Arthur Dix in dem 1932 erschienenen Buch *Weltkrise und Kolonialpolitik*, hätten sich im ehemaligen Deutsch-Ostafrika (das allerdings auch noch die Zwergstaaten Ruanda und Burundi umfasste) rund 6.000 Europäer, darunter 1.500 Deutsche, befunden. Allerdings habe »das Deutschtum gewaltig gelitten durch die Verschleuderung des im Krieg beschlagnahmten deutschen Grundbesitzes, dessen größter Teil in britische und indische Hände übergegangen ist. Daneben haben sich in auffallend großer Zahl Griechen an dem Ankauf dieser ehemals deutschen Ländereien beteiligt.« Deutsche seien nur »in ganz geringer Zahl« in der Lage, Land zu erwerben. Diese hätten sich allerdings vor allem in den ostafrikanischen Hochländern »wieder in beträchtlicher Zahl« niedergelassen, um vor allem Kaffee und Tee, Sisal und Baumwolle anzubauen. Die Rückkehr der Deutschen zu dieser Zeit war auch einem anderen Reisenden jener Tage aufgefallen, dem österreichischen Journalisten und Schriftsteller Colin Ross, der mitsamt seiner ganzen

Familie den Kontinent von Kairo bis zum Kap durchquerte. »Alles in allem muß Ostafrika doch nicht so schlecht sein«, bemerkte Ross in seinem 1927 erschienenen Reisebericht *Die erwachende Sphinx*, »sonst würden nicht alle alten Afrikaner dorthin zurückkehren. Ja ich traf am Kilimandscharo sogar Bekannte aus Südamerika wieder: ostafrikanische Pflanzer, die es nach Kriegsende in Argentinien und Paraguay versucht hatten und doch nach Afrika zurückkehrten, sobald unsere alte Kolonie der deutschen Einwanderung wieder offenstand.« Diese alten Afrikaner treffe man überall in der jetzt britischen Kolonie, von Indern und Farmern würden sie ihre alten Plantagen zurückkaufen, teilweise siedelten sie auf Neuland in der Nähe ihrer alten Farmhäuser.

Auch Veit war angetan von dem Land. Der Rest des Machare-Grundstücks sei »Urwald, Busch und Grashang«, erinnert er sich: »Die Kaffeebäume oder -büsche, die in langen Reihen den Weg säumten, waren von hohen Schattenbäumen überdeckt, welche die Kulturen vor zu starker Sonnenbestrahlung schützen sollten. Die Landschaft gewann ein parkähnliches Aussehen.« Auf einer Höhe von rund 1.500 Metern über dem Meeresspiegel begann Veits Ford Modell A bereits zu keuchen. Das Grundstück und seine Lage unter »dem Schneegipfel des Kilimandscharo« allerdings hatten den preußischen Emigranten längst überzeugt: Für die kommenden Jahrzehnte sollte Machare sein Zuhause und das seiner Familie werden. Erst 1964 verkaufte Veit Machare wieder. Zu diesem Zeitpunkt hatten erste Verstaatlichungen durch die sozialistische Nyerere-Regierung Böses erahnen lassen. Als sich eine Gruppe »von wohlhabenden Indern« für die Farm interessierte, verkaufte Veit schließlich schweren Herzens und verließ nach über 30 Jahren Afrika in Richtung Deutschland. Er hatte den richtigen Riecher besessen. Den Indern sollte Machare nämlich nicht viel Glück bringen: Wenig später griff der Staat nach der florierenden Farm und ruinierte in kurzer Zeit das vormals so liebevoll kultivierte Land. Die große Zeit war vorbei. »Als Kaffee noch Tanzanias Devisenbringer Nr. 1 war, zählte Moshi zu den reichsten Städten Ostafrikas«, weiß die Afrikanistin Steffi Kordy. Heute finde man noch Spuren des vergangenen Luxus, wenn man »die verstaubten Fassaden in der Stadt genauer betrachtet«.

Nach einigen Jahrzehnten allerdings dämmerte auch den Tansaniern, dass die Totalverstaatlichung in Ostafrika so wenig segensreich wirkt wie in Nordkorea, Kuba oder Rotchina. Jedenfalls begann Tansanias dritter Präsident Benjamin Mpaka Ende der neunziger Jahre mit der Privatisierung bestimmter brachliegender Wirtschaftszweige. 1998 erfuhren davon auch Bente und Ralph. Als ihnen, die damals noch im benachbarten Kenia lebten, die Machare-Farm angeboten wurde, zögerten sie nicht lange und erwarben gemeinsam mit einem britischen Partner den ehemaligen Veit-Besitz und zogen zurück nach Tansania. An den damaligen Zustand der Farm kann sich Bente noch gut erinnern: »Die Gebäude waren völlig verwahrlost – ohne Kabel, Fenster und Türen. Die Dächer waren kaputt. Auch um die Kaffeebäume hatte sich jahrelang niemand mehr gekümmert, die waren zum Teil siebzig Jahre alt und komplett vernachlässigt. Zwischen dem Kaffee war Mais angepflanzt worden, und die Bodenerosion war unübersehbar. Statt eines Traktors fanden wir einen Schrotthaufen vor.«

Mittlerweile bewirtschaftet Bente Luther-Meroth zwei Kaffeeplantagen an den Hängen des Kilimandscharo. Zur Machare-Pflanzung ist noch das Uri Estate gekommen – 230 Hektar insgesamt, auf 130 davon wird Kaffee angebaut. Seit vier Jahren zieht Bente auf einem kleineren Feld zusätzlich auch Tee. Der Rest des Grundstücks ist Naturreservat.

Ähnlich wie ihr Vorvorgänger Veit ist auch Bente Luther-Medoch in das Geschäft mit dem Kaffee eher durch Zufall hineingeschlittert. In Nairobi hatte die ehemalige Erzieherin und Tanzlehrerin gemalt, nun musste sie sich von einem Tag auf den anderen mit dem komplizierten Anbau von Kaffee beschäftigen. Ein kenianischer Experte trainierte die Autodidaktin vier Jahre lang, dann war sie gewappnet für die neue Aufgabe.

Zwar mag Bente nicht mit der berühmten Schriftstellerin und Hemingway-Freundin Karen Blixen, die zur Kolonialzeit in Kenia eine Kaffeefarm betrieb, verglichen werden, Gemeinsamkeiten allerdings gibt es schon: Eine Kaffeepflanzung, schrieb Blixen, sei etwas, »das einen festhält und nicht losläßt, es gibt immer etwas auf ihr zu tun, und meistens hinkt man mit seiner Arbeit ein wenig hintennach. Mitten in einem wilden, ungepflegten Lande ist ein Stück Boden, das bearbeitet und regelrecht bepflanzt ist, ein schöner Anblick. Später, als ich Gelegenheit hatte zu fliegen und meine Farm aus der Vogelschau kennenlernte, war ich stolz auf meine Plantage, die hellgrün in der graugrünen Landschaft lag.« Das dürfte auch Bente so sehen. Auch wenn sie nicht ganz so ehrfürchtig von dem Schwarzen Gold Ostafrikas sprechen mag. Ganz plötzlich reißt die Wolkendecke auf und dann erstrahlt der weiße Gipfel des Kibo hinter den Kaffeepflanzungen und wir können den Blick nur schwer abwenden. Unvermittelt kommen mir John Gunthers Zeilen in den Sinn. »Die Menschen, die in seinem Zauberbann leben – Europäer wie Afrikaner –, sind von einer starken, fast mystischen Empfindung für ihn bewegt und nennen ihn einfach ›den Berg‹, als könnte es keinen anderen geben.« Nicht viel anders geht es uns. Es ist nicht leicht, sich der Anziehungskraft dieses friedlich wirkenden Giganten zu entziehen.

Besonders weit entfernt liegt die Urheimat des Kaffees nicht. Sie wird von den meisten Experten im äthiopischen Hochland vermutet, in der Provinz Kaffa. Die Legenden, die sich um den Ursprung des Kaffees ranken, sind zahlreich. Da wird von einem Hirtenjungen berichtet, dessen Ziegen nach dem

Konsum von Kaffeebeeren plötzlich ausgesprochen lebendig wurden. Da gibt es die Geschichte vom Erzengel Gabriel, der dem maladen Propheten Mohammed eine Schale mit brauner Flüssigkeit gereicht haben soll – wodurch dieser dann genas, sich ins Kampfgetümmel stürzte und das Islamische Reich gründete.

Anfangs sollen die Äthiopier die Kirschen lediglich gekaut haben, später brühten sie diese dann mit Wasser auf und zerrieben sie mit Tierfett zu einer Mahlzeit – erst dann kamen sie auf die Idee, die Bohnen zu rösten, zu mahlen und daraus jenes Getränk herzustellen, das wir heute als Kaffee kennen.

»Als die Menschen aus den Wäldern nach Norden zogen, in die Richtung der arabischen Halbinsel, hatten sie das Saatgut der Kaffeebäume im Gepäck«, schreibt Kaffeeguru Andres Uribe in seinem Klassiker *Brown Gold*, »die Speerwerfer und Bogenschützen Persiens schlugen sie um das Jahr 575 vor unserer Zeitrechnung zwar zurück, bis sie schließlich in den dichten Wäldern wieder Schutz fanden – doch an den geröllartigen Lavahängen der jemenitischen Berge hatten sie zwischen hohen Dattelpalmen ihre Kaffeebäume zurückgelassen. Die Perser kosteten die reifen Früchte und befanden sie für gut.« So also begann der Siegeszug des Kaffees.

Zunächst wurde der Trank aus gebrannten Kaffeebohnen in Moscheen genossen, um für die Abendgebete länger wach zu bleiben. Reiche Araber schließlich richteten Kaffeezimmer in ihren Villen ein, weniger Betuchte suchten öffentliche Schankstätten auf. Sicher ist, dass es solche »Schulen der Weisheit« bereits im 15. Jahrhundert für Mekka-Reisende gab. Später gerieten diese Etablissements in Verruf, angeblich sei in ihnen soziale Unruhe geschürt worden, und sie wurden geschlossen. Doch lange hielt das Verbot nicht an. Zu viele Liebhaber hatte der Kaffee bereits gefunden – unter anderem wohl auch den Sultan von Kairo, der den Betrieb schließlich wieder zuließ. Den weiteren Vertrieb übernahmen dann die Türken, die 1536 den Jemen besetzten und die Bohnen über den Hafen von Mokka exportierten. Von dort gelangte der Kaffee bis nach Alexandria, wo ihn französische und venezianische Händler aufkauften und nach Europa schafften. Zur Kunstform entwickelten dann die Türken die Zubereitung. In Konstantinopel und später Damaskus eröffneten prächtig ausgestattete Kaffeehäuser. Da konnten die Nordmänner, die es so weit in den Süden verschlug, nur staunen. »Under anderen habens ein gut getraenck, weliches sie hoch halten, Chaube von inen genennet«, schwärmte der Augsburger Arzt und Orient-Reisende Leonhard Rauwolf im Jahr 1582 über den Chaube/Kaffee, »das ist gar nahe Dinten so schwartz, unnd in gebresten, sonderlich des Magens, gar dienstlich.« Nach diesen Berichten gab es kein Halten mehr. Der Kaffee eroberte London, Amsterdam, Marseille, Bremen und Hamburg – Hafenstädte. Und er eroberte sogar das Herz des Papstes.

»Dieser Trank ist so köstlich, daß es eine Sünde wäre, diesen nur den Ungläubigen zu überlassen«, befand Clemens VIII. und heckte sogleich eine List aus: »Wir wollen den Satan bezwingen, indem wir den Trank taufen, um ihn so zu einem wahren Christengetränk zu machen.« Auch Johann Sebastian Bach gab seine Kaffeeleidenschaft zu erkennen und widmete dem Getränk eine »Kaffeekantate«, in der er die Tochter flehen ließ: »He Vater, seid doch nicht so scharf! Wenn ich eines Tages nicht dreimal mein Schälchen Coffee trinken darf, so werd' ich ja zu meiner Qual wie ein verdorrtes Ziegenbärtchen.«

Bald schon wurden neue Anbaugebiete nötig. Die Holländer brachten die Pflanzen in ihre Kolonien Ceylon, Java, Sumatra und die Ostindischen Inseln, Franzosen und Portugiesen nach Südamerika und in die Karibik. Den Handel kontrollierten im 18. Jahrhundert nicht mehr die Araber, sondern die aufstrebenden Kolonialmächte. Schnell hatten sie herausgefunden, dass der Kaffee am besten in Ebenen und an Berghängen zwischen den Wendekreisen des Krebses und des Steinbocks gedeiht.

In Brasilien wurde der Urwald abgeholzt, um Platz für Plantagen zu schaffen, Sklaven schufteten nun auf den Pflanzungen. In Haiti kam es zur Rebellion. Kaffee wurde zum wichtigen Spekulations- und Handelsobjekt. Mal schossen die Preise durch die Decke, mal stürzten sie tief in den Keller.

Denn auch Missernten stellten sich ein: Kaffee ist eine sensible Pflanze. Die Bodenbeschaffenheit, das Klima, die Pflanzensorte – all das bestimmt die Qualität. Bis zu vier Jahre braucht ein Strauch, bis er erste Früchte trägt – im Schnitt fünf Pfund pro Strauch, was rund einem Pfund getrockneter Bohnen entspricht. Aber alle paar Jahre müssen die Sträucher geschnitten werden und wieder zur Reife heranwachsen.

Kaum jemand hat die Kaffeeernte eindringlicher beschrieben als Karen Blixen. »Zuzeiten ist es sehr schön auf einer Kaffeepflanzung«, schrieb sie: »Zu Beginn der Regenzeit, wenn die Pflanzung in voller Blüte stand, bot sich ein leuchtendes Bild, eine Wolke von Kreide schien im Nebel und Geriesel sechshundert Morgen weit übers Land gebreitet. Die Kaffeeblüten haben einen zarten bitterlichen Duft, ähnlich wie Schwarzdornblüten. Wenn das Feld sich von den reifen Kirschen rötete, wurden die Weiber und die Kinder – die Watoto – mit hinausgenommen, um mit den Männern den Kaffee von den Bäumen zu pflücken. Auf Wagen und Karren wurde er dann hinuntergeschafft zur Aufbereitung am Fluß ... – man hatte das Gefühl, als hinge das Anwesen in der Schwärze der afrikanischen Nacht wie ein heller Edelstein im Ohr eines Äthiopiers. Dann wurde der Kaffee geschält und gesichtet, mit der Hand sortiert und in Säcke verstaut, die mit Pavknadeln vernäht wurden.«

Zunächst wurde nur der kostbare, aber empfindliche Arabicakaffee angebaut, der auf Höhen zwischen 3.000 und 6.000 Fuß bei mittleren Temperaturen zwischen 16 und 27 Grad wächst. Ende des 19. Jahrhunderts aber wurde eine robustere Kaffeesorte entdeckt und auch so benannt: »Coffeea cnephora« oder »Robusta«. Sie gedeiht nicht nur in der Höhe, sondern in allen Lagen bis 3.000 Fuß und unter feuchteren klimatischen Bedingungen. Experten rümpfen jedoch die Nase über seinen Geschmack: Er ist etwas streng und enthält doppelt so viel Koffein. »Bei Mischungen, wie sie sich in deutschen Supermärkten finden, handelt es sich oft um Mischungen aus Robusta und Arabica«, sagt Bente Luther-Medoch, »man sollte schon genau aufs Etikett gucken, was man kauft.« Wenn die deutsche Pflanzerin vom Kilimandscharo über den Kaffee spricht, der hier im Norden Tansanias wächst, schwärmt sie: »Er gehört zum Besten der Welt. Generell kann man sagen: Je höher der Kaffee wächst, desto besser ist seine Qualität.« Die Reifezeit der Kaffeesträucher mit ihren weißen Blüten liegt hier am Kilimandscharo zwischen Oktober und März. Acht Monate benötigen die Beeren, das Pflücken kann sich dann über weitere zwei bis drei Monate hinziehen. Danach beginnt der sogenannte Pulpingprozess. In großen Wasserbehältern wird das Fruchtfleisch weggewaschen, danach fermentiert der Kaffee einen Tag lang. Danach werden die gesäuberten Bohnen auf großen Gestellen getrocknet und sortiert.

Das Geheimnis des guten Arabica ist seine lange Reifung. Weil es in den afrikanischen Bergen nahe des Äquators – im sogenannten afrikanischen Winter, der nach der Regenzeit einsetzt – bewölkt ist, reifen die Beeren langsam und entwickeln so das volle Aroma. Außerdem wird es nachts kühl »und das ist gut, denn Kaffee braucht Streß um seine Beeren zu produzieren«. Bentes Farm ist eine der höchstgelegenen Tansanias, wenige hundert Meter oberhalb der Machare-Pflanzung beginnt bereits der Kilimandscharo-Nationalpark, in dem nichts mehr angebaut werden darf. Nur in Kenia und Äthiopien wird Kaffee in noch höheren Lagen geerntet. »Körper, Volumen, Säure – das sind die Kategorien, nach denen die Qualität des Kaffees bestimmt wird.« Traditionell liegen die Kaffeeproduzenten Kenia und Äthiopien in diesen Kategorien vorn, aber der tansanische Kaffee muss sich nicht verstecken. Grundsätzlich gilt: Je höher der Säuregehalt des Kaffees ist, desto höhere Preise können auch erzielt werden. Interessanterweise sind es gerade die Japaner, die den hochwertigen Kilimandscharo-Kaffee besonders schätzen. Ein Großteil des Machare-Kaffees geht nach Nippon. »Das mag zwei Gründe haben«, meint Bente, »die Japaner erinnert der Kilimandscharo an ihren eigenen heiligen Berg, den Fujiyama mit seiner Schneekuppe. Zudem sind die Japaner nicht ganz so sparsam wie die Deutschen, wenn es um Genuss geht.«

Im Jahr produziert Bente Luther-Meroth 120 Tonnen Kaffee und beschäftigt dafür ganzjährig rund 100 Mitarbeiter; zur Erntezeit kommen noch einmal 200 Saisonkräfte dazu. Wichtig ist der Deutschen, dass der Kaffee zertifiziert ist. Bente Luther-Medoch hat ihren Betrieb von der *Rainforest-Alliance* zertifizieren lassen, ein Teil ist zusätzlich »Organic« zertifiziert. Das bedeutet, dass keine chemischen, sondern nur biokonforme Insektizide verwendet und die Arbeiter nicht ausgebeutet werden. Darüber hinaus finanziert die Farm etliche Projekte in der Nachbarschaft. Resultat der menschen- und umweltfreundlichen Arbeitsweise: Die Artenvielfalt auf dem Gelände hat zugenommen, der Biokaffee ist ertragreicher als der herkömmlich behandelte. Sogar die tansanische Regierung schaut dann und wann vorbei, um sich beraten zu lassen, wie man Naturreservate wiederherstellen kann. Und auch bei Tchibo loben sie den Machare-Kaffee in den höchsten Tönen: An den Hängen des Kilimandscharo produziere Bente Luther-Medoch einen Espresso »mit sanftem Aroma und feiner Orangennote voller Harmonie«.

Passend dazu ist im Frühjahr 2015 eine Studie koreanischer Wissenschaftler erschienen, die herausfanden: Menschen, die drei bis fünf Tassen Kaffee täglich trinken, erkranken seltener an Arterienverkalkung. Zuvor waren Ärzte aus Boston zu dem Ergebnis gekommen, dass Kaffeekonsum das Herz schützt.

Bentes Erfolgsgeschichte soll nun weitergehen. Seit einigen Jahren zieht die Nordeutsche auch Tee am Kilimandscharo. Sie ist damit die erste, die das am Berg tut. Und es funktioniert: Mittlerweile gehört schon der dänische Hoflieferant zu ihren Kunden.

Von Bentes Farm aus lohnt sich ein Ausflug höher auf den Berg. Nur wenige Kilometer oberhalb der Machare-Farm erhebt sich nämlich eine alte katholische Kathedrale. Deutsche Missionare haben sie vor 130 Jahren errichtet. Neben dem gewaltigen Gotteshaus liegt ein Krankenhaus. Es wird hauptsächlich von deutschen Helfern in Gang gehalten. Besonders die Aktionsgemeinschaft Ostafrika sendet immer wieder Geld und Mitarbeiter. Auch heute ist wieder ganz schön was los. Christian Kreisel reibt sich übermüdet die Augen. Gestern nacht taumelte durch den Aufenthaltsraum des Kibosho Hospitals ein blutüberströmter Mann, dem ein Messerstecher den Oberarm aufgeschlitzt hat. Danach wurde ein Nationalparkwächter eingeliefert, dem ein Waran in den Unterschenkel gebissen hat. Und jetzt auch noch ein Fall von Tollwut.

»Tollwut«, sagt Kreisel, »habe ich gar nicht gelernt. In den letzten dreißig Jahren gab es in ganz Deutschland davon gerade einmal zehn Fälle.« Viele Ernstfälle des Lebens, mit denen sich der Mediziner derzeit beschäftigen muss, gibt es fast nur in Afrika. Hinter dem jungen Mann erhebt sich majestätisch die schneebedeckte Kuppe des Kilimandscharo. Davor wuchern meterhoch die Bananenstauden. Daneben ragt der monströse Bau der Kirche in den tropischen Himmel.

Das Krankenhaus erinnert mich an eine Reportage von Nigel Barley. Der britische Ethnologe hatte zwei Jahre in Afrika gelebt und darüber das tragikomische Buch *Traumatische Tropen* geschrieben. »Gemessen an westlichen Vorstellungen, hat jedes afrikanische Krankenhaus etwas Schockierendes«, schrieb er, »hier erinnert nichts an den gedämpften Ton und die gedeckten Farben entsprechender Einrichtungen bei uns. Die unangenehmen und anstößigen Aspekte menschlicher Körperlichkeit sind hier nicht in Nebengelasse und hinter Wandschirme verbannt; es handelt sich um einen entschieden öffentlichen Ort. Wenn ein Mann im Krankenhaus ist, läßt es sich seine Familie nicht nehmen, ihm dort Gesellschaft zu leisten, zu kochen, zu waschen, die Kinder zu besorgen und genauso lautstark wie zu Hause familiäre Angelegenheiten zu erörtern.« Ähnlich sieht es auch in Kibosho aus, in Moshi, in Machame.

Christian Kreisel, 34 Jahre alt, genießt seine Reise auf den vermeintlich dunklen Kontinent dennoch. »Hier lerne ich etwas fürs Leben – nicht nur in medizinischer Hinsicht.« Kreisel ist fast rund um die Uhr gefragt. Mal bringt er mit dem Landrover dringend benötigte Wassersäcke ins knochentrockene Massailand. Dann dirigiert er den Kran, der einen steckengebliebenen Lastwagen mit Spendengütern aus dem Morast ziehen soll. Heute nachmittag muss er eine Baustelle besichtigen.

Nach einigen dramatischen Zwischenfällen mit Notfällen, die stundenlang auf den behandelnden Arzt warten mussten und darüber fast verblutet wären, hat er den Bau einer Notaufnahme angeregt. Jetzt schaufeln sich bereits die ersten Arbeiter durch die rote afrikanische Erde und heben das Fundament aus. Kreisel ist viel mehr als nur ein Mediziner hier im ostafrikanischen Busch – er ist Manager, Lebensretter, Beichtvater. Dabei kommt er direkt von der Uni. Kreisel studiert im neunten Semester Humanmedizin in Marburg. Zuvor hatte der Schwabe eine Ausbildung zum Physiotherapeuten absolviert – in Konstanz am Bodensee. An den Wochenenden fuhr er in die Schweizer Alpen und entdeckte so sein Herz für die Berge.

Irgendwann stellte sich Kreisel die Frage, worüber er promovieren wollte. Es sollte etwas mit den Bergen zu tun haben, nicht zu theoretisch sein, eher praxisorientiert. Ein bisschen Abenteuer konnte auch nicht schaden. Und dann hatte er noch dieses Thema, das ihm auf der Seele lag: Warum nur litten einige der Bergsteiger so entsetzlich unter der Höhenkrankheit und andere nicht? Während Christian Kreisel gazellenhaft die Schweizer Bergwelt erkunden konnte, litten seine Wanderkumpanen bisweilen heftig unter Übelkeit, Erbrechen und hämmernden Kopfschmerzen.

»Man hat viel über das Höhenhirnödem geforscht, doch noch immer weiß man nicht genau, was es auslöst«, doziert Kreisel. Echte Beweise für die Vermutung, dass es sich um Mikroblutungen im Gehirn handelt, stehen noch aus. Zudem wurden nie diejenigen richtig untersucht, die auch jenseits der 4.000 Meter weitgehend symptomfrei blieben.

Plötzlich hatte Kreisel sein Thema: Die Höhenkrankheit wollte er erforschen! Nun stellte sich nur noch die Frage wo. Es musste einer der *Sieben Summits* sein – einer der großen Gipfel dieser Erde.

Der Kilimandscharo bot sich geradezu an. Er hat einen legendären Ruf, klingt nach Hemingway und Whisky, nach Safari und Savanne. »Außerdem ist er relativ leicht zu besteigen«, fand Kreisel heraus, »er ist fast 6.000 Meter hoch und im Moment ein Magnet für Zehntausende von Touristen, die das Abenteuer suchen.« Ein ideales Forschungsgebiet also. Kein Wunder, dass Kreisel schnell einen Doktorvater für sein Vorhaben fand.

Seit einigen Wochen schon ist Kreisel in Tansania. Insgesamt neun Monate will er für seine Langzeitstudie bleiben. Weil er sich über einen so ausgedehnten Zeitraum nicht nur mit seiner Dissertation beschäftigen wollte, heuerte der Student zudem im Kibosho Hospital als Hilfskraft an. Plötzlich war er Studioso und Entwicklungshelfer in einem.

Demnächst sollen auch die Forschungsarbeiten endlich losgehen. Zunächst will Kreisel mit einer siebenköpfigen Wandergruppe den Gipfel, der einst Kaiser-Wilhelm-Spitze hieß und nun den Namen Uhuru Peak trägt, erklimmen. Alle Probanden werden vor und nach der Reise in Deutschland in einen Computertomographen gesteckt. Danach werden die Erkenntnisse ausgewertet.

Insgesamt sechs Mal will Kreisel in den nächsten Monaten den Kilimandscharo besteigen. Am Ende soll die Frage beantwortet werden, warum einige Menschen in der dünnen Luft so leiden und andere nicht. »Es hat wohl mit den Genen zu tun«, ist sich Kreisel sicher, »Tibeter etwa können gar nicht höhenkrank werden.« Noch sind die meisten Fragen offen. Ein paar Tips hat Kreisel für die Bergvagabunden dennoch schon jetzt parat: »Am besten lässt man sich für den Aufstieg mehr Zeit als die fünf bis sechs Tage, die manche Reiseveranstalter anbieten. Außerdem sollte man schon ein paar Tage vor dem Aufstieg anreisen und sich akklimatisieren.« Schließlich muss sich der Körper an die Höhe gewöhnen. Und wo könne man schon so schön entspannen wie in der endlosen Weite Afrikas – »zwischen Zebra- und Elefantenherden und über sich das ewige Eis des berühmten Bergs«.

Etwas weiter unterhalb des Krankenhauses, in Kifumbu, befindet sich die Kilemakyaro Mountain Lodge. Die Anlage liegt wunderschön zwischen Kaffeeplantagen, und vom Garten aus hat man bei klarer Sicht einen phantastischen Blick auf den Kilimandscharo. Leider ist heute alles etwas heruntergekommen. Das Hauptgebäude war früher einmal das Farmhaus des deutschen Kaffeefarmers Heinz Bueb und seiner Familie, heute beherbergt es die Rezeption, eine Bar und ein Restaurant. Dazugekommen sind ein Haufen afrikanischer Rundhütten mit Makutidächern und ein Swimming Pool. Richtig zusammen passt das alles nicht, findet Eckhard Herrel, ein hektischer Kunsthistoriker im Khakihemd. Ununterbrochen ist er mit seinem Fotoapparat zugange und dokumentiert alles akribisch. Zwischendurch blättert er in alten Unterlagen und kramt verblichene Fotos hervor.

Herrel ist ganz begeistert. »Die Architektur, die wir hier sehen, ist strenge Neue Sachlichkeit angepasst an die tropischen Verhältnisse«, schwärmt er und verweist auf das elegant geschwungene Vordach mit seinen Säulen, die strahlenförmig ausgerichteten Terrazzoplatten, die Stahlrahmen der Fenster, die ursprünglich aus dem Gewerbebau stammen.

Herrel ist Vorsitzender der *Ernst-May-Gesellschaft* in Frankfurt am Main, aber er ist auch so etwas wie ein Forscher, er ist schon zum sechsten Mal in Ostafrika und immer auf der Fährte seines Idols unterwegs: des berühmten deutschen Architekten Ernst May. May war in den zwanziger Jahren Stadtbaurat von Frankfurt am Main und Vater jener Neues Frankfurt genannten Architekturschule, die seinerzeit mit dem Bauhaus aus Dessau im Wettstreit stand, die lebenswertesten Arbeitersiedlungen zu entwickeln. Und ausgerechnet dieser Ernst May hatte von 1935 bis 1936 jenes Farmhaus am Kilimandscharo gebaut, in dem heute eine Gruppe von Touristen herumlümmelt und Coca Cola in sich hineinschüttet und Eckhard Herrel fotografiert. Deshalb ist er nun ganz aufgeregt, er steht zum ersten Mal hier und begutachtet das Werk des berühmten Architekten. Es ist gewissermaßen seine Entdeckung, noch weiß niemand davon. Herrel ist in alten Briefen des Architekten darauf gestoßen, dass May hier am Kilimandscharo ein deutschen Farmhaus gebaut hat. Nach langer Suche stieß er dann auf die Buebs, die Tanganyika verlassen mussten, als es unabhängig wurde, und nahm die Spur auf.

Überhaupt weiß kaum jemand mehr, dass es einen der wichtigsten deutschen Architekten einmal an den Kilimandscharo verschlagen hatte. May, Jahrgang 1886, aufgewachsen in Frankfurt-Sachsenhausen, war nicht nur einer der gefeiertsten deutschen Architekten, sondern auch einer der umstrittensten. Sein Revier war die alles verschlingende Großstadt, sein Konzept die »Nachbarschaft«. Nach May war das »die soziologische Grundeinheit, die sich auch baulich um eine Schule und eine Kirche gruppiert und ohne weiteres eine kleine Ladenstraße, eine Niederlassung der Sparkasse, ein Kino und Filialen der örtlichen Behörden unterhalten kann«, so *Der Spiegel* in einer 1955 veröffentlichten May-Titelgeschichte. Er wollte den Großstadtdschungel bändigen, es den Stadtbewohnern, vor allem den Arbeitern, in ihren herzlos hingeklotzten Siedlungen heimelig machen und ihnen so ein »Heimatgefühl« zurückgeben.

Gelernt hatte er das in London, wo er dem Baumeister Sir Raymon Unwin über die Schulter sah und wo die Idee der Gartenstadt geboren wurde.

»Damals«, so *Der Spiegel*, »fingen englische Architekten an, die Millionenstadt London vermittels einer neuen Methode zu entlasten: Sie errichteten – zunächst im Norden der Stadt – einige in sich abgeschlossene, innerhalb großstädtischer Lebensbedürfnisse autarke Wohnsiedlungen.« Wie Trabanten sollten sich diese Einheiten um den Stadtkern legen und so die Vorteile groß- und kleinstädtischen Lebens vereinigen. Der junge Architekt aus Deutschland war begeistert.

Sein Wissen nahm May mit auf den Kontinent, aber erst Jahre später konnte er es in seiner Heimatstadt endlich in die Tat umsetzen. Frankfurt am Main hatte mit Ludwig Landmann einen experimentierfreudigen Bürgermeister mit Sinn für städtebauliche Konzepte, und als Teile der engen Altstadt saniert und rund zehn Prozent der Bevölkerung umquartiert werden mussten, schlug endlich Mays Stunde: 1925 wurde er Stadtbaurat, schon 39 Jahre alt. Sein Ziel: die Verbindung des Neuen Bauens mit der Gartenstadtidee, Bauhaus am Main gewissermaßen. Und das in großem Stil. May: »Die Architekten des Neuen Bauens eint über alle Grenzen der Länder hinaus ein warm empfundenes Herz für alle Menschen in Not, sie sind ohne soziales Empfinden undenkbar, ja man kann geradezu sagen, daß diese Schar die sozialen Momente bewußt in den Vordergrund des Neuen Bauens stellt.«

Es sollte geklotzt werden, nicht gekleckert. In nur fünf Jahren ließ May in seinem sogenannten Niddatal-Projekt sieben Stadtrandsiedlungen mit insgesamt 15.000 Wohnungen bauen, unter anderem die bekannte Römerstadt. »Trotz der von May verfolgten seriellen Produktion und Typisierung«, so der ehemalige Frankfurter Landeskonservator Christoph Mohr (*Ernst May 1886–1970*), »haftet den Siedlungen in abgegrenzten Teilbereichen mit angerartigen Aufweitungen, Solitärbäumen, Baumgruppen als Blickpunkten, Durchblicken und hofartigen Abschlüssen eine Erinnerung an ländlich-kleinstädtisches Bauen an.« Und auch international erhielt May viel Anerkennung. »Das Nidda-Tal gewährt einen der bemerkenswertesten Anblicke des modernen Europa«, schwärmte der amerikanische Architekt Henry Wright, »man erhält den Eindruck, daß dies ohne Zweifel eines der besten Beispiele für eine gelungene Stadtplanung zur Neuzeit ist.«

Das sahen nicht alle so. Individualisten fühlten sich von der Monotonie der Plattenbauten abgestoßen (*Der Spiegel*: »glatte kubische Formen von größter Schlichtheit«), Traditionalisten schimpften über die damals ungewohnten Flachdächer, Nazis verhöhnten Mays Bauten als »Hundeställe« und »Eierkästen« und nannten die Siedlung »Zickzackhausen«. 1930 folgte May dem Ruf von Stalins Vertrauensarchitekten Lissitzki und ging mit 18 »teils avantgardistischen, teils illusionistischen« (*Der Spiegel*) Kollegen in die Sowjetunion.

1934 war das Experiment allerdings bereits wieder beendet, das russische Abenteuer missglückt. May konnte kaum einen seiner Pläne umsetzen, in Moskau hatte sich ohnehin der Wind gedreht: Statt Neuer Sachlichkeit waren pseudoklassizistische Prachtbauten im Zuckerbäckerstil en vogue.

May wollte weg, doch in Deutschland waren seine ärgsten Feinde an der Macht: die Nationalsozialisten, die ihn als »Kulturbolschewisten« schmähten. Zudem war seine Großmütter Jüdin und er konnte den Ariernachweis nicht erbringen. Da verfiel »der 1,91 Meter große Koloß mit dem Schädel eines römischen Feldherrn, der Frisur eines Dandys, den Händen eines Athleten und dem naiven Eigensinn eines Kindes« (*Der Spiegel*) auf die Idee, nach Afrika auszuwandern. Auf die Idee hatte May ein Bekannter gebracht, ein Schriftsteller namens Junghans, der gemeinsam mit dem Frankfurter Fliegerass Ernst Udet in Ostafrika gewesen war, um an dem Dokumentarfilm *Fremde Vögel über Afrika* mitzuwirken. Das schien dem Brachialarchitekten mit Hang zur Natur nun der ideale Ort für eine zweite Karriere zu sein. Der Architektur war er nach den frustrierenden Jahren in Russland ohnehin überdrüssig geworden. Nun wollte er Kaffeefarmer werden. »Ich sagte ihnen, ich sei derartig des Staunens voll über die russische Planwirtschaft, daß ich mich dringend in den afrikanischen Busch zurückziehen müsse, um in Ruhe darüber nachzudenken«, erinnerte sich May später an die Gespräche mit den Sowjets.

Im Januar 1934 schifften sich Ilse und Ernst May in Genua auf der *Llandaff Castle* ein und nahmen Kurs auf Afrika. Wenig später bereits hatten sie ein geeignet erscheinendes Stück Land gefunden: 160 Hektar am Westhang des Mount Meru, auf 2.200 Metern Höhe gelegen.

May machte sich sogleich ans Werk, kaufte sich einen Halbtonner von Ford, errichtete ein Farmhaus und begann sein angelesenes Wissen umzusetzen. Doch mit dem Kaffeeanbau wollte es nicht so recht klappen, sei es, weil die staubtrockene Gegend, in der er seine Farm errichtet hatte, dazu ungeeignet war, sei es, weil Laienbauer May zu unerfahren war. Da kam es wie gerufen dass sich Mays Anwesenheit in der Diaspora herumgesprochen hatte.

Einer jener Farmer, die May damals baten, für ihn ein neues Wohnhaus zu errichten, war Heinz Bueb, der Sohn eines wohlhabenden deutschen Unternehmers. Dessen Nachbarn am Kilimandscharo schwärmten von dem draufgängerischen und unternehmenslustigen Mann. »Er brachte ein Kapital an Pioniergeist und schöpferischer Phantasie nach Afrika mit wie nur wenige«, erinnert sich zum Beispiel Fritz Veit, der nur wenige Kilometer von Bueb entfernt in Machare lebte: »Er war einer von denen, die Ideen haben und nicht zögern, sie in die Tat umzusetzen.« Neben einer Kaffee- und Maispflanzung baute Bueb noch eine Kaffeerösterei auf, eine »Fabrik, in der die gesamte Kaffeeernte von Tanganjika geschält, poliert, sortiert und für den Export nach

Europa vorbereitet werden« konnte, und ein Wasserkraftwerk, das die ganze Gegend mit Strom versorgen sollte. Veit meint, Bueb hätte mit seiner Entschiedenheit auch gut in den wilden Westen gepasst.

Kein Wunder also, dass Bueb den schillernden Architekten aus Frankfurt zum Baumeister seines neuen Heims machte. »Das Haus ist nicht besonders avantgardistisch, es ist symmetrisch angelegt, einstöckig, eher traditionell«, räumt Eckhard Herrel ein, »dennoch ist Mays Handschrift eindeutig erkennbar – insbesondere in den Piloti, den strahlenförmig arrangierten Säulen.« Familie Bueb musste Tanganjika später verlassen. Während des Zweiten Weltkriegs enteigneten die Briten deutsche Farmer, nach der Unabhängigkeit der neue Präsident Nyerere. Erst seit der Liberalisierung 1991 ist das Gebäude wieder in privatem Besitz.

Dann machen wir uns auf den Weg in die Stadt. Der Bauhausarchitekt Alexander Jatho, der die Kaliwa Lodge gebaut hat, begleitet uns. Unten in Moshi hatte May sein vielleicht ungewöhnlichstes afrikanisches Bauprojekt realisiert: das Gebäude der schwarzen Kaffeefarmerkooperative KNCU. Zwar hatte May mittlerweile eine Phase regster Bautätigkeit entwickelt, allerdings waren die meisten Projekte Aufträge weißer oder indischer Bauherren gewesen: Kirchen, Hotels, Wohnsiedlungen.

Als er jedoch in der ugandischen Hauptstadt versuchte, die Afrikaner von seinen modernen Bauideen zu überzeugen und die Wellblechhütten der Slums durch tropengerechte Fertigbauten im Bauhausstil zu ersetzen, erntete er nur Kopfschütteln. Die Afrikaner wollten lieber wie ihre weißen Herren in den Kolonialvillen leben. *Der Spiegel*: »In Kampala begutachtete ein Komitee von Stehkragen-Negern die praktische Gabe des weißen Mannes und entschied dann kühl: ›Für uns sollen die gleichen Häuser gebaut werden wie für die Weißen.‹«

Anders war das in Moshi. Der Bau eines Kulturzentrums war das erste größere Bauvorhaben in ganz Ostafrika, das ausschließlich von Schwarzen finanziert wurde. Unweit des alten kaiserlich-deutschen Bahnhofs sollte kein reines Verwaltungsgebäude entstehen, sondern auch ein Ausbildungs- und Versammlungszentrum für die Mitglieder mit angeschlossenem Hotel, einem großzügig angelegten Dachgarten und einer Ladenzeile. Die Dachterrasse ist mittlerweile überdacht worden, beherbergt aber immer noch ein Restaurant und immer noch geben die großzügigen Fenster einen phantastischen Blick auf den Kilimandscharo frei. Auch viele Details – Lampen, Stahlrohrmöbel, das ursprüngliche Geländer – sind erhalten geblieben. Leider ist das Hotel ziemlich heruntergekommen. Dafür kostet eine Übernachtung aber auch nur ein paar Dollar.

Besonders beeindruckt ist Herrel von der Anpassung der May-Bauweise an die tropischen Verhältnisse. »Er hat sehr luftig gebaut«, erklärt Herrel. »Weil es damals keine Klimaanlagen gab, musste das Gebäude natürlich gekühlt werden. Dafür sorgen vorkragende Dächer und Sonnenblenden und große vertikale Fensterbänder.« Die ungewöhnlichen Verhältnisse und die Verschiedenartigkeit der Auftraggeber hätten am Ende zu einer ungewöhnlich kreativen Bauweise geführt. Herrel: »Sein Werk in Afrika ist sehr viel vielfältiger als das in Deutschland.«

Die Architekturforschung hat es hauptsächlich Eckhard Herrel zu verdanken, dass heute weitgehend bekannt ist, welche Spuren Ernst May in Ostafrika hinterlassen hat. 1983 hatte Herrel noch nichtsahnend im KNCU-Dachrestaurant gesessen, bei einer Tasse Kaffee auf die Eisenbahn gewartet und gerätselt, »wie diese merkwürdige Architektur nach Afrika gekommen sein mag«. Danach begann er mit seinen Recherchen. Und schließlich war es Herrel, der vor mehr als zwei Jahrzehnten im kenianischen Mombasa auf Mays alte Baupläne, Skizzen und Fotos stieß und daraufhin eine Dissertation über das Wirken des hünenhaften Architekten in Afrika verfasste. Dafür war er wochenlang durch den Busch gestreift und hatte in den entlegensten Gegenden alte Häuser aufgespürt – von Großwildjägern, Bauern und Stammeskriegern so misstrauisch beäugt wie einst Chris Howland als Schmetterlingssammler Lord Tuff Tuff im Lande der Apachen.

Das wohl spektakulärste Haus, das Herrel bei seinen Recherchen fand, war das von Ernst May gebaute Wohnhaus für den britischen Captain Murray. Es liegt in der Nähe von Usa River, am Hang des Mount Meru, und ist nicht leicht zu finden. Eine steile Straße, die ohne einen Geländewagen nicht zu bewältigen ist, führt hinauf zu einem Grundstück. Als Herrel hier zum ersten Mal auftauchte, wurde es von einem ungarisch-österreichischen Großwildjäger bewohnt. Doch der Waidmann hat mittlerweile das Zeitliche gesegnet, er wurde von einem Leoparden tödlich verletzt. Heute gehört das Haus einem freundlichen Kenianer namens Aziz. Wir haben Glück, dass Aziz sich gerade in Tansania aufhält. Er gehört zu jener heimatlosen Sorte Mensch, die man fast nur in Afrika trifft: Sein Vater ist Kenia-Hindu, seine Mutter südafrikanische Burin, seine Frau Französin, und mit der und den gemeinsamen Kindern lebt er heute in Holland. Als wir anrücken, begrüßt uns Aziz mit einem hervorragenden indischen Barbecue.

Aziz war das Ernst-May-Haus Ende der neunziger Jahre eher durch Zufall in die Hände gefallen. Damals lebte er noch in Nairobi und suchte auf der anderen Seite der Grenze eine Sommerfrische. Tagelang war er schon erfolglos durch die Gegend gefahren und wollte schon wieder zurück nach Kenia, da meinte der Makler zögerlich, es gebe da noch ein merkwürdiges Haus im Busch, vielleicht wolle er sich das ja auch noch anschauen. »Ich fiel aus allen Wolken«, staunt Aziz noch heute, »das war unübersehbar großartige Architektur, aber sie war vollkommen verrottet, in den Zimmern tummelten sich Ziegen, Schafe und Hühner. Niemand ahnte, was für ein Kulturdenkmal das in Wirklichkeit ist.«

Das Murray-Haus ist eines der wenigen afrikanischen May-Häuser, in denen sich der Stararchitekt richtig austoben konnte. Es sieht aus wie ein Schiff mit rundem Bug und Bullaugenfenstern. »Der Entwurf basiert auf der Kombination von drei einfachen geometrischen Grundformen: Ein Rechteck mit angefügtem Halbkreis bildet den Wohntrakt. Ein Würfel, in dem sich die Wirtschaftsräume befinden, ist in das Hauptgebäude eingeschoben. Entlang der Gartenfront erstreckt sich eine Terrasse, deren Überdachung, zu einer Pergola aufgelöst, dem Verlauf der Fassade folgt«, schreibt Herrel in seiner Arbeit *Ernst May – Architekt und Stadtplaner in Afrika* und fügt hinzu: »Schiffbau war damals ein Symbol für die Moderne. Das hatte May nicht exklusiv, viele fortschrittliche Architekten bauten damals so.« Captain Murray war begeistert. Er übertrug May sogar die Gestaltung der Inneneinrichtung. Von den meisten seiner konservativen Nachbarn jedoch wurde er belächelt, und irgendwann geriet der spektakuläre Bau ganz in Vergessenheit. May blieb nur drei Jahre in Tanganjika, dann zog er nach Nairobi – der Kinder zuliebe, aber wohl auch, weil er einsah, dass aus ihm kein rechter Landwirt mehr werden würde. Nach Deutschland kehrte er erst 1954 zurück. Einige Jahre lang baute der Heimkehrer für die Neue Heimat. Doch an frühere Erfolge konnte er nicht mehr anknüpfen.

# Baba wa Taifa – Julius Nyerere

Im November 1985 trat der große Lehrer mit einem großen Bekenntnis vor die Öffentlichkeit. »I failed«, bekannte der »Mwalimu«: »Ich habe versagt.« Und trat mit dieser realistischen Selbsteinschätzung von der politischen Bühne ab. Fast viereinhalb Jahrzehnte hatte Julius Nyerere zuvor die Geschicke seines Landes geführt – und in jener Zeit, als Sozialist, der er war, die Wirtschaft zwangsläufig ruiniert und das Land in den Bankrott getrieben.

Sein Abschied geriet zur Show. Als Nyerere die Amtsgeschäfte an seinen Nachfolger, den Sansibari Ali Hassan Mwinyi, übertrug, säumten Zehntausende die Straßen. »Teenager fielen zu Boden, als die Äste brachen, auf denen sie standen«, beobachtete das südafrikanische Schwarzenmagazin *Drum*: »Männer und Frauen standen auf Dächern und drängten nach vorne um besser zu sehen.« Und Nyerere? Der verglich sich mit dem biblischen Simon, der im Tempel das Jesuskind erblickte, in ihm den Messias sah und verkündete: »Nun kann ich in Frieden gehen, wenn ihr erlaubt.«

Es war eine Zäsur. Einer der Gründungsväter der neuen afrikanischen Nationen trat ab. Zeit auch für ein Resümee. »Die Safari war lang«, schrieb der *Drum*-Reporter, »von den alten Zeiten der Diskriminierung und des Kolonialismus zu den heutigen Zeiten und in die Zukunft, die nur dann leuchtend sein wird, wenn die Menschen härter arbeiten werden, um mehr und bessere Ernten einzufahren und auch um industrielle Güter zu produzieren, denn die werden dringend benötigt, um an Devisen zu kommen.« Der Autor übersah die Misere nicht, in die Nyerere sein Volk gebracht hatte: Der neue Präsident übernehme das Land in einer schwierigen Zeit, die Lebenskosten seien hoch und die Produktion zusammengebrochen.

Bei allem Elend, das er hinterlassen hat, bleibt Nyerere zwischen all den anderen afrikanischen Führern seit der Unabhängigkeit, die es ja, abgesehen vielleicht von Nelson Mandela, allesamt nicht besser machten als er, eine Lichtgestalt. Ein afrikanischer Präsident, der freiwillig die Macht abgibt – das ist südlich der Sahara geradezu ein Verstoß gegen die Etikette. Ein afrikanischer Präsident, der es vermag, seine Stämme zu vereinigen statt gegeneinander aufzuhetzen – das ist, südlich der Sahara, immerhin eine Seltenheit. Kein Wunder also, dass die Bilder Nyereres heute immer noch in vielen Amtsstuben und auch privaten Hütten Tansanias zu finden sind.

Einen einzigen Krieg hatte Baba wa Taifa, der Vater der Nation, geführt – es war, auch das eine Seltenheit in Afrika, kein Bürgerkrieg, sondern der Waffengang gegen den Blutsäufer Idi Amin im benachbarten Tansania. Dieser Krieg brachte ihm und seinem Land viel Sympathie ein, kostete aber auch Unmengen von Geld. Und das war im von sozialistischen Experimenten gebeutelten und von sprudelnder Entwicklungshilfe träge gemachten Land Ende der siebziger Jahre schlicht nicht vorhanden. »Der Krieg war gewonnen, das ohnedies bitterarme Land ruiniert«, schrieb *Der Spiegel.*

Natürlich war der Rücktritt des alten Mannes richtig – aber natürlich wurde es nach ihm auch nur etwas besser, nicht sehr viel. Die Privatisierung, von seinen Nachfolgern in Gang gebracht, belebte die Wirtschaft. Die Korruption aber belohnte fast nur die Diebe. Auf die Füße ist das Land bis heute nicht gekommen.

Wer war aber nun dieser Julius Kambarage Nyerere – jener Mann, den der zypriotische Journalist Andrew Sardanis, der Nyerere in der sechziger Jahren oft getroffen hat, »einen der intelligentesten, beweglichsten, wohlmeinendsten Präsidenten Afrikas« nannte?

Geboren wurde Nyerere am 13. April 1922 als Sohn von Nyerere Burito, einem Dorfchief vom Stamme der Zanaki, in Butiama, östlich vom Victoria-See. »Sein Vater hatte 22 Frauen, und Julius war eines von 26 Kindern seiner achten Frau Kambarage«, so das südafrikanische *Drum*-Magazin, »sein Großvater war von den Deutschen zum ersten Chef der Zanaki ernannt worden, und als er starb ging diese Postion auf seinen Sohn über. Als Julius ein kleines Kind war, spielte er nackt im Haus seines Vaters.« Den Familiennamen verdankte er übrigens »einer Raupenplage, die einst die Felder um Butiama in Mitleidenschaft gezogen hatte« (Gabriel). Mit 14 Jahren schickten ihn seine streng katholisch-gläubigen Eltern auf eine Internatsschule in Musoma, später in Tabora. Die Lehrjahre Nyereres hat der afrikanische Politologe Joseph Ki-Zerbo so zusammengefasst: »Er hatte an der Universität von Makerere (Uganda) studiert, 1949 bekam er die Möglichkeit, in Edinburgh in Schottland seine Studien fortzusetzen. Er wurde Lehrer, später Geschichtslehrer in katholischen Schulen Tanganjikas. Bald begeisterte er sich für die intellektuelle, soziale und politische Förderung seiner Landsleute.« Und irgendwann übersetzte er Shakespeares *Julius Ceasar* in seine Sprache Kisuaheli.

Noch als Student hatte Nyerere eine Sektion der 1929 gegründeten *African Association* aufgebaut. Diese antikoloniale Organisation war von kleinbürgerlichen Gruppen, einheimischen Agrarunternehmern, Händlern und Angehörigen der Oberschicht ins Leben gerufen worden. Bereits 1945, als

23-Jähriger, hatte Nyerere bei einer Konferenz der *Association* in Dodoma seinen ersten öffentlichen politischen Auftritt gehabt. Nyerere forderte damals bereits »hauptberufliche Funktionäre zur Stärkung der Organisation«, so der Wiener Ethnologe Walter Schicho, »doch erst mit der Gründung der *TANU*, der *Tanganyka African National Union* im Jahr 1954 entstand eine effiziente Struktur unter zentraler Führung«. Als die zukünftige Massenpartei gegründet wurde, fand sie in Nyerere ihren ersten Präsidenten, es war der Beginn eines rasanten Aufstiegs. Es folgte eine Zeit der Unklarheit. Nur zögernd betrieb die britische Kolonialverwaltung die Afrikanisierung des ihnen zur Verwaltung übertragenen Gebiets. Noch in den fünfziger Jahren strömten immer mehr weiße Siedler in das Land und verschärften die Konflikte. Auf der anderen Seite wuchs der Widerstand gerade der schwarzen Landbevölkerung, zu deren Vertreter sich die *TANU* aufschwang. Viel Respekt brachte den schwarzen Politaktivisten der britische Gouverneur Sir Edward Twining, ein Teebaron, der der Krone zuvor schon im Indienkrieg und als Gouverneur von Nord-Borneo gedient hatte, nicht entgegen, er nannte sie einen »Haufen unerzogener, dummer Leute, die versuchten, die Politik der Regierung zu untergraben«. Nyerere aber reiste immer häufiger nach New York, um bei den Vereinten Nationen für einen Wechsel zu werben. Und so bahnte sich immer mehr die Machtübernahme durch die *TANU* an. Bei der Wahl des Legislativrats im Jahr 1960, bei der jede der drei in Tanganjika lebenden »Rassen«, also: Afrikaner, Inder und Europäer, eigene Kandidaten wählten, gewannen Nyereres Leute 70 der 71 afrikanisch Mandate. Bei einem Verhältnis von neun Millionen Schwarzen gegenüber 20.000 Europäern und 100.000 Asiaten war damit klar, dass Nyereres Partei die überwältigende Mehrheit der Bevölkerung hinter sich vereint hatte. Im Oktober 1960 wurden in Dar es Salaam die Bedingungen für eine Autonomie ausgehandelt, kurz darauf trat die erste selbstverantwortliche Regierung Tanganyikas mit Julius Nyerere als Premierminister ihr Amt an. Am 9. Dezember 1961 wurde das Land unabhängig, und ein weiteres Jahr darauf erklärte das Parlament in einer Verfassungsänderung Tanganjika zur Republik.

Was aber hatte die Welt von dem neuen Machthaber zu erwarten? Würde bald die rote Fahne über dem Amtssitz des Präsidenten flattern? Überall auf dem Kontinent gärte es. In Ghana war der »afrikanische Lenin« Kwame Nkrumah an die Macht gespült worden, in Guinea herrschte der rote Diktator Sekou Touré, und im Kongo schickte sich Patrice Lumumba an, den Rohstoffgiganten an Moskau heranzuführen. In einem *Spiegel*-Gespräch mit Günther Gaus und Leo Brawand hatte Bundestagspräsident Eugen Gerstenmaier 1960 gewarnt: »Ein Lumumba an der Macht kann alles ruinieren und der Bolschewisierung Tür und Tor öffnen, auch wenn er gar kein Kommunist ist und sich Moskau nicht unterwerfen will.« Die große Gefahr sei, »daß die

Bolschewisierung Afrikas auch dann für Europa und die freie Welt eine tödliche Gefahr wäre, wenn es bei den gegenwärtigen Fronten in Asien bleiben würde«.

Nach außen gibt sich der neue starke Mann in Ostafrika als Demokrat. »Demokratische Reformen«, sagt er, »passen ganz hervorragend nach Afrika. Für mich sind die Charakteristika der Demokratie: Freiheit des Individuums, einschließlich der Freiheit, die Regierung zu kritisieren, und auch die Möglichkeit, die Regierung zu ändern, ohne befürchten zu müssen, deswegen ermordet zu werden.« Nicht nur der afrikaerfahrene Journalist Rolf Italiaander stellte fest, der Christ Nyerere gelte »als ein gemäßigter, bedächtiger Mann und als Freund des Westens«.

Das sah man auch in Bonn so. Bereits vor der Unabhängigkeit, im Januar 1961, hatte man Nyerere in der Bundeshauptstadt wie einen Staatsgast empfangen. »Die außenpolitische Orientierung Nyereres an den Grundsätzen der Blockfreiheit wurde vom Afrikareferat des Auswärtigen Amts vorsichtig positiv eingeschätzt«, so der Politikwissenschaftler Ulf Engel in seiner Habilitationsschrift *Die Afrikapolitik der Bundesrepublik Deutschland*, »der Aufbau bilateraler Beziehungen wurde folglich mit Energie betrieben.« Ebenfalls noch vor der Unabhängigkeit eröffnete Bonn ein Konsulat in der Hauptstadt Dar es Salaam, und zu den Unabhängigkeitsfeiern wurde der in Ostafrika geborene und fließend Kisuaheli sprechende Ministerpräsident von Schleswig-Holstein, Kai-Uwe von Hassel von der CDU, eingeflogen.

Was ausländische Beobachter wie den amerikanischen Reporter Judd Arnett, der Nyerere in Dar es Salaam traf, jedoch schon früh befremdete, war die Nonchalance, mit der Nyerere gleichzeitig mit Moskau flirtete. Sollten die Amerikaner ihm kein Geld geben, werde er es sich eben bei den Russen holen, ließ er wissen. Im Übrigen wolle er selbst herausfinden, was es mit dem Kommunismus auf sich habe. »Die Führer Afrikas wünschen eine Definition des Kommunismus, ehe sie bereit sind, zu erklären, daß er gefährlich ist«, so Nyerere, »aus diesem Grunde weigern sich die Afrikaner, die Ansicht anzunehmen, daß sie nichts vom Kommunismus zu lernen hätten. Sie sind überzeugt, daß die Russen irgend etwas Besonderes in ihrer Philosophie haben, das jenseits der Rücksichtslosigkeit liegt.«

Bereits 1962 gab sich Nyerere recht unverblümt als Sozialist zu erkennen. »Die Grundlage und das Ziel des afrikanischen Sozialismus ist das erweiterte Familiensystem. Der wahre afrikanische Sozialist betrachtet nicht die eine Klasse von Menschen als Brüder und die andere als Feind«, behauptete er, »er betrachtet alle Menschen als Brüder – als Mitglieder seiner erweiterten Familie.« Schon damals, fünf Jahre vor der Arusha-Deklaration, in welcher er seine Vorstellung von Sozialismus unters Volk bringen sollte, brachte er seine

Lieblingsidee ins Spiel: »Mit *Ujamaa* oder *Familienschaft* läßt sich unser Sozialismus beschreiben. Er ist das Gegenteil von Kapitalismus, der eine glückliche Gesellschaft nur durch die Ausbeutung des Menschen durch den Menschen schaffen will.« Das waren seinerzeit durchaus gängige Vorstellungen. Dann wurden in Tanganjika ein paar kleinere Parteien verboten, Weiße aus dem Land geschmissen, weil sie angeblich jemanden »rassisch diskriminiert« hatten, und und ein neues Gesetz erlassen, das dem neuen Staat erlaubte, Personen, die die Sicherheit des Staats gefährdeten, vorübergehend einzukerkern, ohne dass irgendein Gericht eingeschaltet wurde. War das nun die Rückkehr zu den afrikanischen Wurzeln?

»Das Gemeinschaftsleben in den Stämmen enthält durchaus ein sozialistisches Element, und genau wie in Asien ist auch in Afrika eine sozialistische Gesellschaftsordnung nach modernen Maßstäben das Ziel der neuen Staaten, aber wie in Asien wird auch hier Sozialismus als eine Methode betrachtet, nicht als eine Doktrin«, argumentierte Carl Wingenroth mit einer gewissen Sympathie für Nyereres rote Experimente, »wenn also die afrikanischen Führer heute eine Methode suchen, mit deren Hilfe sie aus dem Kolonialzustand zur Eigenstaatlichkeit, aus dem Rassen- und Klassenkampf zur Partnerschaft vorzudringen vermögen, dann ist es zweifellos die sozialistische Methode.« Wingenroth schrieb das im Jahr 1961, zu einer Zeit also, als die Linke euphorisch das Ende des Kolonialismus feierte und überall auf der Welt den neuen Menschen schaffen wollte, aber nur einen Haufen Frankensteins zustande brachte. Zu jener Zeit befanden sich Ghana und Südkorea auch noch auf einem ähnlichen Entwicklungsstand. Wohin die weitere Entwicklung führte, ist hinlänglich bekannt.

Für puren Humbug hält gleichwohl der Wirtschaftswissenschaftler George Ayittey die Behauptung, die afrikanische Stammesgesellschaft habe immer schon sozialistische Züge getragen. »Nyerere hat sich geirrt – grundsätzlich geirrt«, behauptet er (*Africa Betrayed*), »das ursprüngliche afrikanische Wirtschaftssystem war nie fundamental sozialistisch. Die Produktionsmittel waren im traditionellen Afrika ausdrücklich in privater Hand und gehörten nie dem Häuptling oder dem König.« Zudem wendet er ein, dass mitnichten alle Tansanier Brüder geworden seien. In Nyereres Einparteienstaat wurden nur die Mitläufer belohnt: »Nur Parteimitglieder wurden Minister und genossen Zugang zu Regierungsprogrammen.«

Nyereres *Ujamaa* hält der schwarze Professor aus Washington schlicht für »bizarr«.

Mit der großspurig angekündigten Demokratie war es denn auch nicht besonders weit her. Schon 1964 begann Nyerere, seine Republik in einen Einparteienstaat umzuwandeln. Um das dem Volk zu erklären, musste sich der oberste Mwalimu dann schon etwas verrenken. Demokratie, ließ er seine Leute wissen, sei die Regierung des Volks. Idealerweise würden alle Menschen ihre Probleme durch offene Diskussionen lösen. Das habe in Afrika sowieso eine lange Tradition: »Die Ältesten sitzen unter einem großen Baum und diskutieren, bis sie sich einig sind.« Dann kam er zum Punkt: »Ich empfehle also: Wenn da nun eine Partei ist, und diese Partei wird mit der ganzen Nation als Gesamtheit identifiziert, dann sind die Fundamente der Demokratie stärker, als sie jemals sein könnten, wenn man zwei Parteien oder noch mehr hätte, denn die repräsentierten dann immer nur einen kleinen Teil der Gemeinschaft.« Sowieso hätten die tansanischen Parteien eine ganz eigene Geschichte: »Sie wurden nicht gegründet, um eine herrschende Gruppe aus dem eigenen Volk herauszufordern, sie wurden gegründet, um die Fremden herauszufordern, die über uns geherrscht haben.«

Das war es dann also mit der Demokratie. Die Entwicklungshilfe floss ohnehin ununterbrochen weiter, auch wenn Nyerere beharrlich erklärte, sein Land wolle sie gar nicht. Chinesen und Russen und der Westen wetteiferten darum, wer den größten Einfluss in Afrika gewinnen würde. Und Nyerere? Der wurde für seinen Coup auch noch gefeiert. »Nyerere wurde als der intellektuelle Verteidiger des afrikanischen Einparteienstaats schlechthin betrachtet und in den folgenden Jahren ausgiebig zitiert«, so Guy Arnold, Verfasser der umfassenden Chronik *Africa – A Modern History*. Dennoch sah sich Wilbert Klerrun, der *TANU*-Sekretär für Öffentlichkeitsarbeit, genötigt, einen Leserbrief an den Londoner *Guardian* abzuschicken und Nyereres eigenwillige Vorstellung von Demokratie zu rechtfertigen: »Wir haben eine sehr starke Regierung – stark bedeutet, daß sie so beliebt ist, daß sie praktisch nicht an der Wahlurne entfernt werden kann.« Böse Kräfte, die den Willen des Volks missachteten, suchten jedoch die Macht durch Wahlen an sich zu reißen, und es sei »der Gipfel der Verantwortungslosigkeit«, wenn man sie daran nicht hindere. Nichtsdestotrotz blieb Nyerere der Liebling der Kapitalisten, die meiste Hilfe bezog sein Land bis 1965 aus dem Westen. Sogar der US-Hardliner Robert McNamara, der später 13 Jahre lang der Weltbank vorstehen sollte, galt als großer Verehrer Nyereres – allerdings nur bis zu dem Moment, in dem er selbst Tansania besuchte und sich ein Bild vom heruntergekommenen Zustand des Landes machen konnte.

Am 5. Februar 1967 verkündete Nyerere (Monatsgehalt: 5.000 Dollar) in Arusha sein sozialistischen *Ujamaa*-Konzept öffentlich. Da erklärte er auch, warum er keine ausländischen Investoren wünsche, die würden ihre »Profite mit in ihr Heimatland nehmen«, und wie er den Fortschritt mit seinem Sozialismus zu erreichen gedenke. Der wichtigste Punkt war natürlich die Verstaatlichung der Produktionsmittel: »Um den Sozialismus aufzubauen und zu erhalten, ist es erforderlich, daß sich alle wichtigen Produktionsmittel und der Handel in den Händen der Bauern befinden – und zwar durch die Maschinerie ihrer Regierung und ihrer Kooperativen.« Parteimitglieder hätten Arbeiter und Bauern zu sein und dürften keine Firmenanteile besitzen oder Häuser vermieten. Dann stellte er noch klar, dass sein Land keine Entwicklungshilfe benötige. Der Rest war das übliche Gerede, es ist die Rede davon, dass alle hart arbeiten und »kapitalistische und feudalistische Elemente« bekämpfen und an den Sozialismus glauben müssten. In Dar es Salaam wurde die Rede begeistert aufgenommen. Tausende zogen mit Bildern des Präsidenten und Schildern mit Parolen (»Zur Hölle mit Kolonialismus, Feudalismus, Kapitalismus«) zum Hauptquartier der *TANU* und freuten sich auf den neuen Sozialismus.

Es mutet heute seltsam an, dass sich Nyerere mit seinem verworren-autoritären Gedankengut zum Guru aufschwingen konnte. Die Universität von Dar es Salaam entwickelte sich jedenfalls zum Mekka der Utopisten, und auch jede Menge westlicher Professoren kamen, um hier ihre eigenen Vorstellungen vom Sozialismus unters Volk zu bringen. Was dem Land in Wirklichkeit bevorstand, davon verkündete der Mann, der in Europa bisweilen wie ein Messias gefeiert wurde, aber auch auf dem afrikanischen Kontinent viele Nachahmer fand, nichts.

Aber 1970 wurde es ernst, da fing er an, sein Volk umzukrempeln. Es begann mit den Wagogo aus der Nähe von Dodoma. 200.000 Bauern dieses Bantu-Volks wurden zusammengetrieben und in neugeschaffene Dörfer verfrachtet. Beliebt machte sich die Nomenklatura damit allerdings nicht. Arnold: »Eine klare Kluft tat sich nun auf zwischen den Schreibtischbürokraten in Dar es Salaam, die den Wandel auf dem Land bejubelten, aber selber in den Städten blieben, und den ländlichen Arbeitern, die diese Umzüge mitmachen und ihren Lebensstil ändern mußten.«

Überall im Land wurden ab jetzt solche Umsiedlungsprogramme gestartet. Sie hießen »Operation Sogeza« oder »Operation Kigoma«. Lastwagen fuhren vor und luden Bauern auf. Wer sich weigerte, wurde von Soldaten auf die Ladefläche geprügelt. Um zu verhindern, dass die Unwilligen in ihre Heimatdörfer zurückkehrten, wurden deren Siedlungen von Bulldozern plattgewalzt. Schon im Jahr 1976 befanden sich 13 Millionen Tansanier in diesen Regierungsdörfern, 1979 waren es schon 91 Prozent der gesamten Bevölkerung. Nun lebten sie alle in riesigen Kunstsiedlungen, Hütte an Hütte, Angehörige verschiedener Stämme willkürlich zusammengewürfelt, und sollten als neue Familie für den Staat schuften. Der Handel war ihnen bei Strafe verboten – Pate bei der irren Idee hatten Maos Kulturrevolutionäre gestanden.

Es ist kein Wunder, dass nichts funktionierte, dass sich, wie der Cambridge-Historiker John Iliffe resümierte, die kollektive Bewirtschaftung »als

Katastrophe« erwies: Die Wirtschaft brach zusammen, die Böden trockneten wegen der hohen Belastung im Umkreis der Ujamaa-Dörfer aus, die Wälder wurden abgeholzt, Wasserquellen versiegten; das Transportsystem verkümmerte; Felder, die früher bewirtschaftet worden waren, lagen brach. Und Dinge, die nun umsonst verteilt wurden, wurden verschwendet. »Mit dem Dünger, der verteilt worden war, wurden Bauernhäuser getüncht – oder er stand draußen im Regen und vergammelte«, beobachtete Robert Calderisi.

»Angesichts der vernichteten Landschaften mussten auch alle politischen Ideologien kapitulieren«, schreibt der Politologe Jörg Gabriel. Immerhin begriff selbst Nyerere, der zwischenzeitlich auch noch den Sitz der Hauptstadt von Dar es Salaam nach Dodoma verlegt hatte, dass seine Ideen nicht recht funktionierten. Sehr enttäuschend seien die Ergebnisse im Ackerbau, lamentierte er, moderne Techniken würden nicht angenommen werden und überhaupt sei ein Versagen der Führer zu bemerken, allerdings meinte er nicht sich, er meinte die Führer »auf dem Dorf- und Bezirksniveau«.

Professor Ayittey mag den Oberlehrer von Dodoma nicht so schnell aus der Verantwortung entlassen. »Erinnern wir uns an Nyereres Prinzipien von Demokratie: Freiheit des Einzelnen, einschließlich der Freiheit, die Regierung zu kritisieren und zu verändern. Erinnern wir uns auch an seine gerühmte Rhetorik über afrikanische Familienschaft«, fordert der Ökonom, »in Wirklichkeit hat er nur die Familie gemeint, die er selber kreiert hat, mit ihm selbst an der Spitze. Er war wirklich willens, die afrikanische Familie zu zerstören, indem er die Bauern gegen ihren Willen gewaltsam umsiedeln ließ.« Tatsächlich fand Nyerere in Afrika diverse Nachahmer, die seine feinen Argumente für Verstaatlichung, Umsiedlung und Ein-Parteien-Staat gerne aufgriffen, um selbst zu verstaatlichen, umsiedeln zu lassen und allein zu herrschen. Ugandas Milton Obote nahm sich Nyerere ebenso zum Vorbild wie Kenneth Kaunda in Sambia und autoritäre Regimes auf den Seychellen und den Komoren, um nur einige zu nennen.

Den Soziologen und Politikwissenschaftler Jürgen H. Wolff (*Entwicklungshilfe: Ein hilfreiches Gewerbe?*) bringt die allgemeine Zustimmung für diese Raubzüge im Gewand der Menschenfreundlichkeit noch heute auf die Palme: »Übrigens ist es interessant bzw. empörend, dass es von den linken Intellektuellen, die diese Experimente mit großem Beifall begleitet und Afrikas Misere mit verursacht haben, kaum einer für nötig hält, Selbstkritik zu üben und seinen Teil der Mitschuld wenigstens zuzugeben – wenn schon Korrektur nicht mehr möglich ist!«

Nyerere wurde derweil immer paranoider und fühlte sich von neoimperialistischen Kräften umstellt, die nur darauf lauerten, ihm sein schönes Land zu entreißen, obwohl dessen Produktivität auf nahezu null gesunken war. Auf der

Konferenz der Unabhängigen Afrikanischen Staaten gab er zum Besten: »Wir wissen, daß ein balkanisiertes Afrika, so laut es auch seine Unabhängigkeit in die Welt hinausposaunen wird, in Wirklichkeit immer eine leichte Beute der Kräfte des Neo-Imperialismus sein wird. Die Schwachen und Geteilten können nie hoffen, eine würdige Unabhängigkeit zu erlangen, so sehr sie auch erklären, wie stark und vereint sie sein wollen; der Wunsch vereinigt zu sein ist etwas anderes als eine tatsächliche Einheit. Man kann die Kräfte des Neo-Imperialismus diese kleinen Staaten in Afrika manipulieren sehen.«

Wer nun aber dachte, Tansania hätte sich durch seinen sozialistischen Kurs und die erklärte Ablehnung jeglicher Entwicklungshilfe isoliert, sah sich getäuscht. Als der Wirtschaftsexperte Robert Calderisi (*The Trouble with Africa*) 1976 seinen Job als für Entwicklungsprojekte zuständiger Erster Sekretär in der kanadischen Botschaft in Dar es Salaam antrat, wunderte er sich: »Es war paradox: Gerade weil Tansania so darauf beharrte, selbständig zu sein, erhielt das Land sehr hohe Hilfszuwendungen.« 60 Prozent des tansanischen Staatshaushalts wurden mit Hilfsgeldern bestritten, was nichts anderes bedeutet, als dass die Arbeiter in den kapitalistischen Staaten mit ihren Steuergeldern Nyereres sozialistischen Beamtenapparat finanzierten. Ganz so, wie es der hungaro-britische Ökonom Lord Peter Bauer meinte, als er sagte, Entwicklungshilfe sei die Umverteilung des Gelds der Armen aus den reichen Ländern an die Reichen in den armen Ländern.

Was da mit fremdem Geld gefördert wurde, kann man nur noch als kafkaesk beschreiben. »Sogar die Weltbank vergötterte Nyerere«, so Calderisi, der später selbst jahrelang für die *Bretton-Woods-Organisation* arbeiten sollte. So fiel dem kanadischen Ökonom, der in Montreal, Oxford, Sussex und London studiert hatte, Mitte der siebziger Jahre ein Antrag der Weltbank in die Hände. In Morogoro, mitten im tansanischen Busch, sollte eine Schuhfabrik gebaut werden, deren Produkte, vier Millionen Schuhe!, ausgerechnet nach Italien exportiert werden sollten. Calderisi, der von sich selbst sagt, er sei der Regierung und ihren Zielen seinerzeit sehr zugeneigt gewesen, war sprachlos. In dem Papier war viel die Rede von den hervorragenden Sozialprogrammen der ambitionierten Regierung, doch kein Wort wurde über die desaströse wirtschaftliche Lage verloren.

»Ich bezweifelte, daß Tansania bereit war, um auf dem internationalen Markt der Kleinproduzenten mitzumischen, einmal ganz davon abgesehen, daß die italienischen Schuhproduzenten auf ihrem eigenen Markt unterboten werden sollten«, erinnert sich Calderisi, »aber wie viele Betrachter zu jener Zeit vermutete ich, daß die Weltbank Zugang zu besseren Informationen als ich selbst haben würde.« Nach einem Jahr arbeitete die Schuhfabrik gerade mal mit vier Prozent ihrer eigentlichen Kapazität – »sie hatte sogar Probleme, die paar Schuhe, die sie in Tansania hergestellt hatte, überhaupt auszuliefern«. Die gesamte Anlage war falsch konzipiert worden – mit Alumiunimwänden und ohne Belüftung. Außerdem gehörte sie der Regierung, »die seit der Unabhängigkeit bei jeder großen oder kleineren Entwicklungsinitiative versagt hatte«, so der ehemalige Weltbankökonom William Easterley (*The Exclusive Quest for Growth*). Kein einziger Schuh wurde jemals exportiert, und 1990 wurde der Betrieb ganz eingestellt. Dafür dass die Weltbank nahezu jeden tansanischen Wahnsinn finanzierte, musste sie sich von Nyerere auch noch beschimpfen lassen – sie sei »eine imperialistische Institution, mit der die reichen Länder ihre Macht über die armen erhalten«. Für die Schulden seien auch andere verantwortlich, meinte der Lehrer störrisch: »Wir befinden uns in einer neokolonialen Situation und den afrikanischen Ökonomien wird es nicht besser gehen, bevor sich dieses neokoloniale Verhältnis gewandelt hat. Es geht hier nicht um Schulden. Die Schulden sind nur das Symptom. Sie sind das Resultat. Sie sind nicht das Problem.«

Ein anderes Renommierprojekt der Weltbank war zu jener Zeit eine Zellstoff- und Papierfabrik im Südwesten Tansanias: die Mufindi Plant. Weil der »Vater der Nation« die Bildung neben der Umsiedlung der Bauern und der Verstaatlichung von Betrieben zum obersten Ziel erklärt hatte, glaubte man in New York einen Riesenbedarf an Schulbüchern auszumachen. Zudem sollte Papier nach Indien verschifft und auf dem asiatischen Markt veräußert werden. 200 Millionen Dollar kalkulierten die Banker für das gesamte Projekt, allerdings vergaßen sie, die technische Hilfe miteinzubeziehen. Und die war vonnöten. Die geplante Fabrik nämlich sollte mit allerneuster Technik ausgestattet werden, kein Tansanier hätte sie selbst bedienen können. Die 200 Millionen waren schnell verbaut, da wurden die nächsten 20 Millionen hinterhergeschossen. Man war schon so weit gekommen, da wollte man die große Idee nicht an Peanuts scheitern lassen. Am Ende funktionierte nichts. Man hatte herausgefunden, dass die Inder selbst sehr viel Papier produzierten und die Transportkosten viel zu hoch waren. Die Maschinen im Busch verrotteten. Nur Tansania, »das stotterte noch zwanzig Jahre lang die Rechnung für das dämliche Experiment ab« (Calderisi). Zwischen 1976 und 1990 stiegen in Tansania die Ausgaben pro Arbeiter um 8 Prozent, während seine Produktivität um 3,4 Prozent nachließ. Und das ist schon ein kleines Wunder, denn die Maschinen werden eigentlich immer besser und spucken immer mehr Produkte aus. 1990 aber hatte Tansania schon 355.000 Beamte, von denen ein großer Teil irgendwo auf den Straßen herumstand und bezahlt werden musste. Kein Wunder also, dass die tansanische Regierung schon bald nicht einmal Kredite zurückzahlen konnte, die zu günstigsten Konditionen vergeben worden waren. Schon 1978 erließ Kanada dem Land 80 Millionen Dollar. Und das sollte erst der Anfang sein.

Denn wirtschaftlich verschärfte sich die Lage noch. Als im Nachbarland Uganda der größenwahnsinnige Diktator Idi Amin innenpolitisch unter Druck geriet und seinen Soldaten etwas Ablenkung verschaffen wollte, ließ er seine Truppen in Tansania einmarschieren. Während die Auseinandersetzungen zwischen den beiden so unterschiedlichen Staatschefs bis dahin eher neckische Züge trugen (Idi Amin zu Nyerere: »Ich liebe dich. Wenn du eine Frau wärest, würde ich dich heiraten.« Nyerere über Idi Amin: »Mein Freund spinnt machmal ein wenig.«), wurde es nun blutiger Ernst. Es herrschte Krieg zwischen den beiden Nachbarländern. Idi Amin Dada, Herr über alle Tiere der Erde und Fische des Meeres, Eroberer des Britischen Reiches in Afrika im Allgemeinen und Uganda im Besonderen, erkannte den bisherigen Grenzverlauf nicht mehr an, bombardierte die tansanischen Städte Bukoba und Musoma am Victoria-See, beschlagnahmte tansanisches Sumpfland, ließ seine Soldateska brandschatzen, plündern und vergewaltigen.

Julius Nyerere sprach von einem »barbarischen Akt« und mobilisierte daraufhin seine Truppen. Ugandas demoralisierte Armee leistete kaum nennenswerten Widerstand. Innerhalb von Monaten war ein Großteil jenes Landes besetzt, das die Briten einst die »Perle Afrikas« nannten. Die Hauptstadt Kampala wurde von tansanischen Truppen okkupiert, Idi Amin ins Exil getrieben. Drei Jahre noch blieben Nyereres Soldaten in Uganda. Sie setzten Milton Obote, der 1971 von Idi Amin aus dem Amt geputscht worden war, als neuen Staatschef ein. Tansania aber ächzte unter der finanziellen Last des Krieges. Den Krieg hatte Nyerere noch gewonnen, dennoch waren seine Tage ab jetzt gezählt.

# Der Kampf um den Erhalt der Arten

Dirk Erdmann lässt seinen Blick schweifen. Man hat eine gute Sicht von hier oben, besonders so früh am Morgen. Rechts erhebt sich die Silhouette des Kilimandscharo vor dem rötlich-violett schimmernden Himmel und links der Mount Meru. Unten zeichnen sich die Umrisse stacheliger Schirmakazien ab, am Horizont steigt Staub über der Savanne auf und ganz leise hört man ein fernes Tröten. Es ist ein Afrika wie gemalt. Erdmann greift zum Fernglas. Eine Herde Elefanten zieht aus der Amboseli-Gegend herüber.

»Wollen wir hoffen, dass alles gut geht«, murmelt der Mann auf dem Hügel. Zwischen der Herde und den Wasserlöchern, die sie anvisiert, liegen Massaisiedlungen. Immer wieder war es in der Vergangenheit zu blutigen Gemetzeln gekommen. Besonders schlimm ist es jetzt, da Wildererbanden das Land unsicher und gnadenlos Jagd auf die letzten Nashörner und Elefanten machen. »Die Tiere müssen sich beeilen, denn bald ziehen die jungen Krieger mit den Herden los«, meint Erdmann, »wenn die Gruppen aufeinanderstoßen, kann es gefährlich werden.«

Erdmann, 46 Jahre alt, ist so etwas wie ein Elefantenflüsterer. Seine besondere Beziehung zu den tonnenschweren Tieren bemerkte er schon vor über 20 Jahren als Tierpfleger im Münchner Zoo. Schon damals fassten selbst die scheusten Vertreter der Gattung *Loxodonta Africana* Vertrauen zu dem Mann. Schnell galt er als Spezialist. Reisen nach Afrika und Asien, wo Erdmann sich in die Kunst der Mahouts einweisen ließ, folgten. Und es sollte eine Beziehung fürs Leben werden.

Aber wer weiß, wie sich die Dinge entwickelt hätten, wäre da nicht das Angebot aus Botswana gekommen. Es war 1998, Dirk Erdmann und seine Frau Ricarda hatten sich im Münchner Zoo kennengelernt. Gerade als sie für etwas Neues bereit waren, für eine Intensivierung ihrer Beziehungen zu den geliebten Rüsseltieren, fiel ihnen eine Anzeige aus dem Okavango-Delta ins Auge.

Doug Groves, ein Afrika-Veteran, der zusammen mit Elefanten lebte, suchte für sein Safaricamp in der beliebten Touristenregion einen Experten. Er wollte seine Gäste an die grauen Riesen heranführen und Spaziergänge mit Elefanten anbieten. Doch Menschen, die wilde Elefanten führen können, noch dazu in der vor allen möglichen Gefahren wimmelnden afrikanischen Steppe, sind selten.

Dirk Erdmann imponierten Doug und sein Konzept auf Anhieb. »Doug wollte die Gemeinden in sein Geschäft mit einbeziehen, und er wollte die Elefanten nicht brechen und zum Reiten abrichten, sondern nur mit ihnen gehen«, so Erdmann. »Das war ziemlich ungewöhnlich, denn oft wurden sogenannte Elephant-Back-Safaris angeboten – und da wurden die Tiere gegen ihren Willen gezwungen, Menschen durch die Gegend zu schleppen.« Groves' Organisation nannte sich hingegen *Living with Elephants*. Erdmann: »Das hatte mit dem herkömmlichem Tourismus nicht viel zu tun.«

Schnell wurden sich Doug Groves und Ricarda und Dirk Erdmann einig, und schon kurze Zeit später fand sich das deutsche Ehepaar im tiefsten Busch wieder – wo es keinen Strom, kein fließendes Wasser und kein Telefon gab und der karge Lohn »für eine Kiste Bier und eine Stange Zigaretten im Monat« reichte. Aber es war eine gute Arbeit. »Woanders wurden zum Teil alte Zirkuselefanten aus den USA herangekarrt und im Tourismusgeschäft ausgebeutet«, weiß Erdmann. »Sie wurden durch Lärmterror systematisch folgsam gemacht und von den Menschen dominiert.« Doug hingegen ließ Menschen wie Tieren Raum zur Annäherung. Es wurde nicht bestraft, sondern belohnt. Und vor allem hatten Dirk und Ricarda Erdmann viel Zeit, eine Beziehung zu den Tieren aufzubauen.

Ein paar Jahre ging das gut. Dirk und Ricarda lernten, den Elefanten die Wünsche sprichwörtlich vom Gesicht abzulesen, und nur die Einsamkeit des afrikanischen Buschs und die schwüle Hitze im Delta drückten etwas aufs Gemüt. Da meldete sich plötzlich ein Lodgebesitzer aus Tansania bei den beiden. Sein Name sei Peter Jones, erklärte der Fremde, er lebe schon seit vielen Jahren in dem ostafrikanischen Land, sein Vater habe einst den legendären Leakeys beim Knochengraben am Ngorongoro-Krater geholfen. Nun sei er in Tansania hängengeblieben, wo er zwischen Kilimandscharo und Meru ein Buschlager für betuchte Safarigäste betreibe, und ganz unerwartet sei ihm ein vierjähriges Elefantenbaby zugelaufen. Was solle er nun tun? Wenn nicht bald etwas geschehe, verende das Tier womöglich.

»Das Angebot hörte sich spannend an«, erinnert sich Dirk Erdmann an den Moment, als er zum ersten Mal von Peter Jones hörte. Der Buschfunk hatte bis in die ehemalige deutsche Kolonie gemeldet, dass es in Botswana einen Deutschen mit einem ungewöhnlichen Gespür für Elefanten gebe. Nun musste schnell gehandelt werden, dem Tier musste umgehend geholfen werden. Doug Groves hatte Verständnis für die Notlage, und widerwillig ließ er seinen besten Mann nach Norden ziehen.

Nkarsis hieß das Tier – wie eine Massaikönigin. Und zwischen der Elefantenkuh und dem deutschen Pfleger entstand sofort eine innige Beziehung. »Nkarsis lernte ganz ohne Zwang alle möglichen Kommandos«, staunt Dirk

Erdmann noch heute, »sie hatte überhaupt keine Angst vor Menschen.« Doch das Tier war geschwächt und benötigte täglich 24 Stunden lang Aufmerksamkeit und Pflege. Insgesamt kümmerten sich unter Erdmanns Führung acht Helfer um das Jungtier. Und auch Peter Jones, der clevere Geschäftsmann, kam auf seine Kosten. Obwohl Elefanten generell dem tansanischen Staat gehören, behandelte er Nkarsis wie sein Eigentum und führte seine Reisegruppen zu dem Tier. Erdmann behagte das nicht besonders – aber was konnte er machen? Nkarsis brauchte ein Zuhause; hätte man das Tier hilflos in irgendeinem Nationalpark ausgesetzt, wäre es möglicherweise zugrunde gegangen.

2008 verschärfte sich plötzlich die Situation in Tansania. Die Wirtschaft in Asien boomte, immer massiver stieg die Nachfrage nach Elfenbein und Nashornpulver, und die fragilen afrikanischen Staaten waren nicht in der Lage, Herr des Problems zu werden. Eine Hetzjagd auf die Tiere begann, wie sie der Kontinent seit den blutigen achtziger Jahren nicht mehr gesehen hatte. Und es wurde sogar noch schlimmer als damals – meist nicht nur mit der Duldung bestochener einheimischer Parkwächter oder Politiker, sondern oft auch mit deren tatkräftiger Unterstützung.

»Wir bemerkten die Veränderung an den Elefanten, die frei durch die Savanne streiften«, so Erdmann, »vorher waren die Tiere oft zutraulich und ließen uns problemlos in ihre Mitte. Jetzt aber zogen sie sich zurück und drehten ab, wenn sie uns sahen – obwohl sie uns doch kannten.« Zur gleichen Zeit siedelten in jenem Teil Nordtansanias immer mehr Menschen in zuvor von Elefanten genutzten Korridoren. In den Korongos war den Elefanten von einem Tag auf den anderen der Weg abgeschnitten worden. Als eine Herde durch ein neu entstandenes Dorf trampelte, wurde sie von den Dörflern kurzerhand auf einen Abhang zugetrieben. In Panik stürzten die Tiere die Klippe hinunter: Sieben Elefanten starben kläglich.

An einem dieser Tage im Jahr 2009 bemerkte Dirk Erdmann in der Ferne ein scheinbar ziellos herumirrendes Elefantenbaby: »Es war ganz allein, offenbar sehr jung, vielleicht ein Jahr alt, noch milchabhängig, und die Haut war eingefallen.« Vorsichtig führte Erdmann das scheue Tier zu einem Wasserloch, doch schnell war klar, dass er Hilfe benötigte. Er konnte nicht warten, bis die Waise Zutrauen zu dem Menschen gefasst hatte. Nkarsis musste helfen. Und tatsächlich verfügte die damals schätzungsweise Zehnjährige bereits über genug Mutterinstinkt, sich des Neuankömmlings anzunehmen. Um der Kleinen, die schnell auf den Namen Riziki (Kisuaheli für: »Schöne Überraschung«) getauft worden war, die Angst zu nehmen, wälzte sie sich auf dem Boden und machte sich klein. Schnell wurden Nkarsis und Riziki beste Freundinnen – »wie ein eigenes Baby nahm die Ältere die Kleine an«. Und

Riziki erholte sich schnell, wurde mit Feigen und einem im Eimer servierten Gemisch aus Milch und Bananen aufgepäppelt.

Ähnliches hatte übrigens schon Alfred Edmund Brehm beobachtet. »Fast alle Beobachter stimmen darin überein, daß die Liebe der Mutter zu ihrem eigenen Kinde nicht besonders groß ist«, schrieb der weitgereiste Forscher in seinem berühmten *Tierleben*, das zwischen 1882 und 1887 entstand, »dagegen bemerkte man, daß sich alle weiblichen Elefanten eines jungen mit der gleichen Zärtlichkeit annehmen.«

Erdmann aber wollte auch die Tansanier für das Wesen der Tiere sensibilisieren. »Die Einheimischen begegnen den Tieren traditionell mit Skepsis, Angst, Aggression«, hatte er beobachtet. »Für sie sind Elefanten Feinde, weil sie die Ernte zerstören und bisweilen auch Menschen angreifen, wenn sie sich in die Enge getrieben fühlen.«

Jetzt aber führte er die Massai zu den Tieren. Und nach einer Weile rannten die sonst so stolzen Krieger nicht mehr schreiend fort, sondern begannen sogar, die Tiere zu füttern und am Rüssel zu streicheln. Erdmann: »Unser Programm war ein voller Erfolg. Die Tansanier waren plötzlich stolz auf die Tiere.«

Tragischerweise endete die enge Beziehung von Nkarsis, Riziki und Dirk Erdmann nach ein paar Jahren. Im Jahr 2003 kündigte Peter Jones dem Tierpfleger von einem Tag auf den anderen, erklärte dessen Arbeit für beendet und verbannte ihn von seinem Grundstück, und monatelang konnten die drei einander nicht mehr besuchen.

Da geriet eines Tages Jones' Touristenfarm ins Kreuzfeuer der Kritik. Die Massai der Gegend fühlten sich von dem umtriebigen Briten betrogen. Sie warfen dem Unternehmer vor, sein Land illegal ausgeweitet und die Massai von ihrem Stammland vertrieben zu haben. Peter Jones hingegen berief sich auf die – nicht selten allerdings nur allzu bestechlichen – lokalen Behörden, die ihm die Erlaubnis zur Landnutzung erteilt hätten.

Wer auch immer im Recht gewesen sein mag: Die Massai zündeten das Jones-Anwesen im Herbst 2014 an und trieben die Angestellten in die Flucht, und zurück blieben zwei verängstigte Elefanten, die nicht mehr wussten, wohin. Es bestand höchste Gefahr, dass die beiden geschlachtet und zu einem Festmahl verarbeitet werden könnten. Schließlich wusste schon der große Königsberger Philosoph Immanuel Kant in seiner *Physischen Geographie* (»2. Theil, Fünfklauichte Thiere, Der Elephant«) zu berichten: »Die Neger essen sein Fleisch.«

Da riefen sie dann doch noch einmal Dirk Erdmann zu Hilfe: Überforderte tansanische Elefantenhelfer befürchteten, die Tiere könnten in Panik geraten oder besoffenen Massai vor die Speere laufen. Nur der Elefantenflüsterer könne sie retten. Der kam auch sofort. Mitten in der Nacht führte Erdmann die Elefanten aus der rauchenden Trümmerlandschaft hinaus. Fünfzehn Stunden marschierten die drei nonstop: vorneweg Dirk Erdmann, der glatzköpfige Deutsche, dahinter Nkarsis und am Schluss Riziki. Dann hatten sie endlich die Sicherheit des Arusha-Nationalparks erreicht, und für ein paar Tage lebten die drei zusammen. Erdmann hatte sich dafür ein kleines Lager mitten im Schutzgebiet errichtet und schlief sogar bei den Tieren. Die ließen ihn keinen Augenblick aus den Augen und folgten ihm sogar auf die Toilette. »Es war die vielleicht schönste Zeit meines Lebens«, sagt Erdmann heute, »das vollendete Glück.« Dann kam Peter Jones mit einer bewaffneten Eskorte. Er wollte »seine« Elefanten zurück, die Farm wieder aufbauen, die Touristen zurückgewinnen. Sie kamen mit einem Laster und verluden die Tiere. Gegen die Miliz konnte Erdmann nichts ausrichten. Noch lange blickte er der Staubwolke nach. Dann schnürte er sein Bündel und ging heim.

Brehm befürchtet für die Elefanten übrigens schon Ende des 19. Jahrhunderts das Schlimmste. »Der Elefant zählt leider zu den Thieren, welche ihrem Untergange entgegengehen«, schreibt er, »man jagt die edlen Geschöpfe nicht, um wegen des von ihnen verübten Schadens sich zu rächen, sondern des kostbaren Elfenbeins halber und hat deshalb von jeher einen Vernichtungskrieg gegen sie geführt. … Wenn ich die Jäger, anstatt berühmt, berüchtigt nenne, habe ich leider guten Grund dazu. Die meisten von ihnen betragen sich der Jagd, die sie betreiben, welche sie betreiben völlig unwürdig.«

Erwartungsgemäß ist nicht nur der Norden Tansanias für Elefanten zum absoluten Gefahrengebiet geworden. Es gebe »kaum weniger gefährliche Gebiete für Elefanten als Ruaha«, jener 1910 von den Deutschen als Saba Wildreservat gegründete Nationalpark im Herzen Tansanias, schreibt John Ray, der Afrika-Korrespondent des britischen Fernsehsenders ITV, in einem aufrüttelnden Bericht: »In den vergangenen Jahren hatten Wilderer einen verheerenden Einfluß. Sie haben Tausende von Elefanten getötet. Es ist ein Schlachten von beispielloser Größe.« Schon gebe es in Ruaha kaum noch Elefanten mit normalen Stoßzähnen. Fast nur Tiere mit kleinen Stoßzähnen oder sogar nur einem einzigen Stoßzahn würden leben gelassen. Tansania will nun eine quasimilitärische Truppe gegen die Wilderei auf die Beine stellen. Doch es ist fraglich, was die bewirken kann. Es ist ein offenes Geheimnis, dass höchste Regierungskreise in die Wilderei verstrickt sind. Zwar werden gelegentlich kleinere Wilderbanden ausgehoben. »Sie nehmen die kleinen Fische hoch«, kritisiert Mary Rice von der *Environmental Investigations Agency*, die sich dem Kampf gegen die Wilderei verschrieben hat, »aber diejenigen, die Millionen machen, werden nicht bestraft.« Noch rühmt sich der Park »seines fast unberührten und unerforschten Ökosystems«, mit dem er »seinen Besuchern ein wahrhaft einzigartiges Safarierlebnis« bieten könne. Und: »Es wird davon ausgegangen, dass es in Ruaha eine höhere Elefantenkonzentration als in jedem anderen Nationalpark in Ostafrika gibt.«

Doch nicht nur in Tansania hat der Massenmord vor allem an Nashörnern und Elefanten unvorstellbare Ausmaße angenommen. »In fünf Jahren wird es vielleicht zu spät sein, dieses wunderbare Tier zu retten«, sagt Dune Ives von der Nichtregierungsorganisation *Vulcan*. Wenn sich nichts ändere und insbesondere China keine stärkeren Anstrengungen unternehme, den Kampf gegen die Wilderei und den illegalen Tierhandel zu stoppen, drohe der afrikanische Elefant, »in ein bis zwei Jahrzehnten« auszusterben. Im Jahr 2006 hatte Afrika noch eine Elefantenpopulation von 550.000, 2013 waren es nur noch 470.000 Tiere. Jedes Jahr würden auf dem Kontinent 25.000 bis 30.000 Elefanten gewildert. Das meiste Elfenbein, so die Organisation *Traffic*, die den internationalen Tierhandel überwacht, würde von den beiden ostafrikanischen Häfen Mombasa und Dar es Salaam in südostasiatische Länder wie Malaysia, die Philippinen oder Vietnam verschifft. Von dort gelange es dann nach China, den Hauptabnehmer des Elfenbeins.

»Ohne Mithilfe der Chinesen hat es doch alles keinen Sinn«, sagt Karl Ammann, der bezweifelt, dass die Asiaten ein ernsthaftes Interesse an der Bekämpfung der Wilderei haben. Insbesondere das Washingtoner Artenschutzabkommen *Cites*, das den weltweiten Handel mit Tieren kontrollieren soll, sei ein stumpfes Schwert. Die schlimmsten Auswirkungen des weltweiten Handels mit Elfenbein und dem Horn der Nashörner seien derzeit in Tansania zu beobachten, dennoch handele es sich um ein globales Problem.

Der Mann ist ständig auf Achse. Ammann steht unter Strom. Gerade kommt er aus Laos zurück, wo er das finstere Treiben chinesischer Glücksritter, die dort mit Prostitution, Glücksspiel und Schmuggel ihre Geschäfte machen, dokumentiert hat. Jetzt sitzt er in Bangkok, spricht mit einem Kontaktmann, der den illegalen Handel mit Elefanten untersucht. Morgen wird er in Singapur sein, danach auf den Seychellen, drei Tagen darauf endlich zu Hause in Kenia. In drei Wochen dann aber schon wieder unterwegs: Zürich, Hamburg, London.

Der Schweizer Ammann, 46 Jahre alt, ist Naturfotograf. Er hat wunderbare Bildbände veröffentlicht: über Geparden zum Beispiel oder über Gorillas und Orang-Utans, Bilder aus der Massai Mara oder Borneo. Doch schöne Fotos sind längst nicht mehr das, was Karl Ammann an- und umtreibt. Ammann will nicht mehr länger nur abbilden. Er will gestalten. Will retten, was noch zu retten ist.

»Die Tiere sterben«, sagt er, »und wir schauen teilnahmslos zu.« Die Welt sehe düster aus, wenn sich nicht bald etwas ändere. All die Tiere, denen er einen Großteil seiner Lebens- und Arbeitszeit gewidmet hat, gebe es dann nur noch ausgestopft oder bestenfalls als domestizierte Zoo- und Zirkustiere zu sehen: die Löwen und Tiger, die Schimpansen und die Bonobos, die Waldelefanten und die Okapis.

»Es geht so rasant schnell«, sagt Ammann. Kürzlich war er auf Borneo. Was er da sah, hat ihm den Atem verschlagen: »In Weltrekordzeit wird dort der Regenwald gerodet und in Palmölplantagen umgewandelt.« Ohne Wald aber sterben die Orang-Utans – zu Tausenden werden sie massakriert, um Platz zu schaffen. Wie viel Zeit bleibt ihnen noch? Zehn Jahre? Zwanzig? Ammann: »Schon jetzt gibt es durch das Gemetzel im Wald so viele Orang-Utan-Waisen, dass die Tierschutzorganisationen in Indonesien sich weigern, sie aufzunehmen, und Tierschützer von der *UNO* empfehlen, sie einzuschläfern – das sei ein würdigerer Tod als von Macheten zerhackt zu werden.«

Karl Ammann stammt aus dem beschaulichen St. Gallen. Es kann dort ganz schön eng werden: zwischen Rodenberg und Freudenberg, dem Flüsschen Steinach und der Sitterschlucht. Ammann zieht es schon früh hinaus in die Ferne. Er studiert Hotelmanagement an der berühmten Cornell University in Ithaca, New York. Dort lernt er Katherine kennen, eine Amerikanerin aus Connecticut. Die beiden ziehen um die Welt. Karl arbeitet im Hotel Intercontinental in Nairobi, hilft wenig später in Kinshasa, den *Rumble in the Jungle* zwischen Muhammad Ali und George Foreman zu organisieren. 1978 folgt als nächste Station Kairo. Karl und Katherine heiraten 1980, und dann wagen sie das richtig große Abenteuer. Statt in die Flitterwochen zu fahren, wollen sie in den afrikanischen Busch gehen. Eintauchen in eine andere Welt, mitten in die Wildnis.

Was sie dort erwarten? Was die meisten mit Afrika verbinden: »grenzenlose Weite, unberührte Natur, eine Vielfalt an menschlichen Kulturen und eine grundlegende, überall spürbare Mystik.« In der kenianischen Massai Mara schlagen sie ihr Zelt auf – und werden nicht enttäuscht. Sie bleiben zwei Jahre. Es ist eine aufregende Zeit. Damals wimmelt es hier noch von Löwen und Elefanten, einmal jährlich kommen die gigantischen Gnuherden aus der Serengeti herüber. Ammann liegt auf der Lauer, immer mit seiner Kamera. Ihm gelingen phantastische Aufnahmen: von Wildhunden auf der Jagd, Löwenmüttern mit ihren Jungen, kämpfenden Impalahirschen.

Als erstes erscheint Ammanns Bildband *Geparden*, wenig später *Jäger und Gejagte*, danach das Buch *Gorillas*. Längst haben ihn und Katherine das Afrika- und das Fotofieber erfasst. Sie bauen eine Lodge in der Massai Mara auf, wenig später ein Gorillacamp in Ruanda.

Aber die achtziger Jahre sind auch die Zeit der gnadenlosen Wilderei in Ostafrika. Besonders auf Elefanten wird Jagd gemacht. In dieser Zeit, schreibt

*Kilimandscharo*

*Löwe*

*Blumen in der Lodge*

*Die Kaliwa Lodge mit dem Kilimandscharo im Hintergrund*

*Kaffee*

*Malunterricht in der Schule von Kibosho*

*Schulkinder spielen in Moshi Fußball*

*Christian Kreisel verteilt Säcke im Massai-Land*

*Die Kathedrale von Kibosho*

*Kilimandscharo von der Kaliwa Lodge aus gesehen*

*Ernst-May-Bau in Usa River*

*Der alte deutsche Bahnhof in Moshi*

*Moshi-Zentrum mit dem von Ernst May gebauten KNCU-Gebäude im Hintergrund*

*Moshi*

*Der Lake Chala an der kenianischen Grenze*

*Die Liemba bringt burundische Flüchtlinge in Sicherheit*

*Gewürze auf dem Markt in Moshi*

*Bananen*

*Sansibar-Führer Talib Rajab*

*Schiffsverkehr vor Sansibar*

*Stone Town, Sansibar*

*Vater Damus auf Sansibar*

*Bauhaus in Afrika: Massaiwächter in der Kaliwa Lodge*

der kenianische Elefantenretter und Paläoanthropologe Richard Leakey, sei die »Elefantenwilderei fast zu einer Seuche des gesamten Kontinents geworden«. Gab es allein in Kenia in den sechziger Jahren noch rund 170.000 Elefanten, lebten 1989 nur noch rund 19.000 in dem ostafrikanischen Land. Ammann wird Zeuge ihres Sterbens.

Er sieht aber auch, dass man dem Untergang der Tierwelt nicht tatenlos zusehen muss. Gerade Kenia ist dafür ein Beispiel. Als Leakey Ende der achtziger Jahre den *Kenya Wildlife Service* übernimmt und die Korruption radikal bekämpft, erholt sich die Elefantenpopulation plötzlich wieder. In dieser Zeit will auch Ammann nicht mehr nur Chronist sein, sondern handeln, etwas tun. Er sieht, wie Gorillas von Bürgerkriegsmarodeuren grausam gejagt werden. Er sieht, wie Wildelefanten zu Buschfleisch zerlegt werden. Er sieht, wie Löwen einen qualvollen Gifttod sterben, weil die Massai um ihre Herden fürchten und Köder auslegen.

Er fährt jetzt immer häufiger in den Kongo. Als er auf dem legendären Kongo-Fluss unterwegs ist, werden ihm zum ersten Mal die Dimensionen des Handels mit *Bushmeat* bewusst. Auf dieser Flussfahrt allein zählt er etwa 2.000 geräucherte und rund 1.000 frische Primatenkadaver. Später macht er eine Reportage über das Aussterben der Schimpansen und rettet selbst ein Schimpansenbaby, das ihm windige Händler auf dem Kongo in die Hand drücken. »Die Mutter war massakriert worden«, sagt Ammann, »das Baby wäre elendig krepiert. Wir nahmen es mit nach Hause und zogen es dort auf. Was sollten wir anderes tun?«

Katherine und Karl leben mittlerweile in Nanyuki, direkt im Schatten des Mount Kenya, des heiligen Bergs der Massai. Es ist wunderschön hier, und sie haben Platz. Mzee, der Alte, wie sie den Schimpansen nennen, bekommt ein geräumiges Gehege. Er erholt sich, wächst heran, bekommt später noch Gesellschaft von der Schimpansendame Bili.

Aber reicht das? Ammann fährt jetzt immer häufiger nach Asien, auch nach Südamerika. Er stellt fest, dass nicht nur Afrikas Tierwelt dem Untergang geweiht scheint. Die Tiger in Asien sterben, und es stirbt auch der brasilianische Regenwald. Ammanns Bücher werden anklagender, die Bilder sind schockierend. Es wird immer schwerer, Verleger zu finden, und fast unmöglich, Sendeplätze für seine Fernsehdokumentationen zu bekommen. »Besonders im Dokumentarfilmbereich soll doch nur die heile Welt gezeigt werden«, sagt Ammann, »aber die Welt ist nicht heil.«

Ammann zeigt Bilder von abgeschlagenen Gorillaköpfen in zentralafrikanischen Dörfern. Er zeigt Tigerpenisse auf südostasiatischen Märkten. Er macht Aufnahmen von Elefantenkadavern, die hauptsächlich wegen ihres Fleischs massakriert werden. Das Buch *Eating Apes* erscheint, eine leidenschaftliche

Anklage gegen den Handel mit Buschfleisch, wenig später der Photoessay *Consuming Nature.* 2007 wird er vom *Time Magazine* dafür zum »Hero of the Environment« ausgezeichnet, 2009 erhält er zum zweiten Mal den anerkannten »Genesis Award«.

Aber er hat sich eine Sisyphosarbeit aufgehalst. Während im Westen etwa die Nachfrage nach Elfenbein drastisch gesunken ist, steigt Chinas Hunger nach seltenen Tieren. »Die Chinesen essen fast alles«, sagt Ammann, »je seltener desto besser, und was sie nicht essen, verarbeiten sie zu Medizin oder Nippes.«

Ammann war deswegen kürzlich beim *CITES*-Treffen in Genf. *CITES* ist die *Convention on International Trade in Endangered Species of Wild Fauna and Flora. CITES* will den illegalen Handel mit bedrohten Spezies überwachen und unterbinden. 175 Mitgliedstaaten haben das Abkommen ratifiziert. Auch China ist darunter. Ammann wollte den *CITES*-Vertretern, die einen hohen Anspruch an ihre Tätigkeit und eine große Aufgabe haben, seine Recherchen vorlegen. Sie haben ihm die Tür vor der Nase zugeknallt.

Natürlich hat sich Ammann davon nicht beeindrucken lassen. Um dem internationalen Handel mit dem Horn der Nashörner auf die Spur zu kommen, reiste er zunächst nach Südafrika zum Tierarzt William Fowlds, dann weiter nach Südostasien auf die Märkte, auf denen Elfenbein und Nashornpulver angeboten werden. Was Fowlds im Kariega Game Reserve zu sehen bekam, trieb selbst dem sonst so Hartgesottenen die Tränen in die Augen. Die Nashornkuh Thandi, neun Jahre alt, wälzte sich in ihrem Blut, Nashornbulle Themba humpelte mit letzter Kraft durchs Dickicht, bis er zusammenbrach.

Beiden Tieren hatten Wilderer mit Buschmessern die Hörner abgeschlagen und ihre Köpfe dabei regelrecht zerfetzt. Dann waren die Täter im Schutz der Nacht verschwunden.

»Die waren gut organisiert«, meint Fowlds: »In dem 9.000 Hektar großen Areal ein bestimmtes Tier zu finden, ist fast nur aus der Luft möglich.« Per Funk gesteuert, müssen sich die Schlächter durch die Savanne gekämpft haben, um ihr blutiges Werk zu verrichten. Fowlds: »Dies ist die Handschrift einer Nashornmafia.«

Metzeleien dieser Art ereignen sich in Afrika derzeit täglich. Allein in der Kaprepublik wurden 2014 1.215 Nashörner abgeschlachtet, 2012 waren es noch 668, 2010 333 und 2009 122. Die Täter haben es auf die Hörner der Tiere abgesehen. Für bis zu 133 Dollar pro Gramm werden sie auf asiatischen Märkten feilgeboten.

Solche Gewinne locken sonst allenfalls im Drogen- oder Mädchenhandel – kein Wunder also, dass internationale Banden das Geschäft kontrollieren. In Hamburg oder Bamberg lassen sie Horn aus Naturkundemuseen rauben, in Kenia und Südafrika schicken sie Wilderer auf die Nashornjagd und organisieren den Transport der Beute nach Vietnam, Laos oder China, wo der Aberglaube herrscht, Nashornpulver könne Krankheiten wie Krebs oder Malaria kurieren.

In Südafrika arbeiten Polizei, Zollbehörden und Nationalparkwächter in Spezialeinheiten zusammen, um dem Treiben ein Ende zu bereiten. Zwar gibt es hier noch rund 20.000 Nashörner, so viele wie in keinem anderen Land, doch die Zunahme der Wilderei ist beängstigend. Robert Muir von der *Frankfurter Zoologischen Gesellschaft* verbringt viel Zeit in der Serengeti, und er bestätigt Karl Ammanns Befund. »Nashorn wird leider in Ländern wie Vietnam oder China derzeit sehr nachgefragt, sogar mehr als Elfenbein. Gramm für Gramm hat es den Straßenpreis von Heroin«, hat Muir beobachtet. »Die Käufer glauben, dass Nashorn besondere Wirkungen hat, etwa als Krebsmittel oder um den Kater nach einer durchzechten Nacht zu lindern. Das ist natürlich Unfug. Das Horn der Tiere ist aus demselben Material wie unsere Fingernägel und bewirkt gar nichts. Dennoch wird der Besitz der Substanz als Zeichen von Wohlstand angesehen. Zum Glück sind die Nashörner der Serengeti bislang nicht im gleichen Maß Ziel der Wilderei wie etwa jene des Krüger Nationalparks in Südafrika. Dort werden täglich mehrere der Tiere gewildert. Allerdings könnten auch in der Serengeti viel mehr Nashörner leben. Das Ökosystem hat sicher Platz für mehrere Tausend von ihnen. Noch vor hundert Jahren gab es hier mehr Nashörner als Elefanten.«

Vor einigen Jahren stand in Südafrika immerhin eine Bande von südafrikanischen und thailändischen Hornschmugglern vor Gericht – oft kommt so etwas nicht vor. Sie waren bei dem Versuch gescheitert, für einen laotischen Händler mehr als 50 Rhinohörner außer Landes zu schmuggeln. Dennoch glaubt niemand, dass sich dem Morden mit polizeilichen Mitteln allein beikommen lässt. Deshalb suchen die Experten nach neuen Lösungen. Im Kariega Game Reserve zum Beispiel wurden nach der blutigen Attacke allen verbliebenen Nashörner die Hörner abgetrennt. Das macht die Tiere wertlos für Wilderer. Ein Patentrezept ist diese Methode freilich nicht: »Eigentlich brauchen Rhinozerosse ihre Hörner, um sich vor Feinden und dornigem Gestrüpp zu schützen«, erklärt Fowlds.

Einige Nashornfarmer wollen zu einem noch rabiateren Mittel greifen und das Horn ihrer Tiere vergiften. Das ist für die Dickhäuter selbst ungefährlich, für Menschen aber sehr riskant. Unter Aktivisten ist die Methode deshalb umstritten.

Vor allem private Nashornbesitzer fordern nun eine kontrollierte Freigabe von Nashornpulver. »Wenn wir Vietnam und China damit beliefern, würden die Preise fallen und die Wilderei wäre nicht mehr lukrativ«, meint etwa Pelham Jones, der Vorsitzende der südafrikanischen *Private Rhino Owners Association*.

Als Vorbild verweist er auf den Diamantenmarkt: Seit in rund 50 Staaten die Herkunft jedes Steins mit einem Zertifikat belegt werden müsse, sei es gelungen, den Handel mit Blutdiamanten einzudämmen. Praktisch ließe sich auch die Herkunft von Nashornsubstanzen leicht nachweisen. An der Universität Pretoria baut die Tierärztliche Hochschule schon seit zwei Jahren eine umfangreiche Datenbank mit Nashorn-DNA auf. Tausende Proben sind hier bereits registriert.

Unter den Experten hat Jones' Vorschlag einen Glaubenskrieg entfacht. »Die Nashornbesitzer wollen auf diese Weise ein Vermögen machen«, schimpft etwa Miranda Jordan, eine Tierschützerin von *Acitivists for Animals Africa.* »Eine Freigabe würde nur den Handel anheizen.« Auch große Tierschutzorganisationen halten das Vorhaben der Nashornbesitzer für eigennützig.

Sorgen bereiten zudem Ammans Recherchen. Auf Märkten in Hanoi (Vietnam) und Vientiane (Laos) hat er 20 verschiedene Proben von angeblichem Nashorn erworben und später an der Universität Pretoria analysieren lassen. Zum ersten Mal kam damit Material aus dem asiatischen Handel unter die Mikroskope der südafrikanischen Wissenschaftler.

Der Befund verblüffte sie: Nur drei der untersuchten Stücke kamen wirklich von Nashörnern. Der Rest stammte von Wasserbüffeln, Schafen und einer Saiga-Antilope. »Das ist kein besonders beruhigendes Ergebnis«, sagt die Leiterin des Labors für Veterinärgenetik in Pretoria, Cindy Harper. »Es bedeutet, dass die Nachfrage nach Nashornmaterial sehr viel höher ist, als wir bisher angenommen haben.«

Den Befürwortern der Freigabe könnte das einen Strich durch die Rechnung machen. Die Menge an Horn nämlich ist selbst im nashornreichen Südafrika begrenzt. Der Hunger danach aber scheint unersättlich.

Immerhin: Nun endlich, nachdem in Tansania in den vergangenen sechs Jahren rund 50.000 Elefanten massakriert worden sein sollen, will die Regierung in Dodoma etwas tun. Viele Organisationen allerdings zweifeln sowohl an den Beteuerungen der chinesischen Regierung, den Handel mit Elfenbein für zunächst ein Jahr zu verbieten, als auch an denjenigen der tansanischen, nun die Wilderei energisch zu bekämpfen.

»Bisher haben sich die schlimmsten Befürchtungen bestätigt«, sagt Olaf Behlert, Tierarzt des Kölner Zoos und einer der international anerkannten Experten für *Loxodonta Africana* und sein asiatisches Pendant *Elephas Maximus*: »Die Wilderei ist weitaus schlimmer als in den schlimmsten Zeiten in den siebziger und achtziger Jahren.«

Behlert, ein eher gemütlicher Mann von 64 Jahren, beschäftigt sich seit Jahrzehnten mit den Elefanten. Er hat viele Jahre in Malaysia gelebt und auch in Sambia, wo er die Lunagwa Wilderness Lodge und den Luambe Nationalpark über elf Jahre hinweg aufgebaut hat. In Köln errichtete er den Kölner Elefantenpark mit Tieren aus Burma und Thailand. Im Moment besucht er den Norden Tansanias, um das Ausmaß der Elefantenschlachterei zu begutachten. Gleichzeitig möchte er sich bei seinen Freunden Marlies und Jörg Gabriel, die in der Nähe von Arusha die Hatari Lodge betreiben, über deren Pläne informieren, einen Elefantenkorridor von Amboseli in die Kilimandscharo-Gegend zu errichten. »Der Druck wächst enorm«, meint Behlert, »wir müssen schnellstens etwas tun, denn die Elefanten verschwinden in rasanter Zahl.« Behlert bestätigt den großen Einfluss der Asiaten auf die Wilderei. »Der zunehmende Wohlstand in Asien führt zu einer wachsenden Nachfrage.« Früher habe man das Augenmerk lediglich auf China gelegt, aber auch in Thailand, das früher hauptsächlich als Transitland betrachtet worden sei, werde mittlerweile viel Elfenbein abgesetzt, auch in Vietnam oder auf den Philippinen, wo Elfenbein für christliche Götzenfiguren benutzt werde. Man vermute sogar, dass »die japanische Regierung Elfenbein in unbekannter Menge als Wertanlage« horte, »so wie Gold oder andere Edelmetalle, für schwierige Zeiten«. Natürlich würden die vielen chinesischen Arbeiter, die Afrika mittlerweile bevölkern, das Elfenbein massenhaft als Statussymbol in die Heimat mitbringen.

»Besonders schlimm ist es in Tansania, schon deswegen weil es hier immer noch recht viele Elefanten gibt, weil die Kontrollen schwach, die Korruption aber stark ist«, hat Behlert beobachtet, »betroffen sind aber längst alle afrikanischen Länder: in Kamerun, in der Zentralafrikanischen Republik, im Tschad oder Sambia sieht die Lage katastrophal aus.«

Man habe es mithin mit einem globalen Problem zu tun: »Die Asiaten heizen die Nachfrage an, die Preise schießen nach oben, mittlerweile finanzieren Terroristen ihr blutiges Handwerk mit der Wilderei.« So zogen Dschandschawidbanden von Darfur bis nach Kamerun, um ganze Herden niederzumetzeln. Aber auch die Shabaab in Somalia oder verschiedene Al-Qaida-Zweige mischen mit. Etliche Gruppen zögen als Auftragsmörder durch die Nationalparks Tansanias und lieferten den Hintermännern die gewünschte Anzahl an Stoßzähnen.

Daß es nicht besonders leicht ist, Afrikanern den Tierschutz nahezubringen, ist übrigens keine neue Weisheit. Schon Mitte der sechziger Jahre wusste *Der Spiegel* zu berichten, dass Nationalparks wie die tansanische Serengeti oder Tsavo in Kenia ein »Werk der Weißen« seien, »die – der Zivilisation überdrüssig – ein bißchen Natur retten wollen. Die Afrikaner hingegen, von jeher gewohnt, im Tier Feind oder Beute zu sehen, fanden das eher komisch. Tansanias Premier Nyerere: ›Ich verstehe nicht, weshalb es die Weißen so mit den wilden Tieren haben.‹« Schon damals seien die Elefanten außerhalb der

Schutzgebiete »von Elfenbeinjägern und Bauern, die sich ihre Felder nicht verwüsten lassen« wollten, »erbarmungslos niedergemacht worden«, schrieb das Hamburger Nachrichtenmagazin. Immerhin gab es damals noch »kugelsichere Schutzgebiete«, in die sie sich zurückziehen konnten. Diese Zeiten aber sind endgültig vorbei.

Ist Behlert denn optimistisch, dass die Elefanten überhaupt noch gerettet werden können? Der alte Zootierarzt guckt nachdenklich. Zwar habe man das Problem lange Zeit völlig ignoriert, aber wenigstens finde es jetzt gelegentlich einen Weg in die Medien. »Nur mit den mächtigen Chinesen mag sich doch kaum jemand anlegen, und ohne die Mitarbeit der Chinesen lässt sich der Untergang der Elefanten kaum noch abwenden«, meint er, »aber freiwillig machen die kaum mit: Wenn man sieht, was sich dort für Wildtiere auf den Speisekarten wiederfinden, verliert man den Glauben.« Mittlerweile fragt sich Behlert ohnehin, ob der Kampf für den Erhalt der Arten nicht eher eine romantische Marotte des Westens »und sinnlos ist – möglicherweise stellen wir uns gegen eine ganz natürliche Entwicklung. Der Mensch verdrängt die Tiere, und der Säbelzahntiger wurde schließlich auch irgendwann ausgerottet«.

Denn es sei ja nicht nur die Wilderei, um an Elfenbein und Nashornpulver zu kommen. So würden in Tansania in letzter Zeit immer mehr Giraffen getötet – oft nur von aus Frustration enttäuschten Dörflern, die sich dafür rächen wollen, dass sie nicht genug vom Safaritourismus profitieren. Die Geier stürben, weil die Wasserlöcher der Löwen vergiftet würden und so die todbringenden Substanzen in die Nahrungsmittelkette kämen. Wenn man hingegen die Nationalparks Ostafrikas einzäunen würde, wie das bereits im südlichen Afrika geschehen ist, »hätte man kaum mehr als größere Zoos«.

Einst verklärten Jäger den Tod der wilden Tiere zur heroischen Tat. Auch Karen Blixen tat das, als sie über ihre Erlebnisse mit Denys Finch Hatton und seiner Flinte schrieb: »In diesem Augenblick wurde das Land Afrika unendlich groß, und Denys und ich, die darauf standen, wurden winzig klein. Außerhalb des Lichtkegels war nichts als Finsternis, in der Finsternis waren in zwei verschiedenen Richtungen Löwen, und vom Himmel troff Regen. Aber als das Gebrüll erstarb, regte sich nichts mehr, und der Löwe lag, den Kopf zur Seite gewandt mit einer Miene des Ekels, ruhig hingestreckt. Zwei mächtige tote Tiere waren in der Kaffeepflanzung und ringsum die Stille der Nacht.« Das klingt heute nicht mehr besonders romantisch, zumindest nicht in unseren Ohren. Doch insbesondere Araber kaufen gerade riesige Landstriche, unter anderem in der Serengeti, die eigentlich geschützt sein sollten, um hier ihrem zweifelhaften Jagdvergnügen nachzugehen. Doch weil die Gebiete der Wildtiere immer kleiner werden, erinnert die Jagd an kaum mehr als vorsätzlichen Mord. Auch deshalb ist Behlert an den Projekten der Gabriels interessiert.

Die beiden wollen verschiedene Ökosysteme rund um den Kilimandscharo verbinden und den Elefanten und anderen Tieren so die Möglichkeit zur Migration verschaffen.

Hauptsächlich geht es darum, den 2.000 Elefanten von Amboseli, dem berühmten Nationalpark auf der kenianischen Seite, die Möglichkeit zur Migration zu verschaffen. »In Amboseli ist die Zahl der Elefanten viel zu hoch«, sagt Marlies Gabriel, »der kleine Park verträgt maximal 600 Tiere.« Schon immer hätten die Elefanten das Amboseli-Ökosystem auf der Suche nach Wasser und Nahrung verlassen, doch werde das immer schwieriger, weil immer mehr Menschen in den alten Korridoren siedelten.

Die Namibierin Marlies Gabriel lebt seit 2000 in Tansania, ihr Mann Jörg schon seit 1996. Seit 2004 betreiben die beiden die Hatari Lodge in der Nähe des Arusha-Nationalparks; es ist das ehemalige Gästehaus des deutschen Schauspielers Hardy Krüger, der 1960 hier an der Seite von John Wayne den Hollywoodschinken *Hatari* drehte und sich sofort in das Land verliebte. Seit Jahren kümmern sich Marlies und Jörg Gabriel aber auch um den Erhalt der tansanischen Tierwelt. Ihr Plan ist es nun, drei verschiedene Korridore anzulegen, die den Elefanten die freie Wanderung in der Greater Kilimanjaro Region zwischen Tansania und Kenia erlauben würde. Insgesamt sollen die Elefantenstraßen rund 150 Kilometer lang sein. Es wären zwar keine Nationalparks, aber in den Korridoren müssten die Tiere geschützt und es dürften keine Felder angelegt werden. Mut macht das Kitenden-Projekt. Im Sommer 2013 hatte es der *International Fund for Animal Welfare* (IFAW) gemeinsam mit der kenianischen Wildschutzbehörde *Kenya Wildlife Service* geschafft, einen 16.000 Hektar großen Korridor von Amboseli zum Kilimandscharo hinzu schaffen – nach fast 20 Jahren mühevoller Überzeugungsarbeit. Das besondere daran: Das Kitende-Land ist traditionelles Siedlungsgebiet der Massai, jener rotgewandeten Krieger der ostafrikanischen Savanne. Dennoch war es gelungen, 1.600 Landbesitzer dieses stolzen Stammes dazu zu bewegen, Land zu verpachten, um den Tieren Schutz zu gewähren, und sogar eigene Elefantenscouts auszubilden. »Amboseli ist massiv bedroht«, erklärte damals *IFAW*-Präsident Azzedine Downes, »bevor es zu spät sein würde, mussten wir handeln und ein sicheres Gebiet für die Elefanten schaffen.« Schließlich ziehen die Tiere schon seit Jahrtausenden zum Kilimandscharo ziehe.

»Die einzige Chance, die Elefanten langfristig zu retten, ist Korridore anzulegen«, sagt auch Marlies Gabriel, »überall in Afrika wird das derzeit diskutiert, auch im südlichen Afrika, wo die *Transfrontier*-Parks geschaffen werden sollen.« Erst recht gilt das für die Tiere, die im Amboseli Zuflucht suchen, dem zweitkleinsten der kenianischen Parks. Aber natürlich stoßen die Tierfreunde überall auch auf Widerstand. Oft ist es mühsam, die einheimische

Bevölkerung vom Nutzen der Wildtiere zu überzeugen, fürchten viele Menschen doch um ihre Ernte oder die Rinder, oft stehen massive bürokratische Hindernisse im Weg, doch meistens geht es schlicht und einfach um Geld und Macht. Derzeit drängten immer mehr Araber ins Land, um hier zu jagen, berichtet Jörg Gabriel. Und die teilten das Land nun regelrecht unter sich auf: »Die Saudis haben sich Teile der Serengeti unter den Nagel gerissen, im Westen des Kilimandscharo sind die Abu-Dhabi-Araber aktiv.«

Die Folgen dieser massiven Landnahme durch arabische Jagdfreunde spüren die Gabriels derzeit am eigenen Leib. 2009 hatten sie neben der Hatari Lodge ein Luxuscamp in der Wildnis eröffnet, das romantische Shumata. Es liegt direkt zwischen den beiden Bergen Meru und Kilimandscharo in der Massaisteppe. Bislang konnten hier Zebras, Gnus, Giraffen und auch Elefanten mehr oder weniger friedlich vorüberziehen. Doch seit Kurzem haben sich die Abu-Dhabi-Araber eingenistet, gerade einmal zweieinhalb Kilometer von Shumata entfernt, und ein Jagdlager mitsamt 170 Quadratkilometer großem Revier errichtet. »Früher haben sie Jagd auf Raubvögel gemacht«, klagt Jörg Gabriel, »doch seit die Raubvogeljagd in ihrer Heimat verboten ist, kommen sie nach Tansania – hier bekommt man ja für Geld alles.« Zunächst hatte die Firma *Green Miles* aus den Emiraten im großen und eher unbekannten Selous-Nationalpark gejagt. Doch dann war ein Video aufgetaucht, auf dem zu sehen war, wie die Araber munter mit Schnellfeuergewehren auch auf junge und trächtige Tiere schossen, Schalldämpfer einsetzten und Tiere mit ihren Autos totfuhren. Daraufhin verloren sie die Lizenz, gründeten eine neue Firma und zogen weiter in den Norden: zwischen Kilimandscharo und Serengeti, ausgerechnet in jenem Teil des Landes also, der jedes Jahr von Hunderttausenden von Touristen besucht wird. Das ist keine gute Nachbarschaft. »Unsere Gäste wollen die Elefanten schützen, deren Gäste wollen sie erschießen«, sagt Marlies Gabriel, »wir wollen die Tiere lebend, sie wollen sie tot.« Nun brettern die Jäger mit ihren Geländewagen durch das alte Massailand, vorbei an Dorfschulen und Touristencamps und jagen ausgerechnet auch in jenem Teil, der den Amboseli-Elefanten schon seit ewigen Zeiten als Korridor dient. Noch ist unklar, ob man die Wege der Elefanten zum Beispiel durch das Anlegen von Wasserlöchern umleiten kann oder ob sie automatisch ins Gewehrfeuer der neuen Pächter laufen werden.

Lange Zeit hat die tansanische Regierung, die selbst tief in die Wilderei und den illegalen Handel mit Wildtieren verstrickt sein soll, dem Blutbad in ihren Nationalparks tatenlos zugesehen. Im Frühjahr 2015 versuchten dann tansanische Geschäftsleute ihren phlegmatischen Vertretern Beine zu machen. Die *Tanzania Private Sector Foundation* (*TPSF*) bot der Regierung an, den Kampf gegen die Wilderei mit Drohnen zu unterstützen. »Es ist unsere Aufgabe als Geschäftsleute, den Kampf gegen die Wilderei zu unterstützen«, erklärte *TPSF*-Direktor, »schließlich spielt die Tourismusindustrie eine wichtige Rolle für unsere Wirtschaft.« Zunächst sollten die französischen und amerikanischen Drohnen im Selous-Nationalpark getestet werden; der Park ist mit 50.000 Quadratkilometern so groß wie Niedersachsen und gehört zu den größten Wildschutzgebieten Afrikas. 2009 zählte Selous nach Angaben der Londoner *Environmental Investigation Agency* noch fast 40.000 Elefanten, vier Jahre später waren es kaum mehr als 13.000. Seit 2009, so die Briten, habe Tansania rund die Hälfte seiner vormals 109.000 Elefanten verloren: »Die ostafrikanische Nation ist die größte Quelle illegal gewilderten Elfenbeins weltweit, während China der größte Importeur geschmuggelten Elfenbeins ist.« China und Tansania – da haben sich also zwei gefunden.

Dass die gewaltigen Mengen Elfenbein ganz ohne Wissen der Behörden verschwinden können, daran glaubt auch Robert Muir nicht. Muir ist Chef des Afrika-Büros der *Frankfurter Zoologischen Gesellschaft* und als solcher Nachfolger des berühmten Bernhard Grzimek. »Ich glaube nicht, dass sich so viele Tonnen Elfenbein, wie wir sie in Tansania verloren haben, aus dem Land schaffen lassen, ohne dass Personen etwa bei Behörden oder sogar in den Schutzgebieten selbst Wind davon bekämen«, vertraute Muir dem *Spiegel*-Reporter Philip Bethge an, »das Beispiel Südafrika zeigt, dass wir da nicht naiv sein dürfen. Die Wilderer vor Ort haben es immer noch viel zu leicht. In viele Parks kommen sie problemlos hinein. Dann können sie in kürzester Zeit eine enorme Menge von Elefanten töten. Sie schießen die Elefanten ab oder vergiften sie. Dafür präparieren sie Wassermelonen mit Gift und legen sie in der Nähe von Wasserlöchern aus. Diese Giftköder töten innerhalb von Minuten. Die ganze Herde wird getötet, selbst die Jungtiere, die noch gar kein Elfenbein haben. Das ist verheerend.« Zwar haben Zählungen in der Serengeti ergeben, dass dort die Zahl der Elefanten steigt. Muir: »Wir sehen sehr viele Jungtiere, und das, obwohl der Trend in den meisten Regionen Afrikas eigentlich in die andere Richtung geht. Wir haben im vergangenen Jahr um die 6.000 der Tiere hier im Park gezählt. 2009 waren es noch 3.068. Auch die Zahl der Nashörner steigt langsam an. Anfang der neunziger Jahre lebten nur noch sehr wenige Spitzmaulnashörner in der Serengeti. Heute sind es wieder an die 50.« Doch Beobachter wie die Umweltaktivistin Marlies Gabriel geben zu bedenken, dass die Zahl der Elefanten und Nashörner in Schutzgebieten wie der Serengeti nur deshalb steige, weil sie woanders nicht mehr sicher seien. »Leider ist es so, dass gerade das massenhafte Abschlachten der Elefanten und Nashörner zu Überpopulationen in vermeintlich geschützten Räumen führt, denn dorthin flüchten die gejagten Tiere«, so Gabriel, »aus diesen Statistiken den Schluss zu ziehen, dass es aufwärts geht, ist falsch. Das Gegenteil ist der Fall.«

Um die Tiere noch besser schützen zu können, wollen die Frankfurter Zoologen in ihrer Serengeti-Basis *Seronera* Ranger mit GPS-Geräten ausrüsten, einen Operationsraum schaffen, in dem alle Informationen zusammenlaufen, und ein Leichtflugzeug stiften, das die Gebiete überfliegt. Denn Muir ist sich sicher, »dass sich das Problem der Wilderei in der Serengeti noch deutlich verschärfen wird. Im Moment wählen die Wilderer noch die leichten Ziele. Aber mit der steigenden Zahl an Elefanten in der Serengeti habe ich keinen Zweifel, dass sie bald vermehrt hierher kommen werden. Die Nachfrage nach Elfenbein ist einfach viel zu groß, die Gewinnspanne viel zu hoch. Im Moment haben wir noch die Chance, die Sicherheit zu verbessern, bevor der Ansturm richtig losgeht. Wir sollten diese Chance nutzen.«

Dabei besteht die größte Gefahr offenbar gerade darin, dass weite Teile der Bevölkerung allzu bereitwillig an der Elefantenjagd teilnehmen. »Die meisten, die bei der Wilderei mitmachen, sind Menschen aus der Nachbarschaft der Wildschutzgebiete«, zitiert die *Tanzania Daily News*, eine Tageszeitung aus Dar es Salaam, einen Wildhüter, »sie machen das nur für Geld. Aber was sie bekommen, ist so wenig, dass es nur kurz reicht, und dann ziehen sie wieder los und wildern weiter.« Nachdem die großen Parks im Süden weitestgehend leergewildert worden seien, drohe nun die größte Gefahr im Norden, in Gebieten wie der Serengeti, schreibt das Blatt weiter und teilt damit Muirs Sorgen. Seitdem schrillen die Alarmglocken nicht mehr nur bei Artenschützern, sondern auch bei vielen Beschäftigten in der Tourismusindustrie. Aber schrillen sie zurecht?

Es gibt eine wachsende Zahl von Afrikanern, die den Hype um berühmte Schutzgebiete wie die Massai Mara in Kenia, das Okawango-Delta in Botswana, den Krüger-Nationalpark in Südafrika oder eben die Serengeti in Tansania kritisch sehen. Sie bemängeln, das Afrikabild des weißen Mannes sei verkitscht und unrealistisch. Es zeige ein Paradies, das es nicht gebe. Unterstützt werden die Kritiker von westlichen Intellektuellen wie dem Ökonomen Robert Nelson von der US-Universität Maryland. Europäische Eindringlinge hätten die Wildgebiete, von denen sie später behaupteten, sie stellten das eigentliche Afrika dar, erst geschaffen, bemängelt Nelson – und zwar oft mit Waffengewalt. Aber auch eingeschleppte Krankheiten hätten gewütet. Nelson schreibt in seinem Buchbeitrag »Umweltkolonialismus« (James Shiwakti: *Reclaiming Africa*): »Zwischen 1889 und den frühen 1900er Jahren hat die Rinderpest zwischen 90 und 95 Prozent aller Rinder in Afrika getötet. Sie tauchte zunächst in Somaliland auf, dann breitete sie sich schnell über den ganzen Kontinent aus – bis nach Kapstadt. Viel zu vielen Stämmen, die von der Tierhaltung lebten, wurde so die wirtschaftliche Grundlage entzogen. Ganze Landstriche, in denen zuvor noch Tiere gegrast hatten, wurden entvölkert. Schätzungsweise zwei Drittel aller Maasi-Rinder fielen der Rinderpest zum Opfer.«

Erst diese ökologische Katastrophe habe Wildgebiete entstehen lassen, wo früher Menschen leben konnten. Wo früher Felder lagen, liege jetzt Buschland, in dem jetzt nur noch Tse-Tse-Fliegen und wilde Tiere hausen könnten. Dabei handele es sich in Wirklichkeit doch nur um größere Zoos. »Ironischerweise hat die Schaffung der Parks auch das Verhalten der Tiere verändert. Löwen würden Menschen normalerweise nicht erlauben, bis auf ein paar Meter an sie heranzukommen wie das jetzt mit den Autos möglich ist«, meint Nelson, »Afrikas Nationalparks bekommen immer stärker den Charakter von großen offenen Zoos.«

Besonders gut lasse sich das Dilemma an der Serengeti, »Afrikas wohl berühmtesten Nationalpark«, beschreiben, so Nelson. Dieses Gebiet von der Größe Schleswig-Holsteins sei jahrhundertelang von den Massai besiedelt worden. Als die Europäer kamen, hätten noch 50.000 von den stolzen Hirten hier gelebt. Dann hätten die Massai zunächst ihr Vieh durch die Rinderpest verloren, danach ihr Ackerland an weiße Siedler. Bis 1951 hätten sich weite Teile der Serengeti in Waldgebiete verwandelt – »wo früher Grasland war, bewohnt von Menschen und ihren Tieren«. Nelson: »Die Europäer, die die wilde Natur in der Serengeti sahen, erblickten das Produkt ihrer eigenen Manipulation.« Heute beherrsche die todbringende Tse-Tse-Fliege weite Teile dieses einst fruchtbaren und bewohnten Landes, das irrtümlich zum unberührten Paradies verklärt werde.

Berühmt gemacht hat der Frankfurter Zoologe Bernhard Grzimek die Serengeti. Der hatte sich 1957 in eine kleine einmotorige Piper-Cup (Kennung D-ENTE) im Zebralook gesetzt, links neben sich seinen Sohn Michael in einer Lammfelljacke, und war Richtung Afrika geflogen. Ihm sei etwas beklommen zumute, notierte Grzimek (»Ich bin ein älterer Mann, besonders wagemutig war ich nie«) auf den ersten Seiten seines Buchs, das später zum Bestseller und dessen eingängiger Titel zur grünen Kampfparole werden sollte: *Serengeti darf nicht sterben*. Nun lagen also gut 10.000 Kilometer vor ihm: »das Mittelmeer, die Wüste, Ägypten, Zentralafrika«.

Ihr Ziel war die Serengeti, dort wollten sie einen Film drehen, der die Welt aufrütteln sollte, und Tiere zählen: »In den Steppen der Serengeti sollen nämlich über eine Million große Tiere weiden, die aber fast immer in gewaltigen Herden auf Wanderschaft sind. Einmal reiht sich ein Gnu an das andere, so weit das Auge blickt, und dann bleibt dieselbe Fläche wieder für Monate völlig tierleer.« Schon in ihrer vorherigen Produktion *Kein Platz für wilde Tiere* hatten die beiden dagegen protestiert, dass die britische Regierung den Serenget-Nationalpark (Grzimek: »Eine der letzten tierreichen Wildnisse Afrikas«) um ein Drittel verkleinern wollte. Genug gute Gründe also, sich in das Abenteuer zu stürzen.

Von Nelsons Thesen hätte Grzimek wohl nicht viel gehalten. Der Herr aus Frankfurt, »Zoodirektor, Universitätsprofessor, Fernsehplauderer, Afrikaforscher, Filmproduzent, Bauchautor und Artikelschreiber« (*Der Spiegel*), hatte es nicht so mit den Menschen. »Dabei ist diese Wildnis gar nicht einmal dünn bevölkert. Ihre Einwohner können sich an Kopfzahl beinahe mit europäischen Staaten messen: über eine Million sollen dort leben, steht in Büchern und Prospekten geschrieben«, schrieb er – »allerdings nicht Menschen, sondern Vierbeiner, vom Elefanten herunter bis zu den ziegengroßen Gazellen, von dem kleineren Getier gar nicht zu reden.«

Die Tse-Tse-Fliege war dem Menschenhasser hingegen ein Freund. »Große Teile des feuchten, tropischen Afrikas am Äquator werden bisher noch von der Tsetsefliege beschützt. Deswegen sind sie heute noch reich an Wildtieren und Regenspender für den ganzen Schwarzen Erdteil«, verkündete er. Die schwarzen Afrikaner hingegen störten ihn nur ein bisschen. Die hätten zwar ihr Land regelmäßig angezündet, »aber das machte nicht so viel aus, solange Malaria und Schlafkrankheit, Aussatz, Filarien, Gelbfieber, Cholera, Sklavenhandel und die Kriege jedes Negerstammes gegen den anderen dafür sorgten, daß die Menschen nicht mehr wurden und daß in weiten Gebieten gar keine Menschen lebten«. Kurz: Grzimek fühlte sich wie auf Wolke Sieben da unten in Tanjanyika, »wo es noch Riesenherden gibt, die über die Steppen stampfen wie einst das Meer der Bisons über die Graswellen der Prärien Nordamerikas«.

Von der Idee, Afrikas Tierwelt zu schützen, war Grzimek besessen, seit er Anfang der fünfziger Jahre eine zehnwöchige Reise an die Elfenbeinküste unternommen hatte, zu der ihn der aus Frankfurt ausgewanderte Kaufmann Abraham eingeladen hatte. Grzimek damals: »Jeder Zoodirektor wird immer den Wunsch im Herzen tragen, die frei lebenden Brüder und Schwestern seiner Pfleglinge zu sehen.« Es war der Beginn einer Mission, die ihm später den Titel »Dr. Schweitzer der Serengeti-Horden« (*Sunday Times*) einbringen würde. Grzimek habe aus Cote d'Ivoire nämlich nicht nur »profunde Erkenntnisse« über »Palaverbräuche in Negerdörfern« heimgebracht, kolportierte *Der Spiegel* genüsslich, »weit mehr bewegte ihn die Tatsache, daß er auf seinen Urwaldfahrten keineswegs so viele Dickhäuter, Kaffernbüffel und Raubkatzen sichtete, wie er zu erblicken erhofft hatte«. Grzimek jedenfalls kehrte regelrecht geschockt heim. Seine Artgenossen bezeichnete er als »entartetes Geschlecht« und »Heuschrecke Mensch«, und er schwor sich, fortan dafür einzutreten, dass Afrika nicht zu »einem riesigen Kuhstall und einem Schweinekoben für die hungernde Menschheit der Erde verkomme«.

Sein erster Afrika-Schocker *Kein Platz für wilde Tiere*, der sowohl als Buch als auch als Kinofilm auf den Markt kam und eine Viertelmillion Mark einspielte, beginnt apokalyptisch. »Bevor sie dieses Kapitel fertiggelesen haben«, orakelt der Professor, »in diesen wenigen Minuten hat sich die Menschheit auf Erden um 4.000 Köpfe vermehrt. Morgen um dieselbe Zeit ist die Menschenzahl um 100.000 gestiegen.« Und dann zählt er auf, was einem Schauer über den Rücken jagen kann: ölverschmierte Vögel, abgeschlachtete Riesenalke, krepierende Seekühe. Für alle diese sei auf diesem Planeten wohl kein Platz. »Das große Sterben hat schon lange begonnen. So wie die Menschen in jeder Stunde zunehmen, werden gleichzeitig die Tiere rettungslos weniger«, seufzt Grzimek, die Menschen würden »in der Vermehrung mit den Ratten und den Kaninchen wetteifern«. Um all das zu verhindern, fahre er nun hinaus in die Welt, schließt der Kreuzzügler, »nach diesem Afrika, das heute schon halb elektrifiziert, radioüberstrahlt, von Staatsgrenzen zerschnitten – aber immer noch das letzte Paradies unserer Sehnsüchte ist«.

Angesichts von Grzimeks außerordentlicher Fernsehpopularität äußerten sich Kritiker eher hinter vorgehaltener Hand. Schließlich unterhielt der Tausendsassa Millionen Fernsehzuschauer auf äußerst geschickte Weise. In seiner vom Hessischen Rundfunk produzierten Sendung schleppte er bisweilen Affen und Schlangen als Studiogäste mit. 800 bis 1.000 Mark erhielt er pro Sendung und besserte damit sein Zoodirektorengehalt auf.

Öffentliche Kritik musste sich Grzimek deshalb nur von wenigen gefallen lassen. Meist ging es um seine wüsten Ausfälle gegen Großwildäger. Die Waidmänner hatte Grzimek gerne als »Schießtouristen« verunglimpft und »diesen tötungshungrigen Leuten« empfohlen, sich in »Schlachthöfen zu betätigen«. Ihr Hobby sei bloß »ein Zeitvertreib für schwache Männer«. Das hatte unter anderem den Schriftsteller Hans-Otto Meissner (*Der Kongo gibt sein Geheimnis preis*) erbost. »Nach ihm sind wir Großwildjäger alle impotent«, polterte er, und verfasste die Anti-Grzimek-Schrift *Keine Angst um wilde Tiere*, um dessen »schurkige Kampagne« und sein »Gewucher von Märchen und Lügen« zu demaskieren. Bundestagspräsident Gerstenmaier, selbst leidenschaftlicher Großwildjäger und Afrika-Kenner, gratulierte daraufhin Meissner »mit verbindlicher Begrüßung und Waidmannsheil«. Und auch Urwaldarzt Albert Schweitzer schrieb dem Autor aus Lambarene: »Die Elefanten sind in unserer Gegend eine Plage geworden. Die zunehmende Vernichtung der Pflanzungen durch die Elefanten wird eine Katastrophe. Sie sind in diesen großen und dichten Wäldern schwer zu jagen ... Und da der Elefant unter Naturschutz steht und eine besondere Jagderlaubnis eingeholt werden muß, ist dies auch schon ein Hindernis.« Ansonsten verpuffte die beleidigte Kritik des Schriftstellers.

Ernster wurden da schon die Bedenken des Hamburger Naturschutzreferenten Henry Makowski an Grzimeks ultimativem Jagdverbot genommen. Makowski wies darauf hin, dass der ugandische Queen-Elizabeth-Park extrem darunter litt, dass ein Jagdverbot für Flusspferde herrschte. Bis auf 13.000 war die Zahl der tonnenschweren Trampeltiere angewachsen – sie hatten schon praktisch das gesamte Habitat leergefressen und plattgewalzt. Um das Parkgebiet vor der völligen Zerstörung durch die Kolosse zu bewahren, empfahl eine Wissenschaftlerkommission damals, 7.000 Hippos sofort zu töten. Damit sollte verhindert werden, dass den Park das gleiche Schicksal ereilte wie den letzten Elefanten Somalilands. »Dieser Elefant wurde«, schrieb *Der Spiegel*, »weder von Sonntagsjägern erlegt noch von schwarzen Fallenstellern getötet, sondern er ist in dem unfruchtbar gewordenen Gebiet buchstäblich verhungert.« Fazit Makowskis: »Ich bin wie viele Wildhüter und Naturschutzleute in Afrika der Auffassung, dass eine Großwildbejagung durch ausländische Jäger sehr wohl ihre Berechtigung in der Zukunft hat, wenn sie mit einer echten Wildkontrolle einhergeht.«

Diese Debatte wird heute noch in Afrika geführt, und sie erhitzt immer noch die Gemüter. Das Dilemma: Die Kontrolle bestimmter Populationen ist, wie man in jedem deutschen Wald beobachten kann, sehr wohl vonnöten. Allerdings ist ein kontrolliertes Vorgehen in Afrika kaum möglich. Korruption und Geldgier haben fast überall zu Auswüchsen wie in Tansania geführt, wo arabische Heranwachsende, die noch kaum ein Gewehr gerade halten können, wahllos Tiere abknallen, weil ihnen ihre ölreichen Eltern dieses Hobby spendieren. Anlass für Grzimeks spektakuläre Serengeti-Expedition, die ihm später sogar einen Oscar einbringen sollte, war die von den Briten geplante Verkleinerung des Parks gewesen. Die Kolonialverwaltung wollte damit dem Drängen der Massai nachgeben, die größere Weideflächen für ihre Viehherden forderten, und hatte sich damit den Zorn des Frankfurter Zoodirektors zugezogen.

Am 10. Januar 1959 zerschellte die zebragestreifte Propellermaschine am Ngorongoro-Krater. Am Steuer: Michael Grzimek. Seine Forschungsarbeiten hatte er zu diesem Zeitpunkt weitgehend abgeschlossen. Das Filmmaterial war schon im Kasten. Auf seinem Stein, am Rande des Kraters, steht: »Er gab alles, was er hatte, sogar sein Leben, um die wilden Tiere Afrikas zu schützen.«

# Das Geschäft mit den Waisen

Majengo ist einer der ärmsten Stadteile Moshis. Erst hier, in der endlosen staubigen Ebene, die von kleinen Hütten gesäumt ist, bekommt man eine Vorstellung von der Größe der immer so putzig und überschaubar wirkenden Kilimandscharo-Stadt. In Majengo haben sich die Probleme Afrikas versammelt: Prostitution, Arbeitslosigkeit, Gewalt. Aber in Majengo gibt es auch Licht, denn vor einigen Jahren eröffnete hier die Schweizerin Sybille Good gemeinsam mit ihrer schwedischen Freundin Frida Karlsson ein Kinderheim. Es heißt, wie die Organisation, die die beiden jungen Frauen gegründet haben, *Simbas Footprints* und gibt derzeit zehn tansanischen Kindern Hoffnung.

Begonnen hatte alles, als Sybille Good 2010 zum ersten Mal nach Afrika kam. Damals arbeitete sie für sechs Monate als Freiwillige, als sogenannte Volunteer, in einem Hilfsprojekt für Kinder in Moshi, dann kehrte sie zurück nach Grindelwald im Kanton Bern, wo sie zu Hause war. Doch Tansania ließ sie nicht los. »Es war kaum zu glauben, wie viele Menschen helfen wollten«, erinnert sich Sybille, »sie drückten mir Geld und Geschenke in die Hand und baten mich, es nach Tansania zu bringen und zu verteilen.« Eine Organisation war schnell gegründet, doch wie so viele Helfer stieß auch Sybille Good schnell an ihre Grenzen. Man muss den Geldfluss kontrollieren, sonst werden die Spenden schnell missbraucht, lernte sie – und entschied sich dafür, selbst nach Afrika zu kommen und zu helfen, denn: »Von der Schweiz aus war das nicht mehr zu organisieren.« Also ließen die Schweizerin und die Schwedin *Simbas Footprints* in Tansania registrieren und mieteten ein Haus an. Es dauerte nicht lange, da wurden die ersten Kinder abgeliefert: traurige, alleingelassene Wesen, deren Mütter Säuferinnen oder Prostituierte oder beides waren. Liebevoll kümmerte sich Sybille um ihre neuen Schützlinge, stellte sogenannte Mamas ein, die die Kinder bekochen, eine Managerin, die das Haus führt. Sie besorgte Schulen und Paten, die für das Schulgeld aufkommen. Und bald musste ein zweites Haus besorgt werden, denn schnell waren es zu viele Kinder für das kleine Haus.

Jetzt sind es zehn Kinder, aber sehr viel mehr sollen es auch nicht werden, sagt Sybille Good, denn der familiäre Charakter soll erhalten bleiben. Der letzte Neuzugang war Salvatori. Salvatori ist dreieinhalb Jahre alt, vielleicht auch vier, niemand weiß das so genau. Salvatori ist ein aufgeweckter Junge, munter spielt er mit einer Playmobilfigur, aber was er hinter sich hat, lässt sich nur erahnen. Eine Barfrau fand ihn halbverhungert in einem heruntergekommenen Elendsquartier am Rand von Moshi und brachte ihn zunächst in ein Waisenhaus. Die Leute dort informierten dann Simbas Footprints, und so kam der Junge in die Obhut von Sybille Good und ihren Mitarbeitern. Niemand weiß, ob er Geschwister hat oder wer die Eltern sind. »Ein absoluter Notfall«, sagt Sybille Good, »natürlich haben wir den Jungen sofort bei uns aufgenommen.« Andere Fälle werden hingegen abgelehnt. Neulich erst ist zum Beispiel wieder das Sozialamt vorbeigekommen und wollte ein Kind abgeben. Sybille Good guckte sich das Heim des Kindes an: ein schönes Haus, ein Sack Mais vor der Tür, sogar ein klappriges Fahrrad. »Es war klar, dass die Eltern das Kind nur günstig abgeben wollten«, sagt Sybille Good: »Es gab überhaupt keinen objektiven Grund, es aus der Familie zu reißen.«

Das Problem mittlerweile ist nämlich, dass sich die Gründung und das Führen von sogenannten Waisenheimen längst zu einem florierenden Geschäft entwickelt hat. Good: »Hilfsorganisationen sammeln mit kaum etwas so viel Spendengeld wie mit Kindern, dann eröffnen sie ein Waisenhaus und schaffen sich so ihren eigenen Arbeitsplatz. Volunteers zahlen zum Teil Tausende von Euros, um ein paar Wochen in diesem Waisenhaus zu arbeiten. Und die tansanischen Sozialämter schicken massenhaft Kinder, die eigentlich Eltern haben, weil es hier etwas umsonst gibt.« Es ist ein Wahnsinn, aber er hat Methode. »Die Waisenhäuser schießen hier wie Pilze aus dem Boden«, klagt die Schweizerin. Neulich erst habe sie einen Weißen getroffen, der noch nicht einmal wusste, wie viele »Waisen« er in Moshi eigentlich beherbergt, weil ständig neue Kinder aufgenommen würden. Nach einer Statistik des Kinderhilfswerks der *Vereinten Nationen* leben in Tansania 3,1 Millionen Waisen im Alter von bis zu zwölf Jahren. Das würde bedeuten, dass jedes vierte bis fünfte tansanische Kind ein Waise ist. Sybille Good schüttelt mit dem Kopf. Sie glaubt die Zahl nicht. Aber Zahlen in Afrika, das weiß jeder, der längere Zeit auf dem Kontinent gelebt hat, muss man einfach misstrauen.

Dass es mehr Waisen gibt, wenn erst mehr Waisenhäuser gebaut werden – dieser Verdacht hatte mich schon vor einiger Zeit beschlichen, als ich das Phänomen im benachbarten Malawi untersucht hatte. Damals, 2006, hatte die amerikanische Popsängerin Madonna dort ein Kind adoptiert, und als ich ihn besuchte, war Herr Banda, der Vater des Waisen, noch ganz benommen.

Unruhig wandert sein Blick über die Weite der malawischen Grassteppe: von der Rauchsäule der Wilderer, die am Horizont zu seiner Linken den safrangelben Busch in Brand gesetzt haben, um Gazellen und Ratten aus ihrem Unterschlupf zu treiben, über die strohgedeckten Rundhütten, vor denen sich träge drei ausgemergelte Dorfköter strecken, zu den sanften Hügeln, die das sambische Grenzland markieren.

Herr Banda sitzt im Schatten seiner Lehmhütte. Neben ihm steht ein klappriges Fahrrad. An der Tür der Hütte baumelt ein Fahrradschloss. Dahinter verbirgt sich nicht viel: sechs morsche Stühle, ein alter Regenschirm, einige vergilbte Tageszeitungen, ein brauner Gürtel. Das ist, im Wesentlichen, Yohane Bandas Hab und Gut. Auf dem Boden steht eine Pritsche für die Nacht.

»Nein, da ist noch etwas«, Herr Banda zieht es stolz aus der hinteren linken Hosentasche seiner Jeans. Es ist ein Foto, farbig, neun mal dreizehn, und es ist schon etwas zerknittert vom vielen Vorzeigen. Auf dem Bild ist Herr Banda mit einem Säugling zu sehen. Herr Banda hält ihn mit väterlichem Stolz, beidhändig, wie etwas sehr Zerbrechliches. Herr Banda macht einen sehr liebevollen, aber auch ungeübten Eindruck auf dem Foto: Herr Banda und sein Sohn David.

Das Foto ist vielleicht ein halbes Jahr alt, doch es stammt aus einer anderen Epoche. Ob es auch eine bessere Zeit war, darüber streiten Fernsehpastoren, Klatschkolumnisten und Zahnspangengirlies zwischen Los Angeles und Kiribati. Um David Banda nämlich ist ein Kulturstreit entbrannt. Er ist das zu dieser Zeit bekannteste Adoptivkind der Welt, ein edler Wilder – unschuldig, nackt und schwarz, mit großen Kulleraugen –, der von einer mutigen weißen Heroine aus der Gosse direkt in die Zivilisation entführt wurde.

Geboren wurde David Banda etwas mehr als ein Jahr zuvor in die karge Steppe Malawis, Halbwaise war er schon wenige Tage nach seiner Geburt, die die fieberkranke Mutter nicht überlebte. Bewohner eines in der Nähe gelegenen Waisenhauses wurde er, als der Vater ihn kurz darauf fortgab. Ein Jahr hat man ihn mit Sorghumschleim und Maisbrei aufgepäppelt.

Dann verwandelte sich das Leben des Kindes in einen einzigen Videoclip. Die Sängerin Madonna Louise Veronica Ciccone entdeckte den Jungen auf einer Filmaufnahme von malawischen Waisen, die in ihrem Auftrag erstellt worden war. Sie war sofort »ganz auf ihn fixiert«, wie Madonna nur kurze Zeit später in der Oprah-Winfrey-Show gestand: Sie wollte dieses Kind, sie bedrängte ihren Mann Guy Ritchie. Die beiden haben erst zwei kleine Kinder, von denen eines wie ein französischer Wallfahrtsort heißt (Lourdes) und das andere wie ein ostdeutscher Autoschlosser (Rocco). Nur zwei Kinder in einer Villa mit Dutzenden von Zimmern. Mindestens eines geht also noch rein, spielend.

Madonna hetzte nach Malawi und stürzte das kleine Land im südlichen Afrika in einen Taumel. In rasender Eile leitete sie ein Adoptionsverfahren ein und versprach den Afrikanern drei Millionen Dollar für ein neues Waisenheim. Das half. So etwas hilft fast immer auf dem Schwarzen Kontinent.

Der kleine David wurde in ein Flugzeug verfrachtet, verschleppt in die Zivilisation, nach Swinging London und Los Angeles, in ein mit Afrokitsch vollgestopftes Safarizimmer des Möbelhauses Petit Trésor, das allein 22.0000 Euro gekostet haben soll. 22.000 Euro – dafür müsste Herr Banda ein Leben lang arbeiten.

Geht es einer malawischen Halbwaise in einem nach Schweiß und Suppenküche und moderigen Schlafsälen stinkenden Waisenhaus in Malawi nun aber schlechter als im Märchenhaus einer exhibitionistischen Popsängerin, von der Mick Jagger behauptet, sie höre sich an wie Minnie Mouse auf Helium? Die mit Britney Spears auf der Bühne lesbisch herumzüngelt und sich öffentlich in den Schritt fasst, sich ans Kreuz nageln lässt, was den Papst ärgert, und Sadomasoposen zur Schau stellt?

Schwer zu sagen.

Kurz nachdem Madonna fort war, kamen die Paparazzi in Herrn Bandas Dorf. Andere hatten noch größere Kästen dabei mit Lampen drauf, und einer brachte einen silbrig glänzenden Kasten mit, aus dem Musik kam, laut und schrill und hektisch. Das sei »Like a Virgin«, gesungen von der neuen Mutter von Herrn Bandas Sohn, sagte der Fremde, der auch noch sagte, er arbeite für eine Firma, die *ABC* heiße, und er komme aus einem Land, das viele Tagesreisen entfernt sei. Er wollte wissen, was Herr Banda von der Musik halte. Herr Banda wusste nicht so recht. »Es hörte sich an, wie wenn jemand stirbt«, sagt Herr Banda. »Ich wusste gar nicht, wer oder was Madonna ist.«

Ma Donna – in seiner Sprache bedeute das so viel wie »reiche Frau«. »Es war Gott, der uns die reiche Frau geschickt hat«, meint Herr Banda und ist sich sicher, dass David »jetzt in guten Händen ist«.

Nicht alle sind glücklich mit der Traumadoption. »Madonna hat viel bezahlt und das Kind als Geschenk bekommen«, sagt Undule Mwakasungula vom Zentrum für Menschenrechte und Rehabilitation, und das sei gesetzeswidrig, weil sich adoptionswillige Eltern mindestens 18 Monate in Malawi aufhalten müssten, bevor sie ein Kind aufnehmen dürften. Kleinkarierter Einwand, schreit jedoch die Philanthropie. In Malawi herrschen Hunger und Aids, und die Waisenhäuser sind voll. Wer im Angesicht der Apokalypse mit dem Buchstaben des Gesetzes kommt, sei wahrlich ein Heuchler. »Unwürdig ist die Kritik an ihr«, schäumt die *Welt am Sonntag* und erkennt einen »Aufstand der Heuchler« gegen die »Heldin«. Den Spleen, Afrika helfen zu müssen, pflegt Madonna seit geraumer Zeit. Warum auch nicht? Andere machen es genauso. Durch die Elendslager Darfurs spazieren sichtlich verwirrte Hollywoodschauspieler wie George Clooney und Mia Farrow mit einer »Haut wie Porzellan« (stern.de) – und schleppen auch noch ihre halbe Verwandtschaft mit: Clooney seinen Daddy Nick und Mia Farrow ihren Sohn Ronan. Im Kongo geisterte Herbert Grönemeyer herum, und in Uganda knödelte Wolfgang Niedecken.

Im Herz der Finsternis haben sie den ultimativen Kick entdeckt. Das letzte Tabu. Aids und Krieg und Kannibalen. Flüchtlingszüge wie im Dreißigjährigen Krieg und schwärende Wunden und zum Skelett abgemagerte Kinder. Manche, wie Mia Farrow, 61, empfehlen daraufhin übers Fernsehen *UNO*-Einsätze in Darfur, obwohl sie Krieg nur aus den Filmen kennen, durch die sie ketchupbeschmiert humpeln müssen, während hinter ihnen Chinaböller explodieren.

Manche gebärden sich irr wie Fitzcarraldo auf dem Ucayali: Angelina Jolie und Brad Pitt ließen halb Namibia abriegeln, um ihren Spross in der ehemaligen deutschen Kolonie Südwest zur Welt zu bringen. Wie aus einer anderen Zeit erscheint einem noch der harmlos-rührende »Sissi«-Kaiser Karlheinz Böhm, der einst nach Äthiopien zog und eine Einheimische ehelichte.

Kein Auswuchs der Popkultur bleibt dem Kontinent erspart. Bono und Bill Clinton, Bob Geldof und Jeffrey Sachs, Oprah Winfrey und Jimmy Carter sind Dauergäste geworden zwischen Fiebersumpf und Todeswüste. In Goma mussten sich Jörg Pilawa und Katja Riemann einmal fast um ein Hotelzimmer balgen. So läuft das Anreizsystem Adoption: Je mehr Waisenhäuser gebaut werden, desto mehr »Waisen« wird es in Malawi geben. Es soll ja jetzt schon eine phantastische Million sein – in einem Land mit zwölf Millionen Einwohnern. Und jedes Haus, das neu gebaut wird, findet am Ende auch seine Insassen – ob sie Waisen sind oder erst zu solchen gemacht werden.

Wie der kleine David, der ja auch bei seiner Familie hätte aufwachsen können: dem Vater, der Großmutter, Onkel und Tanten, was nur deshalb nicht geschah, weil wohlmeinende Ausländer ein Waisenhaus in die Nähe bauten, in dem David freie Verpflegung bekam, und damit eine Verlockung schufen, der Vater Banda nicht widerstehen konnte. Derzeit finanziert Madonna unbeirrt den Neubau eines Waisenhauses für weitere 4.000 Kinder.

Das ist Dritte-Welt-Politik von Hollywoodstars – sie handelt, sie verkürzt, sie ist nicht immer zu Ende gedacht. Die von Mia Farrow empfohlene Militärinvasion im Sudan (»Die *UNO* muss da jetzt rein«) könnte schnell zum unkontrollierbaren Gemetzel ausarten, und welchen Segen der Besuch Herbert Grönemeyers den Kongolesen gebracht haben soll, ist noch nicht erforscht. Schon die Bundeswehr hatte ja alle Mühe, sich aus dem Schussfeld durchgeknallter Kindermilizen herauszuhalten.

Madonna jedenfalls ist noch wie benommen von der eigenen Tat. Tapfer überhörte die Sirene den bei der damaligen Verleihung der MTV Music Awards in Kopenhagen vorgetragenen Spott des als »Borat« bekannt gewordenen Komikers Sacha Baron Cohen: »dieser Transvestit wird kein guter Vater sein«. Sie könne sich vorstellen, noch ein Kind zu adoptieren, sagte sie: »Wieder eines aus der Ferne.«

# Staatsbesuche, Gutes tun

Strahlend weiß erhebt sich die Kuppe des Kilimandscharo über dem kleinen Städtchen Moshi. Ein guter Tag, um den Gipfel zu erklimmen; der Bergführer reckt den Daumen in die Höhe: Gerade hat sich wieder eine Hundertschaft vom Machame-Gate aufgemacht. Gut fünf Tage bis eineWoche wird sie unterwegs sein, bis sie den Uhuru-Peak, das Dach Afrikas, erklommen hat. Und schon macht sich die nächste Reisegruppe mit Dehnübungen unten im Tal bereit.

Der Tourismus in Afrika boomt, und Tansania steht an der Spitze der Bewegung. Gerade erst wurde das Land von einem großen internationalen Reiseveranstalter (Safaribookings.com) zum Safariland Nummer Eins gekürt – vor Botswana, Kenia und Sambia. Nun platzt das Land vor Stolz.

Und jetzt wird auch noch der mächtigste Mann der Welt in der Hafenstadt Dar es Salaam erwartet: Am frühen Nachmittag des 1. Juli 2013 soll die Air Force Number One mit Familie Obama an Bord landen. Seit Tagen überschlagen sich die Zeitungen deshalb mit groß aufgemachten Berichten und Sonderseiten.

»Willkommen im Land des Kilimandscharo, Präsident Obama«, wünscht die *Sunday News*. Die Tageszeitung *This Day* freut sich darüber, dass Obama in Dar es Salaam ausgerechnet seinem Vorgänger George W. Bush über den Weg laufen könnte – der hatte Tansania als Präsident bereits im Jahr 2008 besucht und kommt nun im Rahmen einer weltweiten Kampagne zur Bekämpfung von Krebserkrankungen. Ein Friseur in Moshi hat sogar sein Geschäft nach Barack Obama benannt und ein Portrait des Präsidenten über den Obama Cuts Salon gepinselt.

Tansania ist nach dem Senegal und Südafrika also das dritte Land auf Barack Obamas Afrikaroute – und nicht Kenia, das Land seines Vaters. Das ist etwas heikel, denn immer schon prägt Rivalität das Verhältnis der beiden Nachbarn. Kenia ist gewissermaßen der reiche Onkel Tansanias: immer etwas schneller, aggressiver, geschäftstüchtiger.

Doch wieder macht Obama einen Bogen um das Land. In Nairobi rasen deshalb seit Tagen zornbebende Demonstranten durch die Straßen und recken Bilder, die den US-Präsidenten mit Hitlerbärtchen zeigen, in die Höhe. In Tansania hingegen können sie das Feixen nicht lassen, und der Tourismusminister Khamis Kagasheki sitzt in seinem Büro und denkt sich Werbebotschaften für später aus: »Obama hat Tansania schon besucht, wann kommst Du?« könnte eine lauten, findet Kagasheki. Oder: »Drei amerikanische Präsidenten sind schon durch Tansania gereist, was ist mit Dir?«

Die Gründe für Obamas Zurückhaltung, das Land zu besuchen, in dem seine Stiefgroßmutter (»Mama Sara«) immer noch lebt, liegen allerdings auf der Hand. In Nairobi herrscht seit den friedlichen Wahlen vom Frühling 2013 mit Uhuru Kenyatta nicht nur der Sohn des legendären Staatsgründers Jomo, sondern auch der Mann, der mitverantwortlich für das Blutbad nach den Wahlen vom Dezember 2007 sein soll. Damals stand das Land an der Schwelle zum Bürgerkrieg, weil die Angehörigen verfeindeter Ethnien mit Macheten und Speeren aufeinander losgegangen waren.

Mittlerweile ist es in Kenia wieder ruhig. Dennoch soll sich der kenianische Präsident vor dem Internationalen Strafgerichtshof in Den Haag für sein Zündeln verantworten – und teilt damit das Schicksals so illustrer Figuren wie Sudans Schlächter Umar al-Baschir. Der Vergleich ist zwar reichlich unfair – dennoch hätte sich Obama durch ein Treffen mit Kenyatta unnötig in die Bredouille gebracht.

Tansania hingegen macht seit Jahren eher positive Schlagzeilen: von den sogenannten sieben afrikanischen Naturwundern liegen mit dem Kilimandscharo, dem Ngorongoro-Krater und der Serengeti-Tierwanderung gleich drei in der ehemaligen deutschen Kolonie. Im vergangenen Jahr sind die Touristenzahlen gleich um 26 Prozent gestiegen und haben damit erstmals die magische Millionengrenze überschritten. Außerdem ist Tansania der drittgrößte Goldproduzent des Kontinents und verfügt vor der Küste über beträchtliche Erdgasvorkommen. Auch von Gewaltausbrüchen, wie sie die Nachbarländer regelmäßig erleben, blieb das Safariland weitgehend verschont.

So mausert sich der immer etwas verschlafen wirkende Flecken langsam zum Musterknaben in der Region. »Tansania ist Boomland«, schwärmt der Reiseunternehmer Deograsias Shirima: »Vor drei Monaten erst hat Chinas Präsident Xi Jinping Tansania besucht – gut möglich, dass sich die Weltmächte nun ein Wettrennen um den rohstoffreichen Markt Ostafrika liefern.«

Kürzlich erst hat der chinesisch-afrikanische Handel ein Volumen von 200 Milliarden Dollar erreicht – womit das Reich der Mitte Afrikas wichtigster Handelspartner geworden ist. Kein Wunder, dass Obama nun mit einem Tross von 500 Geschäftsleuten in Dar es Salaam erwartet wird. Ein neuer Wettlauf um Afrikas Rohstoffe hat begonnen. Und es ist gut möglich, dass diesmal auch die Mittelschicht davon profitiert.

Shirima selbst verkörpert so eine tansanische Erfolgsgeschichte. Als Kind armer Maisbauern geboren, hat sich der Unternehmer als Bergführer (»200 Mal Kilimandscharo rauf und runter«) und Boxer durchgeschlagen. Dann gründete er sein eigenes Safariunternehmen *Furahia Tanzania* und begann, Touristen zu den Sehenswürdigkeiten zu chauffieren. Mittlerweile verfügt er über eine Flotte von 15 modernen, mit Kühlschränken ausgestatteten Landcruisern.

Seine Herkunft hat er dennoch nicht vergessen. »Ein Teil des Gewinns fließt in soziale Projekte in meinem Heimatdorf«, sagt Shirima: »Wir unterstützen das örtliche Krankenhaus, ein Waisenheim und die Schule.« Shirima sitzt auf der Terrasse einer Safarilodge in Arusha. Hinter ihm grasen Zebras. Es ist ein bisschen wie im Paradies.

»Früher war es so, dass die meisten Leute hier ein Waisenhaus eröffnen wollten«, sagt Shirima: »Wenn einem ein Waisenhaus gehört, kann man in Europa Spenden sammeln und sich das Geld dann in die eigene Tasche stecken.«

Stattdessen will Shirima nun ein Vorbild sein: ein erfolgreicher tansanischer Unternehmer, der seinen Gewinn nicht ins Ausland schafft, sondern in der Heimat investiert. Geld verdienen und Gutes tun! Shirima lacht. Es könnte so einfach sein. Aber vielleicht ist auf dem vermeintlich dunklen Kontinent ja wirklich eine neue Zeit angebrochen.

Ab jetzt geben sich fremde Staatsmänner und Politiker in Dar es Salaam die Klinke in die Hand. Der damalige Außenminister Deutschlands Frank-Walter Steinmeier taucht zur Stippvisite auf, und dann kommt auch Bundespräsident Johannes Gauck, der während seines fünftägigen Staatsbesuchs sogar Zeit für eine Safari findet. Weil in der Serengeti Elefanten, Löwen und Giraffen aufgetaucht seien, um den Pastor aus Berlin zu begrüßen, sei »ein imposantes Ende seiner Staatssafari« beschert worden, jubelte nachher der Reporter der *Deutschen Welle* Claus Stäcker und stellte fest, beide Länder hätten mit der kolonialen Vergangenheit abgeschlossen: »Tansania scheint mit dem Kapitel seinen Frieden gemacht zu haben.« Stattdessen war viel die Rede von wirtschaftlicher Kooperation und Entwicklungshilfe. Das ist kein Wunder. Schließlich hat Deutschland Tansania allein zwischen 2000 und 2011 mit über 800 Millionen Dollar unterstützt, in den vergangenen 50 Jahren waren es insgesamt mehr als zwei Milliarden Euro gewesen. Und es geht munter weiter. »Gerade hat die deutsche Kreditanstalt für Wiederaufbau für zwei Millionen Euro eine Wasserleitung durch den wohl berühmtesten Nationalpark Afrikas instandgesetzt«, schreibt die *Deutsche Welle*, »und die *Frankfurter Zoologische Gesellschaft*, ebenfalls zu großen Teilen aus Bundesmitteln finanziert, übergibt symbolisch ein Wildereiüberwachungszentrum, das in wenigen Monaten die Arbeit aufnehmen soll.« Das sind natürlich alles wichtige Anliegen, aber in einem Land, das sich auf dem Korruptionsindex von *Transparency International* zusammen mit Sierra Leone auf dem erbärmlichen 119. Rang von 175 Ländern wiederfindet, auch wieder sehr viel. Zumal Gaucks Bitte, die deutsche Wirtschaft möge in dem ostafrikanischen Staat mehr investieren, zwar sehr gut aufgenommen, von der deutschen Wirtschaft vermutlich aber auch sehr gerne überhört wurde.

Wie soll man auch in einem Land vernünftig wirtschaften, in dem ständig der Strom abgeschaltet wird?

»Die Stromversorgung in Tansania ist unzureichend: Deutlich weniger als ein Viertel der Bevölkerung ist an das Stromnetz angeschlossen, von der ländlichen Bevölkerung gar weniger als fünf Prozent«, schreibt selbst das deutsche Auswärtige Amt auf seiner Homepage: »Nach offiziellen Zahlen hat Tansania eine Stromerzeugungskapazität von rund 1.200 Megawatt, diese dürfte aber tatsächlich nicht erreicht werden. Dem Durchschnittsbedarf von über achthundert Megawatt steht eine deutlich niedrigere tatsächliche Stromerzeugung gegenüber, die zudem bei Weitem nicht kostendeckend generiert werden kann.«

Dabei gab es einmal recht viel Entwicklungshilfe, die für den Ausbau der völlig ungenügenden und heruntergewirtschafteten Stromversorgung ausgegeben werden sollte. Das Geld lag auf der tansanischen Zentralbank, doch dann stellte sich, Ende 2014, heraus, dass raffgierige Politiker und ihre Freunde sage und schreibe 124 Millionen Dollar davon auf private Auslandskonten transferieren ließen. Natürlich waren alle entsetzt darüber, und die Opposition forderte den Rücktritt des Premierministers Mizengo Pinda, doch der hatte keine Lust, und die sogenannten Geberländer, darunter Großbritannien, hielten erst einmal weitere 490 Millionen Dollar, die an Hilfe schon zugesagt worden waren, zurück. Aber auch dieses Geld wird irgendwann fließen, ohne dass sich etwas nennenswert ändern würde. Dabei leidet das Land seit vielen Jahren an einem dramatischen Mangel an Strom. Wenn wir mal wieder stundenlang im flackernden Licht unserer Funzeln sitzen, erinnern wir uns gelegentlich an den Witz: »Was haben die Afrikaner eigentlich gemacht, bevor es Kerzen gab?« »Da hatten sie Strom.«

Immerhin sehen die beiden Autoren Stefan Mair und Kerstin Petretto von der Berliner *Stiftung Wissenschaft und Politik* einen leichten Aufwärtstrend. »Tansania und Sambia demonstrieren«, schreiben sie in ihrem Report »Auflösung des staatlichen Gewaltmonopols und Staatszerfall« (*Afrika – ein verlorener Kontinent?*), »dass es keine Einbahnstraße vom funktionierenden Staat zum totalen Staatszerfall gibt. Waren beide Länder vor wenigen Jahren noch eher der Kategorie Staatszerfall zuzuordnen, sollte man seit kurzem hier eher von Staatsversagen sprechen.«

Ich habe ein Buch zu Hause, das heißt *Doing Business in Africa*, und es soll ein Leitfaden sein für Leute, die auf dem sprichwörtlich dunklen Kontinent investieren wollen. Eine ganze Reihe von Ländern werden dort vorgestellt, auch Tansania. Unter »Was ist gut an Tansania« schreibt der Autor ohne Scherz als erstes: »Tansania ist der Liebling der Gebergemeinschaft geworden.« Dann folgt die Tatsache, dass auch die Weltbank kräftig Geld springen lässt, und dann werden natürliche Ressourcen erwähnt: Gold, Kohle, Gas, Diamanten und alle möglichen anderen Edelsteine. Natürlich finden auch die Nationalparks, die Korallenriffs und der Kilimandscharo Beachtung. Fazit des Autors: »Tansania könnte zum Leben und Arbeiten einer der besten Plätze auf Erden sein und hätte das Potential, ein ernsthaft reiches Land zu werden.«

Leider findet der Mensch erst im Kapitel »Was ist nicht gut an Tansania« seinen Platz. Da wird dann vor »Bürokratie und Obstruktionspoltik« gewarnt, und es heißt, man müsse »eine besondere Art von Mensch sein, um in Tansania Erfolg zu haben«, das Land funktioniere nach seinen eigenen Regeln: »Du musst abenteuerlich sein, opportunistisch, tolerant, geduldig, höflich und belastbar.« Nicht einmal das Tanzania Investment Center sei in der Lage, die seltene Kundschaft durch das »bürokratische Minenfeld« zu lotsen. Die Liste an Problemen sei nämlich lang: »Exzessive Anforderungen, eine Lizenz zu bekommen. Langsame Bürokratie. Zweideutige Regelungen. Korruption. Hohe operative Kosten. Schlechte Infrastruktur – kaputte Straßen, unzuverlässige Stromversorgung, Wasserknappheit. Ungleichheit bezüglich der Pflichten von Arbeitgeber und Arbeitnehmer. Problematische Arbeitsethik.«

Daran, dass die deutsche Wirtschaft sich besonders stark in Tansania engagieren wird, solange es dort nicht einmal Strom gibt, mag allerdings auch Asmau Nitardy nicht recht glauben. Hilflos zuckt die Tansania-Expertin des *Afrika-Vereins der deutschen Wirtschaft* mit den Schultern. »Nein, nein«, meint sie und blickt aus ihrem Büro in der Berliner Friedrichstraße hinunter auf die bunten Lichter der Stadt, »besonders attraktiv ist das Land für die Wirtschaft im Moment nicht, besonders ohne Elektrizität.« Natürlich gebe es Tourismus, und natürlich könne man die Bodenschätze ausbeuten. Das war es dann aber auch. Die Bedeutung von Strom und Straßen habe man in Dodoma und Dar es Salaam wohl noch nicht erkannt. Zumindest nicht, wenn man Industrie ansiedeln will. Aber vielleicht besteht gerade darin das Missverständnis. Vielleicht vertragen sich Industrie und Afrika schlicht nicht besonders. »Aus Europa wird in steigendem Maße eine Industriewirtschaft nach Afrika importiert, die hier so unmittelbar wie sonst nirgends auf primitive Landwirtschaften stößt, bei denen einzelne Stämme keine stärkere Tätigkeit entfalten als diejenige, die ihre jeweiligen Bedürfnisse gerade befriedigt. Oft wird in Europa vergessen, daß es für den Erfolg der Industrialisierung nicht nur auf Kapital und Maschinen ankommt, sondern auch auf die Mentalität von Menschen, die aus einem archaischen Zustand gerissen werden, um urplötzlich für den wirtschaftlichen Wettbewerb ›fit‹ gemacht zu werden«, hatte der Autor Carl Wingenroth bereits in seinem 1961 bei Kiepenheuer & Witsch erschienen Klassiker *Des weißen Mannes Bürde* zu Bedenken gegeben und an die vielen Inder in Ostafrika erinnert: »Schon die ersten europäischen Unternehmer in Afrika haben sich veranlaßt gesehen, aufgrund ihrer Erfahrungen mit Negerarbeitern asiatische Arbeitskräfte ins Land zu holen. Mitglieder afrikanischer Stammesgemeinschaften pflegten sich nur solange gegen Lohn zu verdingen, bis sie imstande waren, irgendwelche naheliegenden Wünsche zu befriedigen – dann kehrten sie in die alte Gemeinschaft zurück.« Möglicherweise kehren ja derzeit ganze afrikanische Staaten wie Tansania lediglich zurück zu ihren Wurzeln, nachdem »degenerierte, eher westliche Systeme wie der Einparteienstaat« (Ayittey) scheitern mussten.

Es ist jedenfalls verdammt lange her, dass es in Tansania eine vernünftige Stromversorgung gab. »Wir haben seit zwanzig Jahre große Probleme mit der Elektrizität«, zitiert der britische *Guardian* den Oppositionspolitiker Zitto Kabwe: »Und es gibt keine Geschichte über Strom in Tansania ohne Korruption.« Lange Zeit hätten die Weltbank und andere Institutionen Tansania unterstützt, wenn das so weitergehe, könne man allerdings davon sprechen, »sie machten sich zu Komplizen eines korrupten Regimes«.

Ich weiß nicht, ob sie das mit dem Strom Pastor Gauck auf seinem Besuch erzählt haben, als er mehr Investitionen forderte. Es gibt sicher tausend Gründe, nicht in Tansania zu investieren: die Korruption, die schlechten Straßen, die schlecht ausgebildeten Arbeiter, der Hafen von Dar es Salaam, um nur einige zu nennen. Dass es kaum Strom gibt, gehört aber ganz bestimmt dazu. Wobei mir der Autor Siegfried Kohlhammer in den Sinn kommt. Der schrieb einmal über das Kreuz mit den Investoren (»Auf Kosten der Dritten Welt?«). Wenn die Multis in der Dritten Welt investierten, würfe man ihnen Ausbeutung vor. Doch »neuerdings wirft man den Multis auch vor, in vielen Entwicklungsländern nicht zu investieren, was eine neue Form des imperialistischen Kapitalismus darstelle«. Immerhin gehört Tansania zu den afrikanischen Ländern, die am meisten Entwicklungshilfe kassieren, 29 Prozent des Staatshaushalts werden davon bestritten. Das Phänomen dieses permanenten Geldflusses aus Sympathie nannte der kenianische Politikwissenschaftler Ali Mazrui übrigens schon vor langer Zeit einmal recht treffend Tanzaphilia. Daran wird sich so schnell nichts ändern. »Let's pray to God for rain in Canada«, ist ein in Afrika häufig gehörtes Sprichwort: Mögen die Kandier fleißig ernten, damit sie uns genug Nahrungsmittel schicken können. Es bewirkt ja schlicht überhaupt nichts Gutes. »Tansania hat als eines der ersten Länder vom Schuldenerlass der Geberländer profitiert«, schreibt das Auswärtige Amt, doch »nachdem im Jahr 2001 circa drei Milliarden US-Dollar Auslandsschulden erlassen wurden, steht die Außenverschuldung Ende 2012 aber wieder bei hohen 13,82 Milliarden US-Dollar.«

Ob das denn dann wirklich hilft? »Nach internationalen Einschätzungen steigt die Korruption in Tansania«, schreiben die Korruptionswächter von *Transparency* in ihrem ernüchternden Report, sie sei sogar »steil ansteigend« und gleichzeitig schwinde die politische Transparenz. »Afrika«, schreibt die brillante Kamerunerin Axelle Kabou, »ist ein Meister in der Verschwendung von Zeit, Geld, Tatkraft und Können.« Und besonders, so scheint es, gilt das für Tansania. Eigentlich weiß das auch das deutsche Entwicklungshilfeministerium. »Wichtige Reformprogramme« würden »nur schleppend umgesetzt«, schreiben die staatlichen Helfer und wissen auch warum: »Gründe dafür sind unter anderem die geringe Leistungsfähigkeit der öffentlichen Verwaltung und der Mangel an qualifiziertem Personal. Obwohl Antikorruptionsgesetze verabschiedet und entsprechende Kontrollbehörden eingerichtet wurden, mangelt es an der wirksamen Umsetzung von Korruptionsbekämpfungsmaßnahmen.«

Dabei könnte die Bekämpfung der Korruption allein das Land schon weit nach vorne bringen, glaubt der deutsche Wirtschaftstheoretiker Johann Graf Lambsdorff, der den Korruptionsindex mitentwickelt hat. Eine Verbesserung um nur einen Punkt auf der Korruptionsskala, meint der Professor aus Passau, könnte mit einem vierprozentigen Wachstum des Bruttoinlandsprodukts korrelieren. Die sambische Entwicklungshilfekritikerin Dambisa Moyo hat ausgerechnet, was das bedeuten würde: »Wenn also ein Land wie Tansania (mit 3,2 Punkten auf dem Korruptionsindex) seinen Wert auf den eines Landes wie Großbritannien (mit 8,4 Punkten) bringen würde, läge sein BIP um 20 Prozent höher und das Netto-Pro-Kopf-Einkommen würde jährlich um drei Prozent anwachsen.« Dass ausgerechnet ein Land wie Tansania von der ehemaligen britischen Entwicklungshilfeministerin Clare Short als Beispiel für gute Regierungsführung gelobt worden sei, findet Moyo bizarr: »Es scheint demnach ohne Belang zu sein, wie es um ein Empfängerland bestellt ist. Von irgendwoher wird das Geld schon kommen.«

Gemeinsam mit meinem Kollegen Jan Puhl traf ich Moyo 2011 in London zu einem Gespräch. »Ich bin dagegen, weiter automatisch jedes Jahr Milliarden Dollar an Billig-Krediten und Budgethilfen nach Afrika zu pumpen. Diese Hilfe hat Abhängigkeit und Inflation erzeugt. Das Geld lässt die Menschen in Afrika gar nicht erst produktiv werden. Seit 40 Jahren kommt zuverlässig Hilfe, und trotzdem stehen wir immer noch mit einer miesen Infrastruktur, schlechter Ausbildung und einem lausigen Gesundheitssystem da. Armut nimmt sogar zu, seit Entwicklungshilfe gezahlt wird. 1970 lebten zehn Prozent der Afrikaner in Armut, 1990 waren es 66 Prozent«, führte die ehemalige Investmentbankerin aus.

Warum es die afrikanischen Regierungen nicht geschafft haben, die rund zwei Billionen Dollar, die ihnen in den letzten 50 Jahren zugeflossen sind vernünftig einzusetzen?

Moyo: »Das Geld kam und kommt für umsonst. Es ist kaum an irgendwelche Auflagen gebunden. Die Geberländer nehmen Afrikas Führer einfach nicht an die Kandare, sondern lassen zu, dass sie ihr Geld in die Schweiz schaffen und auf den Champs-Élysées shoppen gehen.«

Warum es keinen Aufstand gegen diese sogenannten Eliten in Afrika gebe?

Moyo: »Wir normalen Afrikaner können unsere Eliten kaum zur Rechenschaft ziehen, wenn immer wieder jemand aus dem Westen kommt und sagt: Macht euch keine Sorgen, wir zahlen weiter, egal, was ihr mit dem Geld macht, egal, wie schlecht ihr regiert. Einmal hat ein afrikanischer Präsident zu mir gesagt: Du kannst machen, was du willst: betrügen, du kannst deine Landsleute ermorden. Solange du Hunger und Krankheiten hast, wirst du Hilfe aus dem Westen bekommen. Deshalb stehlen und betrügen afrikanische Regierungen.«

Sind die Afrikaner abhängig von Hilfe wie Süchtige von Drogen?

Moyo: »Es ist wie mit einem Teenager, der den ganzen Tag auf der Couch liegt. Du schreist ihn an: Such dir einen Job. Aber am Ende gibt man ihnen doch zu essen, lässt ihnen das Dach über dem Kopf. Man muss viel aggressiver werden, damit sich etwas ändert.«

Geradezu absurd mutet angesichts des attestierten Mangels an integrem und gebildetem Personal eine Gesetzesinitiative vom Frühjahr 2015 an. Danach sollen Ausländer nach und nach aus dem Land geschmissen werden. Es ergebe keinen Sinn, wenn ein Chinese einen Pendlerbus fahre, zitiert die *BBC* die tansanische Parlamentarierin Esther Bulaya: Firmen sollten nach dem neuen Ausländerbeschäftigungsgesetz verpflichtet werden, Tansaniern jene Arbeitsplätze zu übergeben, die derzeit noch von Fremdarbeitern erledigt würden. Für die gesamte Tourismus- und Dienstleistungsbranche wäre das eine Katastrophe, aber natürlich noch viel mehr für jene Bereiche, in denen es um komplizierte technische Abläufe geht.

Der durchschnittliche Intelligenzquotient Tansanias liegt nach Richard Lynn und Tatu Vanhanen bei 72 (zum Vergleich China: 100, Deutschland: 102). »Einer der wichtigsten Faktoren, den Ökonomen für das niedrige Wirtschaftswachstum in Subsahara-Afrika verantwortlich machen, ist die niedrige Qualität der politischen Führung, die überall sozialistische, protektionistische, regulatorische und monopolistische Programme eingerichtet haben«, schreiben die beiden Wissenschaftler (*IQ und der Wohlstand der Nationen*),

»jedoch haben diese Ökonomen nicht danach gefragt, warum die politischen Führer in Schwarzafrika so kontinuierlich ihre Länder heruntergewirtschaftet haben. Letzten Endes ist dieses Missmanagement zum großen Teil auf die unzureichende Intelligenz der politischen Führer zurückzuführen und ihre Unfähigkeit zu verstehen, dass freie Marktwirtschaft die effizienteste Form der ökonomischen Organisation ist.« So sei auch die Energieknappheit in vielen Fällen eine Folge der mangelnden Intelligenz der Verantwortlichen, etwa Minister oder Leiter von Elektrizitätswerken. Das ist eine deutliche Aussage, und sie bedeutet nichts anderes, als dass in Tansania viel mehr in Bildung investiert werden muss, um die oben erwähnten Defizite zu kompensieren. Denn: Den Intelligenzquotienten kann man steigern. Mit Bildung. Hilfe tut not.

Hilfe ist also ein schwieriges Thema. Sie funktioniert nur, wenn vor Ort genau hingeschaut wird. Und mittlerweile hat auch der Daktari aus Kibosho sein eigenes Projekt. Neun Monate lang forschte Christian Kreisel am Kilimandscharo. Dann zog es ihn zunächst zurück nach Deutschland. Seine wissenschaftliche Arbeit geriet ins Stocken, als er zwei Besteigungsversuche wegen Krankheiten abbrechen musste. Nun hat er seine soziale Ader entdeckt – und seine Liebe zu Tansania. Jedenfalls kehrte er schon ein halbes Jahr nach dem Ende seines Studiums zurück. Dabei hatte er allerhand nützliche Sachen und ein paar Helfer aus Deutschland im Gespräch.

Ein richtiger Pinsel! Und Farben, die man mischen kann. Die kleine Jaggy schaut zunächst etwas skeptisch. Dann nimmt sich die Elfjährige ein weißes Blatt Papier, fährt mit dem Pinsel durch den Topf und klatscht nach Herzenslust Farbe auf das Blatt.

Es ist das erste Mal, dass das Mädchen mit diesen fremdartigen Dingen in Berührung kommt. Im Waisenhaus von Kibosho, oben an den Hängen des Kilimandscharo, herrscht normalerweise wenig Sinn für Malerei.

Gut also, dass der Daktari aus Deutschland wieder da ist. Diesmal hat Christian Kreisel nicht nur medizinische Instrumente mitgebracht wie sonst, sondern auch zwei Kunstpädagoginnen im Schlepptau. Die pinseln nun mit den Kindern aus Kibosho drauflos, dass es eine Freude ist, und erstellen nebenbei ein Logo für die Hilfsorganisation *Aget*. Das ist der etwas sperrige Name für *African-German Expert Knowledge Transfer*, ein Verein, den der Backnanger Doktorand Christian Kreisel ins Leben gerufen hat.

Vor über einem Jahr kam Kreisel zum ersten Mal an den Fuß des Kilimandscharo, um hier die Höhenkrankheit zu erforschen. Sechsmal wollte er innerhalb von neun Monaten mit Probanden auf Afrikas höchsten Berg steigen und seine Untersuchungen anstellen. Die Fragestellung lautete: Welche körperlichen Eigenschaften unterscheiden Bergsteiger, die an der Höhenkrankheit leiden (Kopfschmerz, Übelkeit, Herzrasen), von solchen, die den Berg mit Leichtigkeit meistern?

Ein ambitioniertes Projekt, für das der angehende Mediziner die Rückendeckung seiner Lehrherren an der Universität Marburg hatte. Mit dem Phänomen hatten sich zwar schon einige Forscher befasst, die meisten untersuchten jedoch die Höhenkranken und vergaßen dabei, die Gesunden unter die Lupe zu nehmen.

Kaum hatte sich Kreisel im auf rund 1.300 Metern Höhe gelegenen Kibosho-Krankenhaus eingerichtet, um seine Untersuchungen zu beginnen, kam jedoch alles ganz anders. Zuerst wurde ein blutüberströmter Mann eingeliefert, dem ein Rivale mit der Machete den Unterarm zerschlagen hatte, dann humpelte das Opfer eines Waranangriffs herein und brach im Untersuchungszimmer zusammen, schließlich schleppte sich eine malariakranke Mutter im Fieberwahn ins Wartezimmer. »Niemand kümmerte sich um diese Menschen«, erinnert sich Christian Kreisel an die ersten Tage in Kibosho, »der Patient mit den Machetenhieben wäre fast verblutet, weil die phlegmatische Schwester niemanden fand, der ihn behandeln konnte – es war ja Feierabend.«

Was sollte Kreisel tun? Er ist nicht nur Forscher, sondern Mediziner aus Leidenschaft. Er will helfen. Schnell schlüpfte er in den weißen Kittel des Oberarztes, schnappte sich Skalpell und Verbandszeug und rettete zunächst den Mann mit dem aufgeschlitzten Unterarm. Dann nahm er sich die Waranattacke (durchgebissenes Schienbein) vor, danach die fiebrige Frau.

Seitdem nannten sie ihn oben in Kibosho nur noch Daktari (Kisuaheli für Doktor), und wann immer ein heikler Fall auftauchte, riefen sie nach dem jungen Mann.

Natürlich widmete sich Kreisel auch seinen Untersuchungen, und er spürte am eigenen Leib, wie tückisch der fast 6.000 Meter hohe Berg sein kann. Zweimal musste er die Besteigung abbrechen: Atemnot, Fieber und Schüttelfrost suchten ihn heim. Während unten tropische Schwüle herrscht, pfeifen oben eiskalte Winde, und es kann schnell minus zwanzig Grad kalt werden.

Doch immer häufiger war Kreisel als Entwicklungshelfer im Einsatz. Wassersäcke wurden ins knochentrockne Massailand gefahren und an die rotgewandeten Nomaden verteilt. Denn während am Berg bisweilen sintflutartige Regenfälle niedergehen, hausen die Massai unten in der Senke in staubigen Hütten aus getrockneten Kuhfladen und halten sich mit Rinderblut am Leben.

Dann musste ein Konvoi mit medizinischer Gerätschaft nach Kiboshi gelotst werden – über zerfurchte und ungesicherte Pisten mit Schlaglöchern, in denen Kleinwagen versinken können. Fast wären die Lastwagen mit dem kostbaren Gut aus Deutschland in einer scharfen Kurve am Berg abgeschmiert.

Und immer war es der Daktari, der eingreifen musste, wenn es kritisch wurde. Die Einheimischen bitten in solchen Fällen den Herrgott um Beistand. Sie vermuten, dass er oben auf dem schneebedeckten Gipfel des Kibo wohnt und alles richten wird, wenn man ihn nur fromm genug darum bittet. In Kibosho haben sie mit der alten deutschen Kathedrale glücklicherweise den passenden Ort dafür. Längst haben die Sozialisten Tansania im Griff, doch der Glaube ist den Menschen von Kibosho geblieben.

An einem dieser tansanischen Tage zwischen Kirch- und Müßiggang lief Christian Kreisel ein kleines Mädchen über den Weg. Es hatte wache Augen und ein ansteckendes Lachen und wurde Jaggy gerufen. Kreisel machte ein paar Fotos von dem Kind, und später wollte er wissen, woher die Kleine komme und warum sie nicht bei ihren Eltern sei.

Christian Kreisel hatte zu diesem Zeitpunkt schon einiges über Afrika gelernt und seine eigenen Begegnungen mit dem Leben und Sterben auf dem schwarzen Kontinent gehabt. Doch die Geschichte der kleinen Jaggy beeindruckte ihn tief.

Das Mädchen aus Kibosho war kaum ein halbes Jahr alt, da starben nacheinander seine Mutter und sein Vater an Aids. Seitdem wächst es bei den Großeltern auf. Jaggy ist selbst HIV-positiv. Antiretrovirale Medikamente bekommt sie dank Zuwendungen von der *Bill & Melinda Gates Foundation*, doch es ist kein Geld da, um einen einfachen Schnupfen zu kurieren. Wenn die Großeltern sterben, wird sie völlig mittellos sein, denn in der patriarchalischen tansanischen Gesellschaft sind Mädchen nicht erbberechtigt.

Welche Lebenserwartung Jaggy hat? »Wenn sie die Medikamente bekommt, die sie benötigt, kann sie solange leben wie wir«, sagt Christian Kreisel, »wenn es so bleibt, wie es ist, vielleicht noch ein paar Jahre.« Als dem jungen Mann, der auszog die Höhenkrankheit zu erforschen, das klargeworden war, schritt er zur Tat. Die neun Monate Afrika waren um, doch er konnte dieses Land nicht verlassen, ohne etwas zu tun. Also trommelte er daheim in Marburg die Leute zusammen.

Er kontaktierte Professoren und Kommunalpolitiker und Kommilitonen. Er schrieb Briefe und suchte das Gespräch. Und er hatte Erfolg. Im August wurde in Marburg der Verein *Agek* gegründet. Er hat 37 Gründungsmitglieder, darunter Marburgs ehemaliger Oberbürgermeister Egon Vaupel. Schirmherr ist der Nobelpreisträger Jules Hoffmann und Erster Vorstandsvorsitzender ist Christian Kreisel aus Backnang.

Nun ist er also wieder in Afrika. Diesmal ist die Frankfurter Soziologieprofessorin Therese Neuer-Miebach mitgekommen, und die Kunstpädagoginnen Catharina Szonn und Sabine Funk sind auch dabei. Alleine in Kibosho leben 70 Kinder, die mit dem tödlichen HI-Virus infiziert sind. Mit denen malen und basteln die Gäste aus Deutschland jetzt. »Die Kinder brauchen nicht nur Medizin«, erklärt Catharina Szonn, 27 Jahre alt, die an der Offenbacher Hochschule für Gestaltung Visuelle Kommunikation studiert, »sie sollen mit der Kunst auch Lebensfreude entwickeln, außerdem entdecken sie auf diese Weise Ausdrucksformen, die sie bislang nicht kannten.«

Den Austausch von Kunst und Kultur findet auch Kreisel wichtig. »In der Forschung sind wir den Tansaniern überlegen, doch in Kunst und Kultur können wir uns auf Augenhöhe treffen«, sagt er, »im Rahmen solcher Veranstaltungen kommen sich die Menschen näher.« Deshalb will er jetzt Ausstellungen organisieren und Kalender mit Bildern der Kinder drucken lassen.

Daneben will er medizinische Instrumente nach Afrika schicken und Personal schulen. Dafür soll das Krankenhaus in Kibosho neu strukturiert werden, sodass einzelne Mitarbeiter mehr Verantwortung übernehmen und Sorge dafür tragen, dass die komplizierten Gerätschaften nicht sofort verrotten. Und dann muss natürlich die medikamentöse Versorgung der HIV-Kinder gewährleistet werden.

Jaggy lacht. Sie ist fröhlich. Sie versteht nicht, worüber die Fremden sprechen, aber sie spürt, dass sie helfen wollen. Und natürlich hat sie sofort den Daktari aus Deutschland wiedererkannt. Fest drückt sie ihn an sich. Entwicklungshilfe ist ein schwieriges Geschäft. Man kann von außen nicht viel tun. Am Ende müssen die Menschen in Afrika selbst die Initiative ergreifen. Doch wenn die kleine Jaggy noch ein paar Jahre länger so lachen kann, hat Christian Kreisel mehr erreicht, als er sich je erträumen konnte.

# Mit der Tazara nach Dar es Salaam

Wie alt er genau ist, weiß Moses Ngwananogu nicht. Dafür kennt der Tansanier das Rezept für ein langes Leben: frischer Knoblauch und dazu einen Schluck stilles Mineralwasser. Beherzt beißt der Alte in eine Zehe und schmatzt behaglich, dann lässt er sich auf seine Liege plumpsen und reibt sich den Bauch.

Er hat allen Grund für die Stärkung. Uns steht nämlich eine lange Eisenbahnreise bevor: rund 1.860 Kilometer vom sambischen Kapiri Mposhi ins tansanische Dar es Salaam. Willkommen in der Tazara also, der Tanzania Zambia Railway, Wagen 1004, Abteil 4.

Neben Herrn Ngwananogu sitzen noch Godfrey aus Sambia und der Autor dieser Zeilen und blinzeln durch trübe Scheiben in die tropische Sonne. Drei Mann in einem Viererabteil, erste Klasse, Kostenpunkt rund 60 Dollar. Und schon rumpelt der Zug aus dem verschlafenen Nest im legendären Copper Belt, wo sich Kupfermine an Kupfermine reiht, Richtung Küste.

Gebaut haben die Chinesen die Strecke in den siebziger Jahren. Damals herrschte Kalter Krieg, auch in Afrika, und Sambia war Frontstaat. Eine wilde Zeit: Im Süden, dem heutigen Simbabwe, herrschten die weißen Rhodesier, und in Südafrika die Buren. Als mit dem Bau der Bahn begonnen wurde, hatten noch die Portugiesen die Kontrolle über ihre Kolonie Mosambik, Sambia war eingekesselt und benötigte einen Hafen, um jährlich 700.000 Tonnen Kupfererz ausführen zu können. Damals verschaffte sich das Land 70 Prozent seines Bruttosozialprodukts und 94 Prozent seiner Devisen durch das rotbraune Erz. Mit 14 Prozent der Welterzeugung war Sambia der größte Kupferproduzent nach den Vereinigten Staaten. Auch Peking sorgte sich um die Versorgung mit Kupfer. Also wurden alte Pläne aus der Schublade gekramt.

Bereits die kaiserlich-deutsche Kolonialmacht hatte sich im Ersten Weltkrieg mit einem solchen Projekt herumgeschlagen, aber erst die Briten kalkulierten es 1942 durch. Sie dachten über eine Verbindung ihrer Kolonien Nordrhodesien und Tanganyika nach, verwarfen die Idee aber später als unökonomisch.

Auch die Amerikaner und Japaner taten das, wohl auch, weil eine Weltbankstudie zu einem negativen Ergebnis kam. Nur Rotchina sah das anders. Die Kulturevolutionäre investierten die Irrsinnssumme von rund 500 Millionen Dollar, verkürzten die geplante Bauzeit von zehn bis fünfzehn Jahren auf fünf, und dann sollte es mit Pekings Hilfe endlich losgehen. 1970 machten sich die ersten Schiffe aus dem Reich der Mitte auf den Weg nach Ostafrika.

Ganze Kolonnen von Helfern im Maolook rückten nun an – 40.000 wohl insgesamt, auch wenn die offiziellen Zahlen mit 18.000 erheblich darunter lagen, verstärkt wurden sie von 20.000 Afrikanern. Bereits im November 1971 waren die ersten 300 Meilen von Dar es Salaam bis nach Mlimba in Zentraltansania geschafft. Die afrikanischen Arbeiter meuterten anfangs, ihnen war das »Tempo der Chinesen unheimlich« (*Der Spiegel*), außerdem mochten sie das Essen und den geringen Lohn nicht. »Glaubt ihr denn, wir sind Tiere!«, hatte ein Arbeiter in Ruipa den Reporter Reginald Mhango von Dar es Salaams Zeitung *Sunday News* angefahren. Doch nach einer Weile besserte sich das Verhältnis.

Chinesische Ärztinnen boten neben der Strecke medizinische Hilfe an, und als sie mit der in Afrika ungewohnten Akupunkturbehandlung begannen, soll laut der *Daily Mail* sogar ein regelrechter Run auf die fernöstlichen Dienste eingesetzt haben. Im Dorf Kidatu bohrten sie einen Brunnen und in der Steppe verließen sie nicht selten ihre Lastwagenkabinen, um wilde Tiere zu bewundern. Sogar ideologisch rüsteten die Chinesen ab. Vorher hätten sie immer von der Verstaatlichung des Landes schwadroniert, wo der Boden traditionell den Gemeinschaften gehört habe, war dem Journalisten Peter Enahoro aufgefallen: »Sie predigten die totale Nationalisierung der Industrie, wo es noch keine Industrie gab, sie bauten auf Gewerkschaftsbewegungen, die gerade im Embryonalzustand existierten; sie faselten vom Aufstand der Arbeiterklasse, wo fast nur Bauern lebten.« Nun jedoch gaben sie sich bescheiden und traten im Gewand von fleißigen Entwicklungshelfern auf.

Am Ende bauten die Chinesen in Rekordzeit: Bereits nach etwas mehr als vier Jahren ratterte der erste Zug nach Sambia und erreichte Kapiri Mposhi, einen Ort, der den in Nairobi aufgewachsenen Schriftsteller Ilija Trojanow an die »Kulisse für einen Western, in der der sich nur noch unlustige Statisten aufhalten«, erinnert. *Der Spiegel*: »Kinder tanzten vor den Porträts der Führer Kaunda, Nyerere und Mao Tse-tung. Begeisterte Redner feierten ›das wichtigste Ereignis seit der Unabhängigkeit‹.« Und der tansanische Minister Lusinde war beeindruckt vom chinesischen Tempo und lästerte: »Dabei muss man bedenken, wie lange einst die Engländer für die Bahn von den Victoria-Fällen in den Kupfergürtel gebraucht haben und die Deutschen für die Zentralbahn in Tanganjika.« Dennoch stellten sich viele Fragen: Waren die Tansanier den Kommunisten aus Fernost auf den Leim gegangen? Galt doch in Maos Reich das Credo Lin Piaos: »Afrika muss dazu beitragen, das kapitalistische Europa und Nordamerika zu umzingeln und zu zerstören.«

Die *Spiegel*-Redakteure Hans Hielscher und Erich Wiedemann trafen Nyerere damals in Dar es Salaam und fragten, ob der Präsident nicht die Gefahr sehe, dadurch »eine Form der Abhängigkeit gegen eine andere« einzutauschen. »Als wir uns für den Bau der Eisenbahn entschieden hatten, fragten wir erst die Weltbank, dann die Engländer und Amerikaner um Hilfe, denn wir hatten weder Geld noch Know-how, so ein Projekt selbst durchzuführen.« Erst als ihm diese Länder die von vielen Experten übrigens als reichlich überflüssig eingeschätzte Eisenbahn nicht spendieren wollten, »obwohl sie über Geld und Experten verfügten, wandten wir uns an die Chinesen. China ist ein Land der Dritten Welt, ein Entwicklungsland. Die Chinesen sind ein armes Volk, aber sie werden vielen Völkern eine eindrucksvolle Lektion erteilen. Wir alle müssen von den Chinesen lernen.«

Mit ihrem Vordringen jagen die Männer aus dem Riesenreich sogar ihren kommunistischen Glaubensbrüdern in Moskau einen gehörigen Schrecken ein. Aber neu ist das nicht. »In Afrika ist den Sowjets ein Konkurrent aus dem gleichen Weltanschauungslager erwachsen«, hatte Afrika-Kenner Carl Wingenroth bereits 1961 erkannt, »auch hier besitzt Peking, ebenso wie im Fernen Osten, geringere politische Hemmungen als Moskau, und auch hier kommt den Chinesen zugute, daß sie ein echtes Mitglied der afro-asiatischen Völkerfamilie sind, das heißt von farbiger Rasse, und daß sie – dennoch – einen bemerkenswert raschen wirtschaftlichen Erfolg in ihrem Lande zu verzeichnen hatten.«

Kaum war die Bahn fertig, wurde sie allerdings schon wieder überflüssig. Nach dem Militärputsch in Lissabon wurden die portugiesischen Kolonien aufgegeben, nun balgten sich die Buren mit den Kommunisten in Angola und Mosambik. Auch in Sambias Hauptstadt Lusaka wurde so manche Kabale zwischen ANC-Kriegern und anderen Rebellen und Agenten der verfeindeten Staaten ausgefochten. Autobomben explodierten, Aktivisten wurden gekidnappt. Und Tansania zankte sich mit dem vermeintlich reaktionären Herrscher Jomo Kenyatta in Nairobi.

Mit der Eisenbahn werde Politik gemacht, orakelte *Der Spiegel* (16/1976: »Totes Gleis«): »Julius Nyerere, Tansanias sozialistischer Staatschef, will offenbar die Bande zu seinem kapitalistischen Nachbarn Kenia kappen. Die Weichen stehen auf Gegenkurs, seit die von den Chinesen gebaute ›Uhuru‹-(Freiheits-)Bahn Tansania mit dem gleichfalls zum Sozialismus tendierenden Nachbarn Sambia verbindet.« Dennoch sei die Bahn nicht rentabel: »Seit Portugal seine Afrika-Kolonien Angola und Mocambique freigab, kann Sambia sein Kupfer künftig mit der angolanischen Benguela-Bahn in den Atlantikhafen Lobito transportieren, ohne weiße Repressalien fürchten zu müssen.«

Rentabel oder nicht: Zweimal wöchentlich geht es auf die Reise, dienstags und freitags gegen 16 Uhr. Um neun Uhr am nächsten Morgen sollen wir in unserem Kilimandscharo-Express die Grenze in Nakonde erreichen. Und weil Moses Ngwananogu noch Empfang auf seinem Handy hat, telefoniert er noch schnell ein paar seiner sechs Kinder durch.

Sie leben in Dar es Salaam und Arusha und London und sonstwo, und Herr Ngwananogu lässt sie noch schnell wissen, dass er sich gerade um eine Lizenz für Schürfrechte bemüht und deshalb nach Dar muss. »Das ganze Land steckt voller Gold und Diamanten«, erklärt Moses und strahlt. Er freut sich, dass er bald selbst dabei ist.

Sein aktives Berufsleben hatte der in Moskau ausgebildete Ingenieur bei der Ölpipeline in Sambia verbracht. Schlecht war ihm das nicht bekommen, und so hatte er nebenbei ein »kleines Transportunternehmen aufbauen können«, wie er sagt. Nun geht es um Gold, und das verspricht noch viel lukrativer zu werden.

Godfrey und ich staunen über Moses' Zukunft mit einer eigenen Goldader. Godfrey fährt bloß nach Dar es Salaam, um zwei aus Japan importierte Gebrauchtwagen am Hafen abzuholen, und ich möchte günstig reisen und suche nun den Speisewagen. Dort gibt es gekochtes Huhn mit Maisbrei und einer Art Spinat und anderes Fleisch mit Maisbrei und Spinat, und es gibt gegrilltes Huhn. Aber das dauert eine dreiviertel Stunde, wie die mürrische Kellnerin mich wissen lässt, und darum bestelle ich der Einfachheit halber ein Bier: Kilimanjaro Premium Lager aus Tansania. Es ist gut gekühlt und schmeckt vorzüglich. Nur der Besuch der Toilette will wohlüberlegt sein. Das Loch stinkt ganz entsetzlich, eine Klobrille gibt es sowieso nicht. Auf eine Mahlzeit werde ich auf dieser Reise deshalb wohlweislich verzichten.

Draußen zieht nun die Savanne vorbei. Der Zug rattert und ruckelt, und die Eingangstüren schlagen im Takt auf und zu. Moses träumt bereits von seinem Gold, und Godfrey schnarcht gleichmäßig vor sich hin. Nebenan keifen ein paar Marktfrauen, die in Tansania Klamotten einkaufen wollen.

Wecken werden uns am nächsten Morgen die Geldwechsler, die mit dicken Bündeln durch die Abteile streifen und »Change, Change« rufen, und denen schon bald die Grenzbeamten folgen. Moses und Godfrey nutzen die Gelegenheit, sich mit Bananen, Erdnüssen und Zuckerrohrstangen einzudecken, die von Händlerinnen durchs Waggonfenster gereicht werden. Ich versuche derweil, einer Gruppe von Glücksrittern zu entkommen. Die drei behaupten, sie säßen auf einer Smaragdmine, es fehle ihnen aber an Dynamit. Das soll ich ihnen nun kaufen. Ich weiß nicht so genau und lehne ab. Als ich später wieder mit Gold-Moses und Auto-Godfrey zusammensitze, überkommen mich schon Zweifel. Smaragde? Hört sich auch nicht schlecht an.

Gemeinsam schauen wir einer Giraffenfamilie nach, die durch den Selous-Nationalpark galoppiert. Es sieht aus, als ob sich die Tiere mit ihren langen

Beinen in Zeitlupe an knorrigen Affenbrotbäumen und stacheligen Akazien vorbei bewegten. Es ist ein schönes Bild, und jeder hängt nun seinen eigenen Gedanken nach.

Ostafrika boomt. In Uganda und Kenia fanden sie Öl, und Tansania erlebt einen Goldrausch. Mittlerweile ist das Land viertgrößter Produzent des Kontinents. Dazu kommen alle möglichen Edelsteine wie der berühmte Tansanit. Nun wollen sie auch noch Uran abbauen, und in der ehemaligen deutschen Kolonialhauptstadt Bagamoyo entsteht ein Großhafen. Dar es Salaam, das Haus des Friedens«, platzt schon seit Jahren aus allen Nähten. Nach einem Bericht der BBC wachsen nur Lagos (Nigeria), Chittagong (Bangladesch) und Surat (Indien) schneller. Die BBC: »Jeden Tag fluten Neuankömmlinge die Stadt, viele von ihnen errichten hastig Bruchbuden, andere schlafen auf der Straße. Wer es nicht schafft, seinen eigenen Gemüsehandel aufzubauen, verhökert irgendwelche Güter, alles von Baseballmützen und Handy-Ladegeräten bis zu Wasserflaschen oder Bürsten.« Nach Schätzungen der Vereinten Nationen leben 70 Prozent aller Menschen in Dar es Salaam in Slums.

Das verschlafene Nest am Indischen Ozean hat sich in den letzten Jahren in eine wuselige Riesenstadt gewandelt. Als wir nach über 52 Stunden Bahnfahrt endlich ankommen, herrscht Trubel wie in Lagos oder Kinshasa. Taxifahrer und Minibusfahrer fallen über die ankommenden Passagiere und einander her; Händler rufen durcheinander; Bettler recken den Fremden ihre Hände entgegen. Schnell verliere ich Godfrey und Moses aus den Augen. Sie sind im Dunkel der afrikanischen Nacht verschwunden und suchen ihr Glück. Bongo sei der Spitzname der Stadt, erklärt der *Rough Guide to Tanzania*, das bedeute »clever«, denn so müsse man sein, um in dieser Stadt überleben zu können.

Jemand, der eine Weile nicht mehr in Dar es Salaam gewesen ist, mag einen Schock bekommen. Die Fahrt mit dem Taxi in die Innenstadt dauert gut und gerne zwei Stunden; wenn es regnet und sich kratertiefe Seen in den Schlammpisten bilden, dauert es länger. Es ist ein einziges Chaos, und es wird immer schlimmer. »Die Stadt wächst jedes Jahr um 5,6 Prozent«, sagt Professor Alphonse Kyessy, »im Jahr 2012 hatten wir 4,4 Millionen Einwohner, jetzt sind es schon fünf.« Schätzungen besagen, dass Dar es Salaam in den dreißiger Jahren des 21. Jahrhunderts bereits Mega-City-Status erlangen, also mehr als zehn Millionen Einwohner haben könnte.

Kyessi ist Experte für Stadtplanung, lehrt schon seit 1993 an der angesehenen Ardhi-Universität in Dar es Salaam. Schon jetzt sei die Stadt größer als Nairobi, und das sei erst der Anfang. Vier Kinder hätten die tansanischen Familien im Schnitt, und die Armut treibe immer mehr Menschen vom Land in die Stadt. Insbesondere die Jugend komme, um im vermeintlichen Eldorado Geld zu verdienen. »Doch fünf Millionen Menschen brauchen auch Service, Wasser, Strom, Straßen«, meint der Professor und schaut düster aus dem Fenster seines kleinen Büros, »doch genau daran mangelt es. Gerade einmal zehn Prozent der Stadt sind an die Kanalisation angeschlossen; die meisten Menschen hausen in Wellblechhütten; Krankheiten breiten sich aus, denn die hygienischen Verhältnisse sind katastrophal.« Das »Haus des Friedens« bekomme nun auch in zunehmenden Maße Probleme mit der Kriminalität: »Jugendbanden streifen umher und terrorisieren ganze Stadtviertel.« Die Eisenbahn falle auch auseinander, es gebe weder genug Waggons, noch Lokomotiven. Keine guten Aussichten. Dabei werden in der Stadt 70 Prozent des gesamten tansanischen Staatshaushalts erwirtschaftet.

Ein paar Bemühungen gebe es. Die Verbindung für einen Schnellbus werde gebaut, meint der Gelehrte. Doch in Addis Abeba, der äthiopischen Hauptstadt, sind sie schon dabei, eine U-Bahn in Betrieb zu nehmen. Insgesamt habe man keinen Plan in Dar es Salaam. Dennoch ist der Professor optimistisch. Die Opposition mache jetzt Druck, vielleicht fänden ja irgendwann einmal »echte Wahlen« statt, denn noch gebe es keine seriösen Führer im Land. Wir hatten uns das schon gedacht.

»Die Aussichten Dar es Salaams für das dritte Jahrtausend sind ungewiss«, sagt der deutsche Politologe Jörg Gabriel, der als Diplomatensohn in Ostafrika aufgewachsen ist und heute die Hatari Lodge in der Nähe von Arusha betreibt, »die Vereinten Nationen sind zwar bemüht, eine moderne und effiziente Stadtverwaltung aufzubauen, doch geht die Entwicklung nur langsam voran. Als hemmend erweisen sich vor allem Einzelinteressen und korrupte Behörden, Gelder werden zweckentfremdet.« Die Bevölkerungszahl der Stadt liege bereits »weit über der Verträglichkeitsgrenze«.

Groß ist die Stadt also, besonders alt hingegen ist sie nicht. Die Gründung Dar es Salaams geht zurück auf das Jahr 1862, als der auf Sansibar herrschende Oman-Sultan Seyyid Majid das Festland besuchte und nach einem Ort Ausschau hielt, an dem er eine Residenz errichten konnte. Die Stelle sollte geeignet sein, einen großen, ruhigen Hafen zu errichten. Zudem schätzte er das kühlere Festlandklima und wollte wohl auch die Handelsströme aus dem Inland, die hier zusammenliefen, kontrollieren.

Jedenfalls stieß er auf eine kleine Bucht in der Mitte der Mrima-Küste, einem rund 800 Kilometer langen Streifen, rund 65 Kilometer südlich vom bekannten Hafen Bagamoyo gelegen. Städtische Ansiedlungen gab es hier nicht, aber eine Reihe von Ruinen deuteten darauf hin, dass es hier zu verschiedenen Zeiten diverse Handelsniederlassungen gegeben hatte, die allerdings weder in arabischen noch portugiesischen Chroniken auftauchen. Mit Gewissheit lässt sich lediglich sagen, dass auf einem Korallenriff bei Ras Chokir eine Siedlung bestand, die Mzisma genannt wurde und sich über eine Länge von 450 Metern hinzog.

Bis der Sultan entschied, sich hier niederzulassen, hatte sich niemand so richtig für den Ort interessiert. »Der Hafeneingang ist sehr eng und kurvenreich und deshalb für ein Schiff, das nicht schnell reagieren und manöverieren kann, sehr schwierig«, meint die Dar-Es-Salaam-Expertin und Regierungsbaumeisterin Christine Elisabeth Kohlert, die drei Jahre lang in der Stadt am Indischen Ozean lebte und dort Architekturgeschichte lehrte: »Dazu kommt der Sog von Ebbe und Flut, der Segelbooten ebenfalls gefährlich werden kann. Große Dampfschiffe können diesen natürlichen Kräften entgegensteuern. Für die monsungesteuerten und -abhängigen Dhows war dieser heute so geschätzte natürliche Hafen wenig attraktiv.« Die arabischen Händler hätten einfacher anzulaufende, offene Reeden wie Bagamoyo bevorzugt. Zudem trieb in der Gegend, in der sich heute Dar es Salaam befindet, der blutrünstige Häuptling Mazungura sein Unwesen. 1845 hatte er einen französischen Forscher massakriert, und ab 1861 damit begonnen, Karawanen zu überfallen. Sultan Majid störte sich daran nicht. Er lieh sich von den Deutschen einen Hochseebagger aus Hamburg und begann, die versandete Hafeneinfahrt freizuschaufeln. Das war der Beginn Dar es Salaams.

»Fest steht, dass die Entscheidungen und Ereignisse, die 1862 zur Gründung Dar es Salaams führten, nicht das Ergebnis eines langsamen, natürlichen Wachstums eines bestehenden Dorfes waren, sondern eines ›grand designs‹«, schreibt Architekturautorin Kohlert in ihrer Dar-es-Salaam-Abhandlung. »Urbane Restrukturierung einer afrikanischen Hafenstadt«, »möglicherweise wurde der Sultan von seinen arabischen Beratern, ausländischen Diplomaten oder französischen Missionaren beeinflusst, die sich dadurch mehr Einfluß in Ostafrika erhofften.« Jedenfalls hatte der Sultan nun seinen eigenen Hafen, Bagamoyo stand ja nicht unter seiner Kontrolle, und er konnte seinen Einflussbereich von Sansibar auf das Festland ausdehnen. Drei Jahre später begann er, Zimmermänner, Maurer und Kalkbrenner aus Sansibar zu schicken, um mit den Bauarbeiten zu beginnen. Am 16. Januar 1866 informierte der britische Konsul in Sansibar den Küstenoffizier, dass er sechzehn Pässe für Sultanssklaven ausgestellt habe, die als Bauarbeiter an der Küste tätig werden sollten. Die Steine für die ersten Gebäude wurden von nahegelegenen Inseln geholt.

Der heute gebräuchliche Name der Stadt wird im selben Jahr zum ersten Mal erwähnt, und zwar ebenfalls in einem Brief des britischen Konsuls von Sansibar. Der schrieb am 10. November 1866 an die Regierung in Bombay, Sultan Seyyid Majid sei soeben von einem zehntätigen Besuch in einem Ort namens »Dhar Salaam« zurückgekehrt: »Der Sultan gibt große Geldsummen aus, um Baumaterial an diesen Ort zu schaffen. Dort baut er sich im Moment einen Palast, einen Hafen und Wohnungen für seine Offiziellen.« Offenbar plane er den Kern eines Handelshafens, an dem die Karawanenrouten ins Innere beginnen sollen. Mzizima, der Name war immer noch gebräuchlich, hatte zu jener Zeit rund 900 Bewohner. Der Sultan gab dem Ort den persisch-arabischen Namen Bandar-ul-Salaam, Hafen des himmlischen Friedens. Angeblich, weil er in Frieden kam und weder mit den Pazis noch den Shomvis zu kämpfen hatte. Im Gegenteil – diese sollen zu ihn gesagt haben: »Wir sind froh, denn deine Leute leben hier in Frieden und streiten nicht mit unseren Leuten.« Zumindest hatte der Oman-Sultan auch Haroun-al-Rashid nachgeahmt, der Bagdad Dar-es-Salaam genannt hatte, weil er es ohne Blutvergießen einnehmen konnte. Christine Elisabeth Kohlert: »Alle akzeptierten den neuen Namen, und das Land gedieh.« Dennoch ging der Bau der Stadt anfangs schleppend voran. Vielen Arabern missfiel die Lage, sie befürchteten, ihre Sklaven könnten in dem unübersichtlichen Gelände zu leicht entkommen. Danach ging es zunächst noch weiter bergab. Sultan Majid starb am 10. Oktober 1870, und seinem Halbbruder Seyyid Bargash, der nach ihm den Thron bestieg, lag nichts ferner, als das Prestigeprojekt seines Bruders zu vollenden. Die beiden hassten sich nämlich – insbesondere nachdem Bargash versucht hatte, Majid zu stürzen, und dafür nach Indien verbannt worden war. 1872 verwüstete ein Hurrikan die Stadt, und danach brachen Kämpfe zwischen Einheimischen und Sultanssoldaten aus.

Es dauerte ein paar Jahre, dann kam wieder Bewegung in die Sache – diesmal durch die Briten. Sie hatten beschlossen, eine Straße von der Küste zum Nyasa-See zu bauen. Sie sollte den Handel erleichtern und so »auf längere Sicht den Sklavenhandel unterbinden« (Kohlert). Gerade einmal 117 Kilometer schaffte Albion, dann wurden die Bauarbeiten abgebrochen – Eingeborene hatten, aus welchem Grund auch immer, die Bauarbeiten behindert. Dennoch belebte das Stück Straße die Entwicklung Dar es Salaams; fortan wurde sie zum Transport von Reis, Kopal und Gummi benutzt. Immer mehr Handel wurde betrieben, kleine Läden wurden eröffnet, Geschäfte für Kleidung, Perlen und Eisenwaren.

1885 kamen dann die Deutschen. In jenem Jahr hatten sie mit sechs Kriegsschiffen Kurs auf Sansibar genommen, um den Sultan unter Druck zu setzen, ihre Gebietsansprüche auf dem Festland anzuerkennen und einen Handelsvertrag abzuschließen. Unmissverständlich machten sie auch klar, dass sie Dar es Salaam künftig auch als deutschen Flottenstützpunkt nutzen wollten. Sultan Bargash blieb nichts anderes übrig, als einzuwilligen. Er stellte Kaiser Wilhelms Marine Platz im Hafen und ein Gebäude zur Verfügung. Kohlert: »Die Aufsicht über die Stadt hatte ein ›Wali‹, Muhammad bin Suleiman El Haruni, ein Araber aus Muskat. 107 dieser Einwohner waren Inder, Bohoras, Khojas und Hindus, weiter 100 waren Mitglieder der arabischen Garnison, und es gab ungefähr 6.000–7.000 Sklaven, die auf den Plantagen des Sultans arbeiteten. Diese Sklaven, die später hier befreit wurden, darf man als die ersten Einwohner der Stadt Dar es Salaam betrachten.« Als die Deutschen kamen, fanden sie nicht mehr viel von der einstigen Sultanspracht vor. Immerhin stieg die Einwohnerzahl auf 5.000 im Jahr 1886 – als der Sultan hier zum ersten Mal aufgetaucht war, waren es einige Dutzend gewesen.

Ein Jahr später, in der zweiten Hälfte des Jahres 1887, baute dann die evangelische Missionsgesellschaft auf der nördlichen Seite des Hafeneingangs. Es sollte das erste europäische, das erste deutsche Gebäude in Dar es Salaam sein. Zwar brannte es schon im Januar 1889 nieder – der deutsche Kreuzer *Möwe* hatte im Kampf gegen die aufrührerischen arabischen Sklavenhändler die Stadt beschossen und dabei versehentlich auch das Haus der Frömmler getroffen –, doch bereits ein Jahr später fand man es auf der Militärkarte des Reichskommissars Herbert von Wissmann wieder.

Wissmann, Bismarcks Mann für den Araberaufstand, hatte Dar es Salaam im Mai 1889 erreicht, nachdem er zuvor Buschiris Hauptquartier in Bagamoyo eingenommen hatte. Als erstes sicherte und erweiterte er die Boma, jenen Bau, den Sultan Majid zwischen 1866 und 1867 für seinen Repräsentanten bauen ließ, und errichtete an der südlichen Hafeneinfahrt das Fort Kivukoni.

Es war der Beginn der deutschen Bebauung. 1891 ging es dann richtig los. Bis dahin war Bagamoyo Hauptstadt der Schutzgebiet genannten Kolonie gewesen, doch lag der Hafen von Dar es Salaam strategisch günstiger in einer gut geschützten geschlossenen Korallenbucht und war mit 20 Metern zudem tiefer als der von Bagamoyo und somit für die neumodischen Dampfschiffe besser geeignet. Ab sofort konnten europäische Waren leichter nach Tanganjika gebracht und Rohstoffe ausgeführt werden. Nun wurden Verwaltungsgebäude und Wohnhäuser für die Beamten und ihre Familien benötigt. Zweistöckige Gebäude entstanden, feste Häuser mit Mauern, die einen Meter dick waren, um die Hitze draußen zu halten. Das Kaiserreich brauchte auch repräsentative Bauten, Handelsniederlassungen wurden errichtet, Straßen wurden gepflastert. Unter dem Gouverneur Freiherr von Soden sollte aber auch deutsche Ordnung herrschen, deshalb wurde ordentlich geplant, es wurden Quer-, Ring- und Ausfallstraßen angelegt, die Stadt wurde in Zonen unterteilt. In die Hafengegend, in der der Sultan früher gebaut hatte, wurden nun die Warenhäuser und Handelsaktivitäten verlagert. An der Uferpromenade sollten die Regierungsbauten liegen, die Hotels und das Schutztruppenkasino. Die Zone nördlich des Wilhelmsufers wurde für die Residenzen der Kolonialbeamten reserviert. Außerdem wurde von Doktor Stuhlmann, dem Leiter des

Landwirtschaftsamtes, ein Botanischer Garten angelegt, in dem der Anbau von Gummi, Kaffee, Tee und Baumwolle getestet wurde. Später kamen tropische Pflanzen dazu – viele, die noch heute das Stadtbild beleben, z. B. Orchideen, wurden erst von den Deutschen aus aller Welt importiert. Mitten in der Innenstadt, wo heute das New Africa Hotel mit seinem thailändischen Restaurant steht, lag einst das beste Hotel am Ort, der Kaiserhof. In der Nähe befand sich das Wissmann-Denkmal, dort wo heute den Askari, den treuen schwarzen Helfern der Deutschen, gedacht wird.

Den Deutschen kam zugute, dass Dar es Salaam zu jener Zeit keinen arabisch-urbanen Charakter hatte. Die Deutschen hatten lediglich eine halb verfallene Siedlung übernommen, Ruinen von den Bauwerken des Oman-Sultans Seyyid Majid. So konnten sie ihre neue Hauptstadt nach eigenem Gusto gestalten. Und dafür, wie sie das taten, ernteten sie noch Jahre später Anerkennung. »Kein Ort Ostafrikas hat so viel Anmut wie Dar-es-Salam. Es gibt nämlich keine eigentlichen Bungalows hier, wie sie die Engländer sehr nett in den Tropen bauen – es gibt auch keine holländischen Villen hier, wie die Buren sie recht geschmackvoll der afrikanischen Natur anpassen ... in einem unendlichen Palmenpark stehen lauter entzückende deutsche Häuser. Und hier, endlich, gehören sie auch hin«, jubelte noch 1929, lange nach dem Ende kolonialer Pracht und Herrlichkeit, der deutsche Afrika-Reisende Kasimir Edschmid, »diese afrikanische Stadt haben wir wirklich gebaut mit allem, was an unserem Wesen tugendhaft ist – mit Sauberkeit, mit Gefühl für die Landschaft, mit weitem Blick für die Anlage und mit Bequemlichkeit.« Leider sei Dar es Salaam nach der deutschen Niederlage 1918 eine »indische Stadt« geworden, hätten indische Kaufleute deutschen Besitz »für nichts« erworben und sich als neue besitzende Schicht »zwischen die Weißen und die Eingeborenen« geschoben, fand der expressionistische Schriftsteller, der 1957 mit der Goethe-Plakette der Stadt Frankfurt geehrt werden sollte: »Die Leute mit den mattgelben Teints, den blaufetten Haaren und den entzückenden Augen haben die Neger intellektuell unterjocht.«

Zwischen 1921 und 1948 hatte sich der indische Bevölkerungsanteil Dar es Salaams vervierfacht, und auch nach der Unabhängigkeit konnten sich die Inder in Dar es Salaam behaupten. Anders als Ugandas Schlächter Idi Amin gab sich Tansanias Präsident Julius Nyerere versöhnlich. Noch heute kontrollieren die *Asians* in den meisten tansanischen Städten den Handel und prägen das Bild der Innenstädte. Das hemmungslose Wachstum der Stadt setzte jedoch erst nach der Unabhängigkeit ein. Da die sozialistische Regierung nahezu keine eigenen Bautätigkeiten entfaltete, blieb den Neuankömmlingen kaum etwas anderes übrig, als Wellblechhütten zu errichten. Überall entstanden Elendsgebiete, illegale Siedlungen.

Was soll nun aus der Stadt werden, die sich aus einem Fischerdorf in Ostafrikas größte Stadt verwandelt hat und bald eine Mega-City sein wird? »Die Grundstückspreise in Dar es Salaam schießen jetzt schon durch die Decke«, meint der Hamburger Makler Frank Jungblut und blickt von dem mit Zinnen geschmückten Turm, der seine Strandresidenz krönt, auf die Halbinsel Oyster Bay, in der es sich die Diplomaten und Entsandten großer Firmen bei Hummer und wohltemperiertem Weißwein gut gehen lassen. Gerade die somalischen Piraten würden ihre Lösegeldmillionen in Dar es Salaam verbauen, sagt er, auch in seiner eigenen Nachbarschaft. Der studierte Afrikanist Jungblut lebt schon seit 2000 in Tansania, er ist mit einer Einheimischen verheiratet. Eine Preisexplosion wie jetzt hat er noch nicht erlebt.

Der Politologe Jörg Gabriel ist skeptisch, was die Fähigkeit tansanischer Politiker angeht, die Entwicklung in den Griff zu bekommen. »Grundsätzlich ist zu konstatieren, dass die desolate und korrupte Stadtverwaltung von Dar es Salaam den Problemen und Herausforderungen der Großstadt nur ansatzweise gerecht wird«, meint er, »und derer gibt es viele: ein hohes Verkehrsaufkommen, verfallene Gebäude, kaputte Straßen, eine mangelhafte Abwasserbeseitigung, die unzureichende Stromversorgung, Trinkwasserknappheit, eine fehlende Kanalisation, die in der Regenzeit dazu führt, dass viele Straßen unter Wasser stehen und einfache Wohnbehausungen überflutet werden.«

Gedanken, wie man einen Ausweg aus dieser Misere finden kann, machen sich fast nur Ausländer. Jemand, der sich von Dienst wegen den Kopf der Tansanier zerbricht, ist der Deutsche Hajo Schäfer. Hajo arbeitet seit Ewigkeiten als Entwicklungshelfer. In Afrika lebt er seit 1977. Seine Stationen: Kenia, Simbabwe, Äthiopien und Ghana. Seit 2009 lebt er nun in Tansania und versucht, die Probleme der Afrikaner zu lösen. Das ist keine leichte Aufgabe. Hajos Spezialgebiet sind Abwässer. Doch er ist nicht nur ein praktischer Mensch, er hat auch alle Statistiken im Kopf.

»Nur ein Prozent des ganzen Landes«, sagt Schäfer, »sind an die Kanalisation angeschlossen. In nur elf größeren Städten gibt es überhaupt Kanalisation: neben Dar es Salaam noch in Städten wie Arusha, Moshi, Mwanza, Dodoma, Tanga oder Morogoro. Und selbst in diesen elf Städten werden allenfalls acht Prozent der Menschen per Kanal erreicht.« Vermutlich sei Moshi, wo rund 17 Prozent der Menschen an die Kanalisation angeschlossen sind, noch die bestversorgte Stadt des Landes. Das Land sei schlicht zu groß, die Siedlungsdichte zu gering, alles viel zu teuer. In Deutschland habe man im Jahr 1860 zum ersten Mal mit dem Bau einer Kanalisation in Hamburg begonnen, und es habe rund 100 Jahre gedauert, bis das ganze Land vernetzt gewesen sei. Schäfers Urteil: »Die werden hier in 500 Jahren noch nicht flächendeckend Kanal haben.«

Schäfer denkt deshalb über ganz neue Lösungen nach. Er würde am liebsten im ganzen Land sogenannte *Urine Diversion Dehydration Toilets* (UDDT) einführen. In denen werden die menschlichen Exkremente voneinander getrennt und landen in verschiedenen Kanistern. Der Urin kann später als Dünger verwendet werden. Der Rest wird getrocknet und zu Platten gepresst, die man ebenfalls zur Bodenverbesserung verwenden kann. »Das ist eine sehr hygienische Methode«, erklärt Schäfer, »durch das Trocknen werden Viren und Würmer abgetötet – ganz anders als bei der Spültoilette, die alles auch noch hundertfach verwässert und später gewaltige Klärwerke notwendig macht.« In der südafrikanischen Hafenstadt Durban hatte man sich im Jahr 2000, nach einem Choleraausbruch, entschlossen, die Bevölkerung mit UDDTs auszustatten und bereits 100.000 Einheiten ausgeliefert. Im Moment werden jeden Monat 1.000 neue Fäkalientrenner produziert.

Doch es ist zum Haareraufen: In Tansania stößt Schäfer mit seiner Initiative auf hartnäckigen Widerstand. Die Bonzen in der Verwaltung, die über die Pläne zu befinden haben, leben selbst in den Luxusgegenden mit Wasserklosetts. Lieber eifern sie den Europäern nach, als tropentaugliche Lösungen zu finden. »Dabei würde die deutsche *Kreditanstalt für Wiederaufbau* das UDDT-Projekt unterstützen«, sagt Schäfer, »doch das ist hier nicht erwünscht.« Daran, dass die Tansanier sich selbst um ihre Abwässer kümmern, hat ohnehin nie jemand gedacht. Zwar kontrolliert der tansanische Staat unendlich viele Dinge, die ihn überhaupt nichts angehen, die Toilettenfrage aber hat er zur Privatangelegenheit seiner verarmten Bevölkerung erklärt: mit katastrophalen Folgen. Da in Dar es Salaam der Grundwasserspiegel sehr hoch und der Boden sehr felsig ist, versickern die Exkremente nicht, sondern werden regelmäßig durch die Toiletten wieder hinausgespült. Und in den nicht an die Kanalisation angeschlossenen Gegenden schaufeln die Menschen auf engstem Raum Plumpsklos, wie sie es auf dem Land gelernt haben. Doch während in den ländlichen Gebieten genügend Raum für neue Sickergruben ist, stehen den Großstädtern ihre Ausscheidungen förmlich bis zum Hals. Schäfer hat beobachtet, »wie Leute barfuß in ihren Exkrementen standen, um die vollgelaufene Sickergrube leerzuschaufeln, weil im Slum kein Platz für eine neue war«. Zudem würde viel Müll (Schäfer: »ganze Ziegenköpfe und Gummistiefel«) in den Plumpsklos landen und den Zersetzungsprozess behindern. Schäfer ist jetzt 62 Jahre alt, für die deutsche Entwicklungshilfeagentur *GIZ* arbeitet er mit den örtlichen Leuten in der Stadtverwaltung zusammen – wenn sie zu den verabredeten Treffen erscheinen. Aufgeben will der Deutsche dennoch nicht.

Um die Elektrizität des Landes hingegen kümmert sich ein Italiener. Sein Name ist Fabio De Pascale, er ist 32 Jahr alt und sitzt in einem kleinen Büro in Dar es Salaam. Seit drei Jahren lebt er in Tansania, der Hauptsitz der Firma

*Devergy*, deren Mitbegründer er ist, befindet sich aber in Amsterdam. 15 Mitarbeiter beschäftigt er schon in Tansania. Die Geschäfte laufen nicht schlecht. Auch das Gespräch mit Fabio beginnt mit deprimierenden Statistiken. »Nur zwölf Prozent der Bevölkerung sind an das Stromnetz angeschlossen«, erklärt der junge Unternehmer, »auf dem Land sind es zum Teil nur zwei Prozent und oft ist die Spannung so niedrig, dass man damit noch nicht einmal einen Kühlschrank laufen lassen kann.« Wenn er Erfolg haben wollte, müsste der Stromversorger *Tanesco* wie ein privatwirtschaftlicher Betrieb geführt werden, aber natürlich gehört er dem Staat, weil sich mit Strom mehr Geld verdienen lässt als mit der Kanalisation. Kein Wunder, dass nichts funktioniert: »Zwar bezahlen ausländische Geber die Stromleitungen, aber der tansanische Staat hält sie nicht instand. Tanesco kann nicht einmal die Gehälter seiner eigenen Mitarbeiter bezahlen, und viele Tansanier verzichten gleich ganz darauf, ans Stromnetz angeschlossen zu werden, weil allein das rund 200 Euro kostet, und so viel verdient ein normaler Arbeiter in drei Monaten. Die großen Kraftwerke sind ständig kaputt und unglaublich teuer und die endlosen Leitungen durchs Land ständig unterbrochen.«

De Pascales Antwort darauf ist Solarenergie. Das sei die einzig praktikable Methode, günstig Strom zu erzeugen und auch die Menschen in den abgelegenen Gegenden, sei es auf dem Land, sei es im Großstadtslum, zu erreichen. In einigen Dörfern wurden bereits Pilotprojekte eingerichtet, in Morogoro hat *Devergy* bereits 850 Kunden. Insgesamt 100.000 Menschen will De Pascale in Tansania langfristig mit Strom versorgen, ab 10.000 wäre sein Unternehmen bereits profitabel. De Pascale könnte Erfolg haben – Solarenergie ist billig. Und: Er ist weder auf den tansanischen Staat noch auf die Entwicklungshilfe angewiesen. Seine Kunden können selbst bestimmen, ob sie Solarenergie haben oder mit *Tanesco* weiter im Dunkeln sitzen möchten.

# Sansibar

Es gibt Menschen, die halten Vater Damus für einen mutigen Mann, und es gibt Menschen, die halten ihn für lebensmüde. Vater Damus sagt: »Ich habe keine Angst.« Dennoch geht er nicht mehr ohne Leibwache aus dem Haus. Vater Damus ist katholischer Pfarrer auf Sansibar, seit 2010 schon, und das ist in diesen unruhigen Zeiten nicht ungefährlich.

Einmal entkam er nur knapp einem Anschlag, als sein Amtsbruder Vater Ernest Mushi am 17. Februar 2013 nach dem Sonntagsgottesdienst vor der katholischen Kirche nahe Zanzibar Town erschossen wurde, sei eigentlich er selbst gemeint gewesen, ist sich Damus sicher. In letzter Sekunde konnte er sich in einen Wagen flüchten und entkommen. Seitdem ist er kein freier Mann mehr.

Ins Visier der Mohammedaner geriet er nicht nur, weil er Christ ist. Vater Damus nimmt auch den Missionierungsauftrag der katholischen Kirche sehr ernst. Gerade baut er an einem neuen Gotteshaus, zwei hat er schon errichtet. Das sehen jene nicht gerne, die davon überzeugt sind, dass es niemanden neben ihrem Allah geben dürfte, und dafür zu rabiaten Mitteln greifen.

Im November 2012 erwischte es Sheik Fadhil Suleiman Soraga. Der Mufti von Sansibar wurde Opfer eines Säureanschlags. Der Anschlag wurde von Motorradmännern ausgeführt. Sie schütteten dem Geistlichen die Säure ins Gesicht, von den Augen tropfte sie ihm auf den Hals, von dort auf die Brust. Soraga gilt als Vermittler zwischen den Religionen. Sein Verbrechen: Er sagt Dinge wie: »Wir sind alle Sansibaris und sollten die Religionen der anderen und auch deren Ideologien respektieren.« Vater Damus nennt ihn einen »Mann des Friedens«.

Weihnachten 2012 wurde Reverend Ambrose Mkenda nach dem Gottesdienst angegriffen. Zwei Pistoleros lauerten dem Priester auf einem Motorrad auf, verfolgten ihn und feuerten dann im Vorbeifahren auf den Mann, die Kugeln durchschlugen seine Wange und trafen dann die Schulter. Die Kirche vermutete eine islamistische Separatistengruppe namens *Uamsho* oder *Erweckung* hinter dem Anschlag. Diese war nämlich beleidigt und hatte deshalb die Christen der Insel mit Bluttaten bedroht, nachdem ein kleiner Junge angeblich den Koran geschändet hatte. Die Täter blieben am Ende ungeschoren, weil, wie Vater Damus sagt, »hier nie ein Christ einen Prozeß gegen einen Moslem gewinnen wird«. Zum Glück überlebte Vater Mkenda das Attentat.

Im September 2013 wurde Vater Anselm Mwang'amba mit Säure übergossen, es war das vierte Attentat auf einen katholischen Priester innerhalb eines Dreivierteljahres.

So könnte es endlos weitergehen. Damus kennt die Fälle in- und auswendig. Bleiben will er dennoch auf Sansibar – dessen Name sich, laut Baumann, »von Zendj-bar (Land der Schwarzen) ableitet«, während die Eingeborenen die Hauptinsel immer schon *Unguja* nannten (auf Kisuaheli: bevölkerter Raum).

Dabei kommt der Mann eigentlich aus Kibosho am Kilimandscharo. Wie die meisten Christen hier ist er nur zugezogen, weil es Arbeit gibt. Nun soll er vertrieben werden. »Die Moslem-Terroristen sind gegen die Union mit Tanganjika und gegen die Christen im Allgemeinen«, sagt Vater Damus, »sie wollen die Araber zurück, weil die Geld haben, und die Araber wollen Sansibar zurück, weil es ein Stückchen Paradies ist und sie früher von hier vertrieben wurden.« In der Propaganda der Araber, meint Damus, werde den muslimischen Sansibaris versprochen, alles umsonst zu bekommen. »Eigentlich«, so der Vater, »haben die Muslime hier gar nichts gegen uns, sie wollen bloß immer mehr Geld.«

»Östlich der afrikanischen Küste gelegen, werden die friedliche Stimmung ihrer Häfen geschätzt, die Süße ihrer Früchte und der Duft ihrer Gewürze«, schrieb der in Malawi aufgewachsene Autor Giles Foden in seinem *Sansibar*-Roman 2002. Noch immer döst das Eiland in Trägheit vor sich hin, doch sicher kann man nicht mehr sein, ob das noch lange so bleiben wird.

Attraktiv, aber auch umkämpft war die Gewürzinsel immer schon – denn Sansibar ist, wie der deutsche Afrika-Forscher Gerhard Rohlfs (1831–1896) zu berichten wusste, »äußerst glücklich gelegen. Es liegt 2400 englische Seemeilen von Calcutta entfernt, und cirka gleiche Entfernungen trennen es von Aden und Kapstadt.«

Wahrscheinlich kamen schon die alten Griechen bis hierher, man geht davon aus, dass der Seefahrer Ptolemäus mit der Erwähnung der Insel Menunthias entweder die Insel Sansibar oder Pemba gemeint hat. Araber und Perser zog es schon lange an die afrikanische Küste mitsamt ihrer vorgelagerten Inseln, und zumindest die Araber hatten sich schon früh mit den Bantu der Region vermischt und so die Basis für die Swahili-Kultur gelegt. Seefahrer aus dem Reich der Mitte müssen ebenfalls schon sehr früh hier angekommen sein, chinesische Münzen aus dem 8. und 12. Jahrhundert wurden auf den Inseln Mafia und Pemba gefunden, Malaien sollen über Madagaskar hierher gesegelt sein. Jemeniten, Türken und Ägypter wurden gesichtet. Und Ende des 15. Jahrhunderts ankerte Vasco da Gama hier – just nachdem es ihm als erstem Europäer gelungen war, einen Seeweg nach Asien zu finden und so die arabischen Wegelagerer zu umgehen. Es gibt einen einzigen Augenzeugenbericht dieser Fahrt, der Autor ist anonym geblieben, man vermutet in ihm

Alvaro Velho, der auf der *S. Rafael* mitgefahren war. Über Sansibar schreibt er: »Diese wird von vielen Mauren bewohnt und liegt gut zehn Leguas vom Festland entfernt.« Besonderen Eindruck machte die Insel auf die Portugiesen also damals nicht. Doch das sollte sich bald ändern. Nur wenige Jahre später tauchten sie wieder auf, versenkten etliche Dhaus und zwangen den Herrscher Sansibars unter das Joch ihres Königs.

Ein buntes Völkchen tummelte sich hier also, über das der österreichische Forschungsreisende Oscar Baumann 1897 (*Der Sansibar-Archipel*) schrieb: »Die Bewohner Sansibars stellen in ihrer heutigen Form kein sehr altes Bevölkerungselement dar. Es mag vielleicht Uransiedler gegeben haben, war die Insel doch schon in so früher Zeit das Ziel arabischer, persischer und vielleicht auch indischer Einwanderer, die wieder Sklaven vom Festland brachten, daß eine ursprüngliche Bewohnerschaft sich unmöglich erhalten konnte.«

Die Portugiesen brachten Sansibar nicht viel von ihrer eigenen Kultur. Sie bauten Kirchen, die erste um 1600, auf Pemba errichteten sie ein Fort. Zu jener Zeit gehörte ihnen die wichtige Hafenstadt Mombasa, im heutigen Kenia gelegen, schon längst. Meist fielen sie durch Plünderungen und Brandschatzungen auf – eigentlich, berichtete Baumann, »handelte es sich weniger um eine wirkliche Besitzergreifung als um eine Freihaltung des Seewegs nach Ostindien«. Die Portugiesen handelten mit Gold, Elfenbein und Holz, und als sie 1668 vom Sultan von Oman von den Inseln vertrieben wurden, weinten ihnen vermutlich nicht viele Menschen eine Träne nach.

Im Gegensatz zu den Portugiesen begannen die Omani eine emsige Bautätigkeit – und weil so viele Steinhäuser in Zanzibar Town entstanden, nannte man die Altstadt bald Stonetown. Aus Mauritius schafften Händler Gewürznelken und auch Kakao herbei, und alles gedieh prächtig auf der tropischen Insel. Das meiste Geld aber machten die umtriebigen neuen Herren mit einem schmutzigen Geschäft: dem Handel mit Sklaven. Diese wurden in endlosen Karawanen aus dem Inneren Afrikas an die Küste getrieben und auf Sansibar schließlich verkauft, und viele wurden von hier verschifft.

Als der Oman-Sultan Sayid 1840 seine Residenz von Muskat nach Sansibar verlegte, wurden auf Sansibar bereits jährlich 40.000 bis 50.000 Sklaven verkauft. Die Hälfte ungefähr endete auf den Plantagen vor Ort, die anderen wurden nach Arabien oder Persien gebracht – oder nach Mauritius zu den Franzosen. Sogar von Schiffen, die bis nach Brasilien segelten, war die Rede. Die Gesamtzahl der im 19. Jahrhundert von Arabern versklavten Schwarzen soll bis zu drei Millionen betragen haben. Und selbst als 1873 die Sklaverei offiziell verboten worden war, mischten Großganoven wie der berüchtigte Tippu Tip, der eigentlich Hamed bin Mohammed el Marjebi hieß, immer noch kräftig im Geschäft mit der menschlichen Ware mit.

Das Haus dieses heimlichen Herrschers der Insel kann heute immer noch besichtigt werden. Es liegt mitten in der verwinkelten Altstadt, in der Nähe des Africa House Hotels. Mein vorzüglicher Begleiter Talib Shabaan Rajab, ein frommer, aber toleranter Moslem mit einer fezartigen, weißen Mütze auf dem Kopf, führt mich zu Tippu Tips einstiger Residenz. Besonders imposant wirkt sie nicht, die Spuren des Verfalls sind deutlich zu sehen. Dennoch zeugen ihre schiere Größe und auch noch einige alte Verzierungen von ihrer einstigen Pracht. Bis in die sechziger Jahre befand sich das Haus noch in Privatbesitz, dann wurde es parzelliert und seitdem verrottet es langsam, aber sicher.

So schmutzig das Geschäft des Mannes gewesen sein mag, bei vielen, die mit ihm zu tun hatten, hinterließ Tippu Tip eine großen Eindruck. Wie die meisten der Entdecker und Eroberer begann auch Henry Morton Stanley seine große Afrika-Reise auf Sansibar, der Insel, die für den Reporter »so schön aussah wie das schönste Kleinod der Schöpfung«, und wie viele andere auch ließ er sich bei seinen Expedition von Tippu Tip unterstützen. »Er war ein großer schwarzbärtiger Mann mit sehr dunkler Hautfarbe, im besten Mannesalter und rasch in seinen Bewegungen, ein Bild von Energie und Kraft. Er hatte ein schönes intelligentes Gesicht, seine Augen zuckten nervös, die vollendet geformten Zähne blitzten weiß«, schrieb Stanley nach einer Begegnung und meinte, dies sei »der bedeutendste Mann, den ich unter den Arabern angetroffen hatte«. Der ehemalige britische Generalkonsul C. Eliot lobte Tippu Tips »würdevolle und vornehme Manieren«. Sein deutscher Zeitgenosse Heinrich Brode zeichnete gar die Lebenserinnerungen des Sklavenhändlers auf.

Geboren worden war Tippu Tip zwar auf der Insel, seinen Ruhm und seine Macht verdankte er aber vielmehr der Tatsache, dass es ihm gelungen war, sich im oberen Kongo zu behaupten – jenem Gebiet, aus dem die Schätze jener Zeit – Elfenbein und Sklaven – in Massen abtransportiert wurden. Zudem gelang es ihm, sich gegen einige der berüchtigsten Banditen jener Zeit durchzusetzen, den »despotischen Häuptling Samu« (Jörg Gabriel) etwa oder den Sigari-Herrscher Mirambo. König Leopold II. wollte Tippu Tip wegen dieser Erfolge zum Gouverneur machen und der Sultan Bargash zum Statthalter in Tabora. Tippu Tip jedoch kehrte lieber heim auf seine Insel – nach über 30 Jahren im Sklaven- und Elfenbeinhandel.

Mein Führer Talib kennt all diese Geschichten in- und auswendig. Seit einigen Jahren schon verdient er den Lebensunterhalt für sich, seine Frau und die fünf Kinder mit der Führung von Touristen. Deshalb beunruhigt ihn der aufkommende Moslemterror besonders, droht dieser doch, seine Lebensgrundlage zu zerstören. Als vor einigen Jahren jemand zwei britischen Sansibar-Touristinnen Säure ins Gesicht goss, geisterten die Nachrichten darüber tagelang nicht nur durch die zur Aufregung neigenden englischen Blätter. »Das schadet uns sehr«, meint Talib Rajab traurig, »dabei lebten hier lange Zeit die Menschen so friedliche nebeneinander.« Doch er mag nicht daran glauben, dass die Hardliner die Oberhand gewinnen. »Viele junge Menschen fühlen sich gegenüber dem Festland benachteiligt, deshalb streben sie nach Unabhängigkeit. Dennoch kommt alles wieder ins Lot: Sansibar hat schon den einen oder anderen schweren Sturm in seiner Geschichte erlebt«, sagt er. Und damit hat er zweifellos recht. Dann machen wir uns auf den Weg zum Hafen und chartern ein kleines Holzboot, das uns auf die Inseln in der Nähe bringen soll.

Als erstes wollen wir Chapwani ansteuern. Es ist eine kleine Koralleninsel, und die Überfahrt dauert nur zwanzig Minuten. Chapwani beherbergt ein kleines, nicht ganz billiges Hotel mit fünf Bandas, in denen eine Übernachtung zwischen 110 und 235 Euro kostet. Aber das ist nicht der Grund, hier herauszufahren. Wir wollen uns den alten Kriegsgräberfriedhof anschauen, dem das kleine Eiland den Beinamen *Grave Island* verdankt. Fast 100 Gräber liegen hier im heißen Wüstensand. »Commonwealth War Graves« steht auf einem Schild – doch es wurden alle möglichen ertrunkenen Seeleute hier bestattet. »Die Briten und Franzosen kämpften doch hier schon in den siebziger Jahren des neunzehnten Jahrhunderts gegen die Sklavenhändler und versenkten deren Schiffe«, klärt Talib auf, »alle Ausländer, die dabei fielen, wurden hier bestattet, später kamen natürlich die Toten des Ersten Weltkriegs dazu.« Dann führt er mich zu einem Grabstein, der an einen deutschen Seemann erinnert – »gewidmet von seinen Kameraden an Bord der S.M.M.S. ›Nautilus‹ und ›Möve‹«. Es befinden sich weder Datum noch Name des Verstorbenen darauf. Viele Kreuze sind nur mit Nummern gekennzeichnet. Auf einem Kreuz steht der Namen Herman Olanfied von der *H.M.S London*, gestorben am 15. Oktober 1878, ein John Kiddle, Seemann auf der *H.M.S Diomand*, starb bereits zwei Jahre früher. Und auch eine Deutsche liegt hier. Schwach ist noch der Name Thekla Clementine Schultz zu entziffern. Obwohl also die Toten mehrerer Nationen hier bestattet wurden, ist es ausschließlich die britische Regierung, die für den Unterhalt des Friedhofs aufkommt. Allein in 24 Gräbern liegen Tote der vom deutschen Kriegsschiff *Königsberg* versenkten *Pegasus*. Die britischen Seeleute starben am 20. September 1914 auf Sansibar.

Danach fahren wir nach Changuu Island. Heute ist die Insel bekannt für ihre Aldabra-Riesenschildkröten. Talib meint, sie seien zu Beginn des 20. Jahrhunderts von den Seychellen hierher gekommen. Auch diese Insel gibt beredt Auskunft von der wechselvollen Geschichte Sansibars. Einst nutzten Araber das Eiland und quälten ihre Sklaven, bevor sie sie auf dem Markt in Stonetown verkauften. Später übernahmen die Briten den traurigen Ort, um ihn als Gefängnisinsel zu nutzen. In den Boden eingelassene Eisenringe zeugen von den Grausamkeiten des 19. Jahrhunderts. Dann jedoch drohte eine Gelbfieberepidemie von Sansibar aufs Festland überzuschwappen, und der Gouverneur entschied, die Insel als Quarantänestation zu nutzen. Die Riesenschildkröten besichtigen wir dann auch noch: bis zu 300 Kilo schwere Kolosse, die bis zu 300 Jahre alt werden können und sich stark vermehren. »Auf den Seychellen hat es zu viele davon gegeben, sie haben die Felder zerstört, deshalb wurde entschieden, sie auf verschiedene Länder zu verteilen, statt sie zu töten«, erklärt Talib. Mehr als 200 gebe es schon, allerdings seien früher viele Schildkröten gestohlen worden. Und sogar Anfang des Jahres seien alle Babytiere verschwunden, sie seien eben bei reichen Arabern beliebt als Haustiere, weil sie so unkompliziert und reinlich seien. Wo früher die Sklaven und Gefängnisinsassen gehalten wurden, befindet sich heute ein Restaurant, aber so richtig Appetit macht die Umgebung nicht. So zieht es uns zurück.

Als sich die europäischen Großmächte anschickten, Afrika zu unterwerfen, ging auch die Zeit der Oman-Sultane in der Region vorbei; zumindest verloren sie ihre Macht; zunächst an die Deutschen, die 1885 mit Kriegsschiffen anrückten und den Sultan nötigten, ihre Ansprüche auf das Schutzgebiet anzuerkennen, später an die Briten, die Sansibar 1890 zum britischen Protektorat erklärten. Davor hatten Briten und Deutsche ihre Herrschaftsbereiche abgeklärt. Die Deutschen, die Sansibar nie kontrolliert hatten, verzichteten auf alle Ansprüche und erhielten im Gegenzug Helgoland und jenes Gebiet im heutigen Namibia, das als Caprivi-Zipfel bekannt ist. Es gab noch den einen oder anderen Sultan auf Sansibar, doch vom alten Glanz war nicht viel geblieben. Im Dezember 1963 erhielten die Inseln von der Krone die Unabhängigkeit, und nur kurze Zeit später lehnten sich die Afrikaner gegen die arabische Oberschicht auf, und es kam zu einem Blutbad.

»Am 12. Januar 1964«, so hat es das Magazin *Drum* festgehalten, »wurden die Menschen Sansibars übers Radio von der Stimme eines gewissen Field-Marshal John Okello geweckt: ›Ich habe eine Armee, die groß ist wie ein Schwarm Heuschrecken. Hinter mir stehen 999 999 000 Menschen. Diejenigen, die gegen mich sind, werden in kleine Stücke geschnitten, ins Meer geworfen, angezündet oder an Bäume gebunden, um jungen Scharfschützen zu Übungszwecken zu dienen. Ich will, dass Herr Hasrusi sich selbst umbringt.‹« 20.000 bis 50.000 Menschen wurden in jenen Tagen auf Sansibar massakriert. Der Ugander Okello ernannte einen Revolutionsrat und machte Abeid Amani Karume zum Präsidenten. Sansibar, die alte Gewürzinsel, war über Nacht kommunistisch geworden, und der Ostblock beeilte sich mit der Anerkennung des neuen Staats und der Entsendung von »Experten«. Die DDR baute zum Beispiel Plattenbauten. Afrika-Kenner und Autor Guy Arnold (Jahrgang 1932): »Die Geschwindigkeit, mit der die neue Regierung von Rußland, China und anderen kommunistischen Staaten anerkannt wurde, ließ im Westen die Alarmglocken schrillen.« Danach kam die Vereinigung mit Tanganjika. Seitdem lebt die Insel fast ausschließlich vom Tourismus. Ein »erhellendes, wenn auch trauriges Beispiel« für den Niedergang hat der Entwicklungshilfekritiker Jürgen Wolff in der *Frankfurter Allgemeinen Zeitung* (12. Januar 1998) gefunden. In seinem Buch *Entwicklungshilfe: Ein hilfreiches Gewerbe* schreibt er über die von den »Meisterökonomen von Brot für die Welt« empfohlene Politik am Beispiel der Inseln Sansibar und Pemba: »Vor 1964 waren sie mit mehr als 12 000 Tonnen jährlich der mit Abstand größte Gewürznelkenlieferant der Welt. Hauptabnehmer war Indonesien, das es liebt, seinem Zigarettentabak Nelken beizumischen. Der Erlös für die Nelken reichte aus, um mehr Reis zu importieren, als die Sansibaris je hätten essen können.« Dann jedoch habe es die sozialistische Revolution gegeben, und der neue rote Machthaber Karume habe beschlossen »dass alle genug zu essen haben sollten«. Was für ein Plan aber mit welch verheerenden Folgen? »Auf der Hauptinsel Sansibar hatten drei Viertel der Nelkenbäume dem Reisanbau zu weichen, auf Pemba mehr als die Hälfte; die verbliebenen Bäume überalterten. Die Produktion brach ein, Indonesien baute seine eigene Erzeugung aus, die Preise verfielen, eine Wiederbelebung des Anbaus erscheint, auch nach dem Ende des Sozialismus, wegen dieser niedrigen Preise als hoffnungslos.« Wolff schließt: »Die geringe bis fehlende wirtschaftswissenschaftliche Bildung schlägt voll auf die entsprechende Propaganda durch.«

In einem wunderschönen, alten und sehr gepflegten Haus in Stonetown lebt der alte deutsche Architekt Erich Meffert mit seiner sansibarischen Frau. Früher hat er an den Universitäten von Nairobi und Dar es Salaam gelehrt. Er liebt die Insel und kommt nicht mehr recht von ihr fort, auch wenn er noch regelmäßig in seine Wuppertaler Heimat fliegt.

»Die Insel lebt von nichts anderem als Tourismus, Drogenhandel und Geldwäsche«, erzählt Meffert, »Stonetown befindet sich schon zur Hälfte in der Hand von Katar-Arabern, die hier alles aufkaufen.« Selbst das Elfenbein werde immer noch von hier verschifft. Früher einmal war Meffert deutscher Honorarkonsul auf der Hauptinsel, heute kümmert er sich noch ehrenamtlich um den deutschen Friedhof in Zanzibar Town. Als Architekt leidet er zwar unter dem Verfall, meint aber, das sei alles kein neues Phänomen und die Schönheit der Gebäude sei immer maßlos übertrieben worden: »Schon die mit dem Hamburger Kaufmann Ruete verheiratete Prinzessin Salme von Oman hat die Zerstörung der Kultur beklagt.« Das ist schon lange her. Die Prinzessin verließ die Insel 1866. Heute kommt zweimal die Woche die *Condor* und spuckt neue Touristen aus. Meffert: »Verfallen tut Sansibar schon lange, aber sterben tut es nicht.«

# Glossar ausgewählter Begriffe und Personen

*Amboseli*: Kenianischer Nationalpark, der berühmt für seine Elefanten ist und in unmittelbarer Nachbarschaft zum Kilimandscharo liegt. Der Park ist 392 Quadratkilometer groß und Teil eines insgesamt 8.000 Quadratmeter großen Ökosystems, das sich auch auf Teile Tansanias ausdehnt. Neben Elefanten beheimatet der Park unter anderem rund 400 Vogelarten, Büffel, Löwen, Impalas, Giraffen, Zebras und Hyänen.

*Arusha*: Safarihauptstadt und mit rund einer halben Million Einwohnern zweitgrößte Stadt des Landes. Arusha liegt 1.540 Meter hoch, direkt im Schatten des 4.566 Meter hohen Vulkans Mount Meru. Einst hatte hier der deutsche Professor Grzimek (*Serengeti darf nicht sterben*) sein Quartier. In Arusha erklärte Nyerere 1967 sein Konzept vom Sozialismus, 1998 richtete sich hier das sogenannte Arusha-Tribunal ein, um den Genozid von Ruanda aufzuarbeiten. Heute tummeln sich jede Menge Reiseveranstalter in der Stadt.

*Bagamoyo* liegt rund 70 Kilometer nordöstlich von Dar es Salaam am Indischen Ozean. Im 19. Jahrhundert war die Stadt mit damals rund 6.000 bis 8.000 Einwohnern der bedeutendste Hafen Tanganyikas. Damals bildete sie den Endpunkt der arabischen Karawanenroute vom Tanganjika-See und diente als Umschlagplatz für Lebensmittel, Elfenbein und Sklaven. Dem Sklavenhandel entspringt auch der Name des Orts. »Baga Moyo« bedeutet übersetzt »Wirf Dein Herz hin« und bringt die Hoffnungslosigkeit der zum Weitertransport nach Sansibar Auserkorenen zum Ausdruck. Bagamoyo diente auch als Anlaufstelle der wichtigsten Afrika-Expeditionen ins Innere Afrikas, insbesondere derjenigen, die sich aufmachten, die Quellen des Nils zu finden. Stanley, Burton und Speke machten hier halt und stellten ihre Kolonnen zusammen. Die Entfernung von Sansibar nach Bagamoyo betrage nur 25 englische Meilen, berichtete Henry Morton Stanley (*Wie ich Livingstone fand*), »aber die langsamen, schwerfälligen Dhauen brauchten 10 Stunden, ehe sie auf dem Korallenriff ankerten«. Ansonsten habe die Stadt »ein sehr angenehmes Klima. Es ist in jeder Beziehung dem von Sansibar sehr vorzuziehen.« 1887 wurde Bagamoyo Hauptstadt Deutsch-Ostafrikas, 1888 kam es hier zum ersten schweren Aufstand gegen die deutsche Kolonialherrschaft.

*Baumann, Oscar* (1864 – 1899): Der österreichische Philosoph, Ethnologe, Geograph erforschte gemeinsam mit Hans Meyer Ostafrika. Dabei fielen die beiden auch dem Araberrebellen Buschiri, der gegen die Deutsche aufbegehrte, in die Hände und wurden gekidnappt. Später vermaß Baumann Montenegro und die Massai-Steppe und erreichte als erster Europäer die Quelle des Kamera-Flusses – den Ursprung des Nils.

*Blixen, Karen* (eigentlich Karen Christence Blixen-Finneke) (1885 – 1962): dänische Schriftstellerin und in Kenia Kaffeefarmerin. Berühmt wurde sie mit ihrem autobiographischen Roman *Out of Africa* (deutscher Titel: *Afrika, dunkel lockende Welt*, dänischer: *Den afrikanse Farm*), der 1937 unter dem Pseudonym Isak Dinesen erschien. Über das Werk schreibt *Kindlers neues Literaturlexikon*: »In einer einzigartigen Verbindung von konzisem Realismus und sensibler Beobachtung gelang es ihr, Natur und Menschen dieser Landschaft in ihrem unmittelbaren mythischen Zusammenhang darzustellen.«

*Chagga*: Bantu-Stamm, der an den südlichen und östlichen Hängen des Kilimandscharo beheimatet ist. Die Deutschen schätzten die Zahl der Chagga- oder Dschagga-Haushalte zur Kolonialzeit auf 28.000, ein Zensus von 1988 ergab eine Chagga-Bevölkerung von 744.271. Traditionell leben die Chagga vom Ackerbau, insbesondere dem Anbau von Bananen, aber auch Kaffee.

*Dar es Salaam* (Hafen des Friedens) wurde erst 1862 gegründet, als der Sultan von Sansibar, Sayyid Majid, den Ausbau eines Hafens in Auftrag gab. 1870, nach dem Tod des Sultans, verfiel der Hafen zunächst wieder. 1887 erlebte die Stadt dann ihren Aufschwung durch die Errichtung einer deutschen Garnison, 1891 verlegten die Deutschen schließlich ihre Hauptstadt von Bagamoyo nach Dar es Salaam. Der traditionelle Stadtkern befand sich zwischen dem Uhrturm (Clock Tower) und der Ocean Road. Vor Ausbruch des Ersten Weltkriegs im Jahr 1914 lebten rund 22.500 Menschen in Dar es Salaam, darunter 1.000 Europäer und 2.500 Inder. 1957 zählte die Stadt 128.000 Einwohner, 1967 kam eine Volkszählung auf 272.000 Menschen, 1974 sollen es bereits über 500.000 Einwohner gewesen sein. Zu diesem Zeitpunkt war Dar es Salaam schon nicht mehr Tansanias Hauptstadt – ein Jahr zuvor war beschlossen werden, Dodoma zum Regierungssitz zu machen. Heute gilt Dar es Salaam mit seinen rund vier Millionen Einwohnern nicht nur als wichtigstes Handels- und Wirtschaftszentrum Tansanias, sondern ist, laut einem Bericht der *BBC*, auch eine der am schnellsten wachsenden Städte der Erde.

*Decken, Carl Claus von der* (1833 – 1865) war 1862 der erste Europäer, der sich anschickte, den Kilimandscharo zu besteigen. Allerdings scheiterte der Spross eines hannoverschen Adelsgeschlechts (sein Großvater war königlicher Hannoverscher Premierminister) auf der Höhe von 4.200 Metern. Zum Verhängnis wurde dem Abenteurer eine Expedition nach Somalia (1865). Mit zwei Flussdampfern, die in Hamburg gebaut wurden, machte er sich von Sansibar aus auf den Weg, um den somalischen Juba-Fluss zu erkunden. Der erste Dampfer ging allerdings schon in der Mündung verloren, der zweite wurde wenig später von Somali angegriffen: Von der Decken und viele seiner Männer verloren dabei ihr Leben.

*Deutsch-Ostafrika*, nannten die Deutschen ihr »Schutzgebiet« im Osten Afrikas (1885 – 1918). Es umfasste das tansanische Festland (Tanganjika), Ruanda und Burundi sowie einen Zipfel im Norden des heutigen Mosambik und war mit 7,5 Millionen Einwohnern und einer Fläche etwa doppelt so groß wie das Deutsche Reich die größte deutsche Kolonie. Verwaltungssitze waren Bagamoyo und Dar es Salaam. Während des Ersten Weltkriegs verlegten die Deutschen ihr Hauptquartier nach Tabors (ab 1916).

*Deutsche Ostafrika Gesellschaft*: wurde von dem glühenden Kolonialisten Carl Peters und einem Mitstreiter 1884 als Gesellschaft für deutsche Kolonisation gegründet, 1887 in DOAG umbenannt. 1884 entsandte die Gesellschaft unter der Führung von Peters eine Expedition nach Ostafrika. Deren Arbeit bestand darin, den einheimischen Häuptlingen Schutzverträge vorzulegen und somit Herrschaftsansprüche zu erwerben. Nach anfänglicher Skepsis ließen sich Bismarck und der Kaiser später auf das koloniale Abenteuer ein. Anfangs verwaltete die DOAG die neue Kolonie. 1890 übernahm dann das Deutsche Reich komplett die Verwaltung Deutsch Ostafrikas.

*Dodoma* ist seit 1974 Hauptstadt der Vereinigten Republik Tansania. Gegründet worden war Dodoma 1907 von Deutschen – in einer Region im Landesinnern, die auf der Route der Sklavenkarawanen (zwischen Tanganjika-See und Küste) lag. Heute hat die Stadt rund 200.000 Einwohner. Der Regierungssitz befindet sich immer noch in Daressalam, dem wirtschaftlichen Zentrum des Landes. Ausgerechnet das verschlafenen Dodoma zur Hauptstadt zu machen, war eine fixe Dezentralisierungsidee des damaligen Präsidenten Julius Nyerere gewesen.

*Goetzen, Gustav Adolf von* (1866 – 1910): war Gouverneur von Deutsch-Ostafrika und Namenspatron des Motorschiffs *Goetzen*, das 1913 von der

Meyer-Werft gebaut wurde und heute noch unter dem Namen *Liemba* auf dem Tanganjika-See verkehrt. Bereits als Militärattaché der deutschen Botschaft in Rom (1890/91) reiste Goetzen zum Kilimandscharo, um dort zu jagen. Später erkundete er als erster Deutscher Ruanda und entdeckte den Kivusee (1893/94). Wegen seiner Afrika-Erfahrung wurde Götzen 1901 zum Gouverneur der Kolonie ernannt, 1906 gab er den Posten aus gesundheitlichen Gründen auf und kehrte nach Deutschland zurück.

*Grzimek, Bernhard* (1909 – 1987): Der Frankfurter Zoodirektor machte sich einen Namen als Fernsehmoderator der Reihe »Ein Platz für Tiere«. Später entdeckte er sein Herz für Afrika, wo er Tiere für seinen Zoo kaufen wollte. Gemeinsam mit seinem Sohn Thomas drehte er die Filme *Kein Platz für wilde Tiere* und *Serengeti darf nicht sterben*, der mit dem Oscar ausgezeichnet wurde. Während der Dreharbeiten zu dieser Dokumentation starb Thomas. Bernhard Grzimeks Leichnam wurde später nach Tansania überführt und neben seinem Sohn beigesetzt.

*Kilimandscharo*: »Der Kilimandscharo ist ein schneebedeckter Berg von 6.000 Metern Höhe und gilt als der höchste Berg von Afrika. Der westliche Gipfel heißt der Massai ›Ngaja Ngaja‹, das Haus Gottes. Dicht unter dem westliche Gipfel liegt das ausgedörrte und gefrorene Gerippe eines Leoparden.« Das schrieb Hemingway in seiner Erzählung »Schnee auf dem Kilimandscharo«. Sehr präzise war er nicht. Der Kilimandscharo ist 5.895 Meter hoch, genau genommen handelt es sich um drei verschiedenen Vulkane, deren höchster der Kibo ist. Seine Spitze wurde nach der Unabhängigkeit von Kaiser-Wilhelm-Spitze in Uhuru-Peak umbenannt. Der Shira ist 4.006 Meter hoch, der Mawenzi 5.149 Meter. Mit einem Alter von rund 500.000 Jahren gehört der Kilimandscharo zu den jüngeren Gipfelformationen. Der Dumont-Führer *Richtig Reisen*: »Der Kibo ist die jüngste Formation; schwefelhaltige Gase im Kraterinnern deuten auf latente vulkanische Aktivität. Nach einem erneuten Ausbruch würde der Kibo noch mehr an Höhe gewinnen, jedoch scheint der Vulkan momentan in einen tiefen Dornröschenschlaf gefallen zu sein.« Es geht die Legende, dass Königin Victoria den Berg einst ihrem Neffen, Kaiser Wilhelm, schenkte. So komme es, dass er heute auf tansanischem Staatsgebiet liegt und eben nicht in Kenia.

*Krapf, Ludwig* (1810 – 1881): Gemeinsam mit seinem Freund Johannes Rebmann entdeckte Krapf am 11. Mai 1848 den Kilimandscharo, zuvor hatte er nördlich von Mombasa die Missionsstation Rabbai Mpya aufgebaut. Das war allerdings nicht die erste Afrika-Station des Frömmlers aus Tübingen gewesen.

Schon zwischen 1837 und 1843 missionierte der Gottesmann in Abessinien, allerdings wurde ihm später die Rückreise verweigert. In Äthiopien machte sich Krapf auch als Sprachforscher einen Namen – er sammelte dort alte Handschriften und erhielt für seine Verdienste die Ehrendoktorwürde der Philosophischen Fakultät Tübingen. Später veröffentlichte er auch ein Vokabular der Massai-Sprache und übersetzte Teile der Bibel in die Oromo-Sprache.

*Krüger, Hardy*: Deutscher Schauspieler, der an der Seite von Hollywoodlegende John Wayne im Film *Hatari* spielte. Gedreht wurde der Kinofilm in der Nähe des Arusha-Nationalparks im Norden Tansanias – auf dem Gelände der Momella-Farm, welche die deutsche Großwildjägerin und Pionierin Margarete Trappe weiland aufgebaut hatte. Beeindruckt von der Wildnis Afrikas, erwog Krüger zunächst, eine Farm zu erwerben. Doch Präsident Julius Nyerere, der zu den Dreharbeiten erschienen war, soll den Mimen überredet haben, ein Hotel aufzubauen: »Wie wär's, Herr Krüger, wenn Sie statt eine Farm zu kaufen, ein Hotel in Tansania bauen würden? Eine Lodge, ein Buschhotel. Sie sind bekannt, sie haben Beziehungen. Sie könnten Touristen ins Land bringen.« So schildert Krüger die Begegnung zumindest in seinen Erinnerungen *Eine Farm in Afrika*. Kurze Zeit nach diesem Treffen begann Krüger, die Momella Game Lodge aufzubauen, »ein richtiges kleines Hotel« mit weißen Rundhütten und Dächern aus Bananenblättern.

*Lettow-Vorbeck, Paul von* (1870 – 1964): An dem Schutztruppengeneral scheiden sich die Geister: Den einen ist er der Löwe von Afrika, dem die Askari treu ergeben waren und der im Ersten Weltkrieg einen heldenhaften Guerillakrieg gegen die britische Übermacht führte, den anderen ein Kriegsverbrecher, der die Schwarzen unter seine Knute zwang und die Kolonie ohne Not ins Gemetzel stürzte. Bevor Lettow 1914 zum Kommandeur der Schutztruppe in Ostafrika ernannt wurde, diente er unter anderem in China (Boxeraufstand), Deutsch-Südwest und Kamerun. Erst nachdem schon in Europa Waffenstillstand herrschte, kapitulierte Lettow-Vorbeck mit den Resten seiner versprengten Schutztruppe, die sich in den letzten Kriegstagen tief in den Süden zurückgezogen hatte.

*Livingstone, David* Missionar und Entdecker (1813 – 1873): Livingstone wurde im schottischen Blantyre geboren, arbeitete als Kind in einer Baumwollspinnerei. 1841 erreicht er im Dienste der Londoner Missionsgesellschaft Südafrika. 1845 heiratet er Mary, die Tochter des Missionars Robert Moffat. 1849 erste ausgedehnte Reise vom Betschuanaland (heute Botswana) aus durch die Kalahari. 1851 erreicht er den Oberlauf des Sambesi. 1855 entdeckt er die Victoriafälle (von den Einheimischen Mosi o Tunia, Donnernder Rauch, genannt) und benennt sie nach der englischen Königin. 1862 stirbt seine Frau Mary an Malaria. 1866 beginnt er in Sansibar seine letzte Expedition ins Innere Afrikas. Drei Jahre darauf gilt er als verschollen. 1869 macht sich der Journalist Henry Morton im Auftrag des *New York Herald* auf, Livingstone zu finden. 1871 begegnen sich beide Männer in Ujiji am Tanganjika-See. Stanley versucht, Livingstone zu überreden, mit ihm nach Großbritannien heimzukehren. Livingstone weigert sich. 1873 stirbt Livingstone in dem Dorf Chitambo an der Ruhr. Sein Herz wird an Ort und Stelle begraben, der Leichnam zur Küste gebracht und von dort nach England verschifft. Die Beerdigung findet in der Westminster Abbey statt. Auf seinem Grabstein finden sich die Worte: »Hergebracht von treuen Händen über Land und Meer ruht hier David Livingstone, Missionar, Reisender, Philanthrop, geboren am 19. März 1813 in Blantyre, Lanarkshire, gestorben am 1. Mai 1873 in Chitambo, Ulala. ... Und ich habe noch andere Schafe, die sind nicht aus diesem Stall; auch sie muss ich herführen (Johannes 10:16 LUT).«

*Machame*: An den Hängen des Kilimandscharo gelegenes Gebiet, das einen der früheren Herrschaftsbereiche bezeichnet. Die Abzweigung nach Machame befindet sich rund zehn Kilometer außerhalb von Moshi auf dem Weg nach Arusha. Bis kurz nach dem Zweiten Weltkrieg umfasste Machame auch noch die beiden westlich gelegenen Chagga-Herrschaftsgebiete. Während der britischen Kolonialherrschaft entwickelte sich Machame unter dem Herrscher Abdiel Shangani »zu dem bedeutendsten und und mächtigsten Teil des Chagga-Landes« (*Ostafrika Reisehandbuch*). 1846 war der deutsche Missionar und »Kilimandscharo-Entdecker« Johannes Rebmann nach Machame gereist, später war ihm Baron Carl Claus von der Decken gefolgt. Haupteinnahmequelle ist der Anbau von 17 verschiedenen Bananenarten, aus denen unter anderem Bananenbier hergestellt wird. Noch heute gilt Machame als eine der wohlhabendsten Regionen ganz Tansanias. In Machame liegt auch die von den deutschen Bauhausarchitekten Alexander Jatho und Madeleine Schröder 2012 fertiggestellte Kaliwa Lodge (www.kaliwalodge.com).

*Massai*: Ostafrikanisches Hirtenvolk. »Wie junge hochmütige Adelige sind mir die Massais von vornherein entgegengetreten«, schrieb der deutsche Philosoph und Kolonialist Carl Peters (*Die deutsche Emin Pascha-Expedition*), »für sie gibt es nur eine Arbeit, das ist der Krieg und der Schutz der Herden.« Während Peters bei den Massai einen »angebornen kriegerischen und hochmütigen Sinn« ausmacht, beschäftigt sich die Schweizer Forschungsreisende Corinne Hofmann (*Die weiße Massai*), die rund 100 Jahre nach Peters die Bekanntschaft eines Massais macht, in erster Linie mit der erotischen Ausstrahlung: »Er ist nur mit einem kurzen, roten Hüfttuch bekleidet, dafür aber reich geschmückt ... Sein Gesicht ist so ebenmäßig schön, daß man meinen könnte, es sei das einer Frau. Aber die Haltung, der stolze Blick und der sehnige Muskelbau verraten, daß er ein Mann ist ... So, wie er dasitzt in der untergehenden Sonne, sieht er wie ein junger Gott aus.« Ähnlich beeindruckt hatte sich zuvor auch die dänische Kaffeefarmerin Karen Blixen geäußert: »Ein Massaikrieger ist ein schönes Bild. Diese jungen Leute haben im höchsten Maße die seelische Haltung, die wir schneidig nennen; so verstiegen und wild phantastisch, wie sie scheinen, sind sie doch ihrer eigensten Natur und und ihrem eingeborenen Schicksal unbeirrbar treu geblieben.«

*May, Ernst* (1886 – 1970): Deutscher Architekt und Stadtplaner. Von 1925 bis 1930 war May als Siedlungsdezernent der Stadt Frankfurt am Main unter anderem für die Schaffung der Frankfurter Römerstadt verantwortlich. May gilt als Vater des »Neuen Frankfurt«. 1930 ging er als Architekt in die Sowjetunion, nach der Machtergreifung der Nazis übersiedelte May 1934 nach Tanganjika, später Kenia. In Moshi schuf er das *KNCU*-Gebäude, in Usa River das Wohnhaus von Captain Murray. Erst 1954 kehrte May in die Bundesrepublik zurück. 1955 widmete ihm *Der Spiegel* eine Titelgeschichte.

*Meyer, Hans* (1858 – 1929: Erstbesteiger des Kilimandscharo, Verlegersohn, Geograph, Forschungsreisender, schrieb über Tanganjika: »Der größere Teil nicht nur der deutschen Interessensphäre, sonders des ganzen äquatorialen Ostafrika ist ... ein unfruchtbares, sehr dünn bevölkertes Land, in dem wohl der genügsame Neger ein ausreichendes Fortkommen findet, in dem aber für den Europäer weder Gewinn bringende Werte vorhanden sind, noch solche hervorgebracht werden können« (*Die Erstbesteigung des Kilimandscharo*).

*Moshi* sei »die Art Stadt, die Somerset Maugham erfunden haben würde, wenn er je über Afrika geschrieben hätte«, fand der amerikanische Journalist und Schriftsteller John Gunther (1901 – 1970): »Moschi ist Eisenbahnstation und weist auch sonst allerlei Kulturerrungenschaften auf.« Der alte deutsche Bahnhof von 1912 existiert noch, allerdings ist die von den Deutschen errichtete Bahnlinie verrottet. Der Bahnverkehr wurde schon vor langer Zeit eingestellt. Heute hat Moshi etwas weniger als 200.000 Einwohner und ist Verwaltungszentrum der Kilimandscharo-Region. Von hier starten viele Touren auf den Berg, der den Ort überragt.

*Mwalimu*: der Lehrer (Kishualehi), Bezeichnung für Julius Nyerere.

*Ngorongoro-Krater*: Er gehört neben Kilimandscharo und Serengeti zu den beliebtesten Touristenattraktionen Tansanias: ein riesiger Vulkankrater mit einem Durchmesser zwischen 17 und 21 Kilometern und einer Fläche von 26.400 Hektar. Bis zum Ende des Ersten Weltkriegs siedelten in diesem Garten Eden der deutsche Farmer Adolf Siedentopf und seine Frau Paula und betrieben Rinderzucht und Getreideanbau. 1951 wurde der Ngorongoro-Krater Teil des Serengeti-Nationalparks, 1959 errichtete man zusätzlich die Ngorongoro Conservation Area um den Krater herum, 1979 wurde er zum Unesco-Weltnaturerbe ernannt, 2010 zusätzlich zum Weltkulturerbe erhoben. Im Krater leben rund 25.000 größere Säugetiere: Zebras, Elefanten, Nashörner, Löwen, Hyänen, Leoparden. In der Nähe des Kraters fand die Paläoanthropologin Mary Leakey 1959 den Schädel eines Australopithecus Bosei und später 3,6 Millionen Jahre alte menschliche Fußabdrücke.

*Peters, Carl* (1856 – 1918): Deutscher Kolonialist und Gründer der *Deutsch-Ostafrikanischen Gesellschaft*. Doktor der Philosophie und Verfasser einer Abhandlung über Arthur Schopenhauer. Laut Ilija Trojanow (*In Afrika*) »ein Aufschneider und Fanatiker«, der selbst »in dieser an fragwürdigen Persönlichkeiten nicht armen Epoche herausstach«. 1884 gelangte er an der Spitze einer Expedition ins Hinterland Tanganyikas und erwarb Land von den dort herrschenden Häuptlingen. Zwei Jahren später erteilte die deutsche Regierung der *Deutsch-Ostafrikanischen Gesellschaft* einen Schutzbrief. Deutschland war in Ostafrika Kolonialmacht geworden – eingekeilt zwischen Portugiesen (Mosambik) und Briten (Kenia). Berüchtigt war Peters' Brutalität gegenüber den Eingeborenen (»Hängepeters«).

*Ruaha*: Nationalpark in Zentraltansania, wurde 1910 von den Deutschen als Saba Wildreservat gegründet, 1946 von den Briten in Rungwa Wildreservat und 1964 in Ruaha Nationalpark umbenannt. Der Name stammt von dem Hehe-Wort »Ruvaha«, das Fluss bedeutet. Mit über 20.000 Quadratkilometern ist Ruaha der größte Nationalparks Ostafrikas. Er beherbergt 571 Vogelarten und nach eigenen Angaben »eine höhere Elefantenkonzentration als in jedem anderen Nationalpark in Ostafrika« (Quelle: www.tanzaniaparks.com).

*Schutztruppe*: Truppe, die 1891 aus der so genannten Wissmann-Truppe, die zur Niederschlagung des Araberauftsands, gegründet worden war, hervorging. Die Schutztruppe wurde per Reichsgesetz vom 22. März 1891, nach der Übernahme des »Schutzgebietes« eingerichtet. Am 1. April 1891 wurde die Truppe als »kaiserliche« Truppe neu organisiert und neben Reichsheer und Marine gestellt. »Zur Aufrechterhaltung der öffentlichen Ordnung, insbesondere zur Bekämpfung des Sklavenhandels, wird eine Schutztruppe verwendet, deren oberster Kriegsherr der Kaiser ist«, hieß es im Dekret.

*Sisal* wurde 1893 von dem deutschen Botaniker Richard Hindorf in Deutsch-Ostafrika aus Florida eingeführt. Zwar überlebten von den 1.000 Setzlingen dieser Agavenart nur 62, das reichte jedoch, um in der Region Tanga große Pflanzungen entstehen zu lassen. Aus Sisal wird eine harte Faser gewonnen, die zum Beispiel in Schiffstauen Verwendung findet.

*Tazara*: Tanzania Zambia Railways (in Deutschland auch Tansam genannt), 1975 von den Chinesen eingeweihte Bahnverbindung von Dar es Salaam nach Kapiri Mposhi, in den sambischen Kupfergürtel. Das einspurige Schienensystem umfasst 1.860 Kilometer und wurde innerhalb von sechs Jahren angelegt. 23 Tunnel und 320 Brücken mussten dafür geschaffen werden. Weil durch die Bahnverbindung die sambische Kupferindustrie unabhängig von den großen Monopolen wurde, trägt die Bahn auch den Beinamen *Great Uhuru Highway*.

*Tanga*: Tansanische Stadt am Indischen Ozean.

*Tanganyika Territory*: Von 1926 bis 1961 war Tanganjika britische Kolonie und wurde offiziell Tanganyika Territory genannt. Zuvor gehörte das Festland zu Deutsch-Ostafrika. Von 1962 bis 1964 existierte die Republic of Tanganyika, 1964 wurden Tanganyika und Zanzibar zur United Republic of Tanzania vereinigt. Die Fahne des Tanganyika Territory war rot, in der oberen linken Ecke befand sich der Union Jack, im Zentrum der rechten Hälfte ein Kreis mit einem Giraffenkopf vor weißem Grund.

*Tippu Tip*: Berüchtigter Sklaven- und Elfenbeinhändler aus Sansibar, dessen eigentlicher Name Hamed bin Mohammed lautete. Sein Geburtsjahr ist unbekannt. »Seine Züge waren afrikanischer Art«, schrieb Zeitgenosse C. Eliot, britischer Generalkonsul aus Sansibar von 1901 bis 1902, »und erweckten den ersten Eindruck, daß er ein einfacher Mischling sei; aber dieser Eindruck wurde widerlegt durch seine vornehmen und würdevollen Manieren und seine flüssige Sprache.« Tippu Tip diente als Führer diverser Expeditionen ins Innere des Kontinents, unter anderem begleitete er Henry Morton Stanley. Er starb 1905 auf Sansibar.

*Uhuru*: Freiheit (Kisuaheli).

*Ujamaa-Dörfer*: von Nyerere geschaffene ländliche genossenschaftliche Produktionseinheiten.

*Wagogo*: Pastoralisten aus der Gegend um Dodoma, Manyoni, Manyara und Irignga. Sie werden auch Gogo genannt (singular: Mgogo, plural: Wagogo, auch: Chigogo, Cigogo oder Kigogo). 2006 wurde die Gesamtzahl der Wagogo auf 1.440.000 geschätzt (Quelle: *Ethnologue*). Früher waren die Wagogo Sammler und Jäger, heute sind viele sesshaft und betreiben auch Ackerbau. Unter europäischen Reisenden waren die Wagogo unbeliebt. So schrieb Emin Pascha über dieses Bantu-Volk: »Wir sind jetzt an der Grenze zu Ugogo, ein Land, das bekannt ist für seine Winde, den Staub, die Wasserknappheit und die Frechheit seiner Einwohner.«

*Wissmann, Herbert von* (1853 – 1905) hieß bürgerlich eigentlich Hermann Wilhelm Leopold Ludwig Wissmann. Vom 8. Februar 1888 bis zum 21. Februar 1891 war der in Frankfurt an der Oder geborene Offizier und Afrika-Forscher Reichskommissar und schlug in dieser Zeit den Araberaufstand nieder, vom 26. April 1895 bis zum 3. Dezember 1896 war er Gouverneur von Deutsch-Ostafrika. Zuvor hatte er im Auftrag des belgischen Königs Leopold II. den Kongo bereist. Aus der sogenannten Wissmann-Truppe ging später die Kolonialarmee hervor.

# Zeittafel

120 v. Chr Die griechische Anweisung für Seefahrer *Periplus des Erythreischen Meeres* erscheint, dort werden die Insel Menouthias vor der Küste Azanias sowie der Küstenort Rhapta erwähnt. Historiker nehmen an, dass mit der Insel entweder Pemba, Sansibar oder Mafia gemeint ist und mit Rhapta der heutige Ort Pangani

500 (circa) »Die Geographie des Ptolemäus« erwähnt ebenfalls Rhapta

600 – 700 Arabische Flüchtlinge aus dem Oman und Sunniten aus Persien siedeln an der Küste

1100 – 1200 Lamu, Kilifi, Mombasa (heute Kenia), Pangani, Bagamoyo, Sansibar, Pemba, Lindi, Kilwa sind arabische Siedlungen

1200 (circa) In Sansibar werden eigene Münzen geprägt

1295 Marco Polo, der nie dort gewesen ist, erwähnt Sansibar: »Ein Königreich mit Elefanten und großen Walen in seinen Gewässern«

1325 – 1350 Ibn Battuta bereist die Ostküste zwischen Mombasa und dem heutigen Dar es Salaam

1400 (ca.) Chinesen und Malyen erreichen die ostafrikanischen Inseln

1497 Der Portugiese Vasco da Gama umsegelt das Kap der Guten Hoffnung

1499 Auf seiner Rückreise aus Indien besucht da Gama Sansibar

1500 (ca.) Portugiesen erreichen die Ostküste auf dem Weg nach Indien und errichten Handelsniederlassungen

1589 Auf Pemba errichten die Portugiesen bei Chake Chake ein Fort

1600 (ca.) Die Portugiesen errichten die erste Kirche auf Sansibar

1698 Die Oman-Araber nehmen das Fort Jesus in Mombasa ein und beenden damit die portugiesische Vorherrschaft in diesem Teil der afrikanischen Ostküste

1804 Sayyid Said wird Sultan von Oman

1813 David Livingstone wird in Blantyre geboren

1828 Der Sultan von Oman, Sayyid Said, verlegt seine Residenz nach Sansibar und errichtet ein selbstständiges Sultanat

1837 Die USA eröffnen als erster Staat ein Konsulat auf Sansibar

1839 Sansibar-Sultan Said schließt mit Großbritannien einen Handelsvertrag und sichert sich so das Monopol für den Handel mit Elfenbein und Gummi

1840 Sansibar löst Muskat als Hauptstadt von Oman ab

1841 Arabische Händler errichten in Ujiji, am Tanganjika-See, eine Handelskolonie (rund 1.600 Kilometer entfernt von der Küste); Henry Morton Stanley wird als John Rowlands in Wales geboren

1843 Erhardt, Krapf und Rebmann stoßen von der Küste kommend in das Hinterland vor

1848 Krapf und Rebmann entdecken den Kilimandscharo und erreichen Machame

1857 Burton und Speke verlassen auf der Suche nach den Nilquellen Bagamoyo

1856 Sultan Said stirbt an Bord seines Schiffes; sein Sohn Majid wird neuer Sultan von Sansibar, das nun ein eigenes Sultanat ist

1858 Burton und Speke erreichen den Tanganjika-See; Speke entdeckt bei Mwanza den Victoria-See.

1859 Livingstone erreicht den Njassa-See; auf Sansibar wird das erste hanseatische Konsulat eröffnet; Albert Roscher aus Hamburg entdeckt als erster Europäer den natürlichen Hafen von Dar es Salaam, misst ihm aber keine größere Bedeutung bei

1860 Von der Decken startet von Kilwa aus ins Innere Afrikas; Colonel Rigby, britischer Konsul auf Sansibar reist unter anderem nach Bagamoyo, um den Sklavenhandel zu bekämpfen

1861 Von der Decken erreicht Machame

1862 Von der Decken besteigt den Kilimandscharo bis zu einer Höhe von 4.280 Metern; Gründung Dar es Salaams durch Sultan Seyyid Majid in der Näge des Dorfes Mzizma

1866 Livingstone verlässt Sansibar zu seiner letzten großen Reise

1867 Livingstone erreicht das Südufer des Tanganjika-Sees; der Sklavenhändler Tippu Tip (Hamed bin Mohammed) bricht auf der Suche nach Elfenbein und Sklaven zu einer 15-jährigen Reise nach Zentralafrika auf, er wird die meiste Zeit im Kongo verbringen und Cameron, Stanley und Wissmann auf ihren Expeditionen behilflich sein

1870 Stanley verlässt Bombay, um sich auf die Suche nach Livingstone zu machen

1871 Stanley trifft Livingstone in Ujiji; Gründung des Deutschen Reichs

1873 Livingstone stirbt am Bangweulu-See; Camerons Suchexpedition erreicht Unjanjembe und trifft auf den Diener Livingstones, der den Tod des schottischen Missionars bestätigt; offiziell wird der Sklavenhandel von den Briten aufgehoben

1874 Cameron kreuzt auf dem Tanganjika-See, entdeckt den Ausfluss des Sees und zieht weiter zum Kongo

1876 Stanley umfährt in 57 Tagen die Ufer des Tanganjika-Sees

1880 Thompson erreicht den Rukwa-See

1882 Von Wissmann gelingt die erste Ost-West-Durchquerung von Njangwe, zum Tanganjika-See, nach Tabora und Saadani; Tippu Tip kehrt nach Sansibar zurück

1884 Die *Gesellschaft für deutsche Kolonisation*, die später umbenannt wird in *Deutsch-Ostafrikanische Gesellschaft*, setzt sich in Ostafrika fest

1884 – 1885 In Berlin findet die so genannte Kongokonferenz statt

1885 Kaiser Wilhelm stellt einen Schutzbrief für die von Carl Peters in Besitz genommenen Gebiete aus; vor dem Sultanspalast auf Sansibar ankern sechs deutsche Kriegsschiffe unter dem Kommando von Konteradmiral Knorr, um einen Handelsvertrag abzuschließen und den Sultan zur Anerkennung der deutschen Protektoriatsansprüche zu bewegen – dem bleibt nichts anderes übrig, als nachzugeben

1885 – 1887 Lenz am Tanganjika- und Njassa-See

1886 In Berlin erscheinen Emily Ruetes *Memoiren einer arabischen Prinzessin*

1887 Hans Meyer besteigt den Kilimandscharo bis zu einer Höhe von 5.500 Metern; in Dar es Salaam wird als erstes europäisches Gebäude das Haus der Evangelischen Missionarsgesellschaft errichtet; Bagamoyo wird Hauptstadt von Deutsch-Ostafrika

1887 – 1888 Graf Teleki und von Höhnel erklimmen den Kilimandscharo bis auf 5.300 Meter

1888 Der Sultan von Sansibar übergibt die Ostküste an die *Deutsch-Ostafrikanische Gesellschaft*; es kommt unter Rebellenführer Buschidi zum Aufstand gegen die deutschen Kolonialherren; Meyer und Baumann werden von Arabern festgehalten; Bismarck ernennt Hermann Wissmann zum Reichskommissar und entsendet ihn mit einer Schutztruppe ins Rebellengebiet

1889 Meyer erreicht den Gipfel des Kibo; Peters stellt eine Expedition zur Rettung des im Sudan in Bedrängnis geratenen deutschen Arztes Eduard Schnitzer (Emin Pascha) zusammen; der Reichstag bewilligt 2 Millionen Mark zur Niederwerfung des Araberaufstands; beim Beschuss Dar es Salaams durch den deutschen Kreuzer *Möve* wird das Evangelische Missionarsgebäude getroffen, es brennt nieder, wird aber später wieder aufgebaut; Wissmann greift Buschiri unter anderem mit 600 sudanesischen Söldnern und 450 Zulukriegern erfolgreich an

1890 Sansibar und Pemba werden britisches Protektorat; das Deutsche Reich übernimmt die Souveränität über Tanganyika; Helgoland wird an Deutschland übergeben, das gleichzeitig auf seinen Anspruch auf Sansibar verzichtet (Helgoland-Sansibar-Vertrag)

1891 Dar es Salaam wird Hauptstadt Deutsch-Ostafrikas; Carl Peters wird zum »Kaiserlichen Kommissar zur Verfügung des Gouverneurs von Deutsch-Ostafrika« ernannt und kehrt nach Afrika zurück; Peters bricht mit 120 Mann ins Kilimandscharo-Gebiet auf und erklärt 80.000 Aufständischen den Kriegszustand, später lässt er seine Geliebte Jodjaga und seinen Diener Mabrucki hängen, in Deutschland erscheint sein Buch *Die Emin Pascha-Expedition*; Julius Freiherr von Soden wird Gouverneur; die so genannte Wissmann-Truppe wird zur Kaiserlichen Schutztruppe umgewandelt

1892 Einleitung einer Untersuchung der Vorfälle um Carl Peters am Kilimandscharo durch Gouverneur von Soden

1891 – 1893 Oscar Baumann erreicht von Tanga kommend den Ostafrikanischen Grabenbruch, zieht durch das Massailand, entdeckt den Manyara- und Ejassi-See und betritt als erster Europäer den Ngorongoro-Krater. Seine Reise führt weiter zum Kagera und nach Ruanda, dann zurück bis nach Pangani an der Ostküste

1893 Von Tanga aus wird mit dem Bau der Usambara-Eisenbahn begonnen; der deutsche Botaniker Richard Hindorf führt die Sisalagave bei Tanga ein

1894 Die alten Karawanenstraße nach Ujiji wird ausgebaut

1895 Carl Peters wird in den Ruhestand versetzt, in selben Jahr erscheint sein Buch *Das Deutsch-Ostafrikanische Schutzgebiet*

1896 Disziplinarverfahren gegen Carl Peters in Berlin

1898 Meyer und Platz entdecken bislang unbekannte Kilimandscharo-Gletscher; auf Sansibar wird die Sklaverei endgültig verboten

1900 Adolf Graf von Goetzen wird Gouverneur von Deutsch-Ostafrika (bis 1906); Robert Koch unternimmt seine »Malaria-Expedition«; Paul von Lettow-Vorbeck nimmt an der Niederschlagung des Boxeraufstands in China teil

1901 Uhlig und Schieritz besteigen den Mount Meru

1904 Stanley stirb in Londont; Lettow-Vorbeck geht nach Deutsch-Südwest, wo der Hereroaufstand niedergeschlagen wird

1905 Tippu Tip stirbt auf Sansibar an Malaria, einen Tag nach ihm stirbt Wissmann; Carl Peters wird rehabilitiert, erhält den Titel Reichskommissar a. D. zurück und eine Pension; Aufstand im Mtumbi-Hochland, rund 250 Kilometer südwestlich von Dar es Salaam, die Angriffe gelten zunächst den Indern, Arabern und Suaheli, erst später europäischen Siedlern

1906 Carl Peters' Buch *Die Gründung von Deutsch-Ostafrika* erscheint; Niederwerfung des Aufstands bei Mgende

1906 – 1907 Robert Koch reist zum Victoria-See

1909 Bernhard Grzimek wird in Neiße, Oberschlesien geboren

1912 Heinrich Schnee wird zum Gouverneur von Deutsch-Ostafrika ernannt

1913 Auf der Meyer-Werft in Papenburg wird die *Goetzen* gebaut

1914 Die Eisenbahnlinie von Dar es Salaam nach Kigoma wird in Betrieb genommen; Beginn des Ersten Weltkriegs; Beschuss der Festung Dar es Salaam durch den britischen Kreuzer Pegasus; Schlacht bei Tanga; Carl Peters wird aus Großbritannien ausgewiesen

1915 Stapellauf der *Goetzen*

1916 Auf Befehl Lettow-Vorbecks wird die *Goetzen* versenkt

1917 Lettow-Vorbeck weicht mit seiner Guerilla-Truppe auf portugiesisches Kolonialgebiet im Norden des heutigen Mosambik aus

1918 Deutschland kapituliert und Tanganjika fällt an Großbritannien; mit Lettow-Vorbeck ergeben sich die letzten 155 deutschen Offiziere, 1.168 Askaris und 1.522 Träger; die Belgier heben die *Goetzen*

1919 Die Reste von Lettow-Vorbecks Schutztruppe ziehen gemeinsam mit dem General durchs Brandenburger Tor

1920 Lettow-Vorbecks *Meine Erinnerungen aus Ostafrika* erscheinen in Leipzig

1921 Nach Gründung des Völkerbunds wird das ehemalige Deutsch-Ostafrika Mandatsgebiet. Ruanda und Burundi fallen unter belgische Kontrolle, Tanganyika wird den Briten zugeschlagen; der Kilimandscharo wird zum »Forest Game Reserve« erklärt und unter Schutz gestellt

1922 Nyerere wird im Dorf Butiama geboren

1927 Der Name der *SMS Goetzen* wird in *Liemba* geändert

1929 Gründung der *African Association*

1933 Fritz Veit wandert nach Tanganjika aus

1934 Der deutsche Architekt Ernst May wählt Tanganjika als Exil und versucht sich am Mount Meru als Kaffeefarmer; Veit erwirbt die Machare-Kaffeeplantage

1935 Ernest Hemingways *Green Hills of Africa* erscheint

1936 Hemingway veröffentlich seine Kurzgeschichte »The Snows of Kilimanjaro«; Ernst May baut in Usa River (Mount Meru) das Haus für Captain Murray

1937 Karen Blixens Roman *Out of Africa* erscheint

1946 Die *Vereinten Nationen* übernehmen Tanganjika zur treuhänderischen Verwaltung

1848 Die *Tanganyika African Association* geht aus der *African Association* hervor

1949 Nyerere studiert in Edinburgh

1950 Grundsteinlegung des von Ernst May entworfenen *KNCU*-Gebäudes in Moshi

1951 Die Serengeti wird von der britischen Verwaltung zum Nationalpark erklärt, sie umfasst 5.600 Hektar, ungefähr die Größe von Connecticut

1953 Nyerere wird zum Präsidenten der *Tanganyika African Association* (*T. A. A.*)

1954 Die *Tanganyika African National Union* (*TANU*) wird unter Führung von Julius Kambarage Nyerere gegründet; Ernst May kehrt zurück nach Deutschland

1957 Michael und Bernhard Grzimek fliegen für den Film *Kein Platz für wilde Tiere* in einer einmotorigen Propellermaschine nach Afrika

1958 Freie Wahlen finden statt; Lettow-Vorbeck reist noch einmal nach Dar es Salaam, wo er von vielen ehemaligen Askaris empfangen wird

1959 In der Olduvai-Schlucht finden die Leakeys das Skelett eines zwei Millionen Jahre alten »Nußknackermenschen«; die Ngorongoro Conservation Area wird eingerichtet, den Massai wird fortan verboten, hier ihre Rinder grasen zu lassen; Professor Grzimeks Sohn Michael stirbt während der Dreharbeiten zu *Serengeti darf nicht sterben* bei einem Flugzeugabsturz, in Deutschland erscheint Bernhard Grzimeks gleichnamiges Buch

1960 Julius Nyerere wird Premierminister, nachdem die *TANU* 70 von 71 Mandaten erzielt hat, allerdings befindet sich Tanganjika im Auftrag der *UN* immer noch unter britischer Verwaltung; das Arusha National Reserve wird zum Nationalpark umgewandelt; auf dem Gelände von Momella wird der Tierfängerfilm *Hatari* mit John Wayne und Hardy Krüger gedreht; *Serengeti darf nicht sterben* erhält einen Oscar

1961 Tanganjika wird unabhängig; Hardy Krüger eröffnet in der Nähe von Arusha die Momella Wildlife Lodge

1962 Nyerere wird erster Präsident des Landes

1963 Sultan Abdullah stirbt an den Folgen einer Beinamputation; Sansibar erhält die Unabhängigkeit unter Sultan Jamshid, Abdullahs Sohn

1964 Staatsstreich in Sansibar; der Sultan wird verjagt; Abeid Karume wird Präsident der Volksrepublik Sansibar und nimmt diplomatische Beziehungen zur DDR auf; Tanganjika und Sansibar schließen sich auf Anregung Nyereres zu Tansania (Tanganjika, Sansibar, Azania) zusammen

1965 Tansania erhält eine Verfassung; Einführung des Einparteiensystems, die *TANU* ist die einzig zugelassene Partei

1967 Arusha-Deklaration, das Programm der *Ujamaa* (Gemeinschaft) wird vorgelegt, Tansania wird sozialistisch

1970 France Galls »Kilimandscharo«-Lied (»Chagadagh«) erscheint

1971 Bau der Tazara beginnt

1972 Karume wird auf Sansibar ermordet; Nyerere legt das Programm zur Dezentralisierung vor

1973 Dodoma wird Hauptstadt Tansanias

1975 Einweihung der von den Rotchinesen angelegten Bahnverbindung von Dar es Salaam ins sambische Kapiri Mposhi (Tazara)

1977 Zusammenschluss der *TANU*, die auf dem Festland regiert, und der *ASP* von Sansibar zur *CCM* (Chama cha Mapinduzi, übersetzt: Partei der Revolution)

1978 Idi Amin lässt ugandische Soldaten in Tansania einfallen, da er den Grenzverlauf zwischen beiden Staaten nicht anerkennt; Tansania erklärt daraufhin den Krieg; tansanische Truppen dringen nach Uganda vor und stürzen Idi Amin; Einführung der allgemeinen Schulpflicht in Tansania

1980 Wiederwahl Nyereres für weitere fünf Jahre

1981 Die letzten tansanischen Truppen verlassen Milton Obotes Uganda

1982 Tony Marschall singt »Kilimandscharo« (»Affen kreischen, ein Tiger geht«)

1985 Nyerere übergibt sein Amt an Ali Hassan Mwinyi; Liberalisierung der Wirtschaft

1987 Bernhard Grzimek stirbt in Frankfurt am Main

1992 Tansania wird Mehrparteienstaat

1994 Genozid in Ruanda, gewaltige Flüchtlingsströme erreichen Tansania

1995 Ali Hassan Mwinyi stirbt, Benjamin Mkapa wird neuer Präsident

1999 Nyerere stirbt in London an Leukämie; zu seiner Beisetzung in Tansania kommen mehr als eine halbe Millionen Menschen

2005 Jakaya Mrisho Kikwete wird vierter Staatspräsident

# Literatur


Abraham, Kinfe: *The Missing Millions. Why & How Africa is Underdeveloped.* Trenton (USA) 1995

Abrahams, Roger D. (Hrsg.): *African Folktales.* New York 1983

Amin Mohamed; Willets, Duncan; Marshal, Peter: *Reise durch Tansania.* Hannover 1993

Ansprenger, Franz: *Geschichte Afrikas.* München 2002

Arnold, Guy: *Africa – A Modern History.* London 2006

Ayani, Samuel G.: *A History of Zanzibar. A Study in Constitutional Development 1934–1964.* Nairobi 1983

Ayittey, George B. N.: *Africa Betrayed.* New York 1992

Ayittey, George B. N.: *Africa in Chaos.* New York 1999

Ayot, Henry Okello: *Historical Texts of the Lake Region of East Africa.* Nairobi 1977

Bach, Lea: *Sanfter Mond über Usambara.* München 2012

Barley, Nigel: *Traumatische Tropen. Notizen aus meiner Lehmhütte.* München 2001

Bart, Francois; Mbonile, Milline Jethro; Devenne, Francois (Hrsg.): *Kilimanjaro. Mountain, Memory, Modernity.* Dar es Salaam 2006

Bateman, George; Bobbett, Walter: *Zanzibar Tales.* Sansibar 2006

Baumann, Oscar: *Der Sansibar-Archipel. Ergebnisse einer mit Unterstützung des Vereins für Erdkunde zu Leipzig ausgeführten Forschungsreise.* Sansibar 2014

Baumhögger, Goswin; Dargel, Jörn; Führing, Gisela; Hofmeier, Rolf; Schieß, Manfred: *Ostafrika. Reisehandbuch Kenya – Tansania.* Frankfurt am Main 1975

Bayart, Jean-Francois; Ellis, Stephen; Hobou, Beatrice: *The Criminalization of the State in Africa.* Oxford 1999

Becker, Friedrich: *Afrikanische Märchen.* Frankfurt am Main 1971

Bierman, John: *Dark Safari. The Life behind the Legend of Henry Morton Stanley.* New York 1990

Birnbaum, Michael: *Die schwarze Sonne Afrikas.* München 2001

Bitala, Michael: *Das Prinzip Trotzdem. Afrikanische Augenblicke.* Wien 2007

Bitala, Michael: *Der Löwe im Keller des Palastes. Ostafrikanische Erfahrungen.* Wien 2003

Bitala, Michael: *Hundert Jahre Finsternis. Afrikanische Schlaglichter.* Wien 2005

Blixen, Tania: *Jenseits von Afrika.* Reinbek bei Hamburg 2000

Block, Jeremy; Pearson, Rand: *Kahawa. Kenya's Black Gold. The Story of Kenya Coffee.* Nairobi 2005

Böhler, Katja; Hoeren, Jürgen (Hrsg.): *Afrika. Mythos und Zukunft.* Bonn 2003

Borowski, Brigitte; Boumer, Achim; Brödel, Ina: *Bädeker Kenia, Kilimandscharo, Serengeti.* Ostfildern 2003

Boyd, William: *Der Eiskrem-Krieg.* Berlin 2012

Brehm, Alfred Edmund: *Brehms Tierleben.* Frankfurt am Main 2006

Brode, Heinrich: *Tippu Tip. The Story of his Career in Zanzibar and Central Africa.* Sansibar 2000

Brunold, Georg: *Nilfieber. Der Wettlauf zu den Quellen.* Frankfurt am Main 1994

Calderisi, Robert: *The Trouble With Africa. Why Foreign Aid Isn't Working.* New York 2006

Cameron, Kerstin: *Kein Himmel über Afrika. Eine Frau kämpft um ihre Freiheit.* Berlin 2005

Capus, Alex: *Eine Frage der Zeit.* München 2009

Chabal, Patrick; Daloz; Jean-Pascal: *Africa Works. Disorder as Political Instrument.* Oxford 1999

Christa, Gabi; Scharf, Uwe: *Transafrika. In 100 Tagen mit dem Allrad zum Kap der Guten Hoffnung.* Halblech 2010.

Croegaert, Luc: *The African Continent.* Nairobi 1999

Davidson, Basil: *Africa in History.* London 2003

Davidson, Basil: *Afrika. Stämme, Staaten, Königreiche.* Reinbek bei Hamburg 1974

Davidson, Basil: *The Lost Cities of Africa.* New York 1985

Demhardt, Imre Josef: *Die Entschleierung Afrikas.* Gotha 2000

Dichter, Thomas: *Despite Good Intentions. Why Development Assistance to the Third World Has Failed.* Massachusetts 2003

Dirmoser, Dietmar; Gronemeyer, Rainer; Rakelmann, Georgia A. (Hrsg.): *Mythos Entwicklungshilfe. Entwicklungsruinen: Analysen und Dossiers zu einem Irrweg.* Gießen 1991

Dix, Arthur: *Was geht uns Afrika an?* Berlin 1931

Dix, Arthur: *Weltkrise und Kolonialpolitik.* Berlin 1932

Downing, Raymond: *The Wedding Goes on without me.* Nairobi 2001

Dugard, Martin: *Auf nach Afrika! Stanley, Livingstone und die Suche nach den Quellen des Nils.* München 2005

Easterley, William: *The Elusive Quest for Growth. Economist's Adventures and Misadventures in the Tropics.* Cambridge 2002

Easterley, William: *Wir retten die Welt zu Tode. Für ein professionelles Management im Kampf gegen die Armut.* Frankfurt am Main 2006

Eckert, Andreas: *Kolonialismus.* Frankfurt am Main 2006

Edschmid, Kasimir: *Afrika nackt und angezogen*. Frankfurt am Main 1934

Else, David; Tyrrell, Heather: *Zanzibar. The Bradt Travel Guide*. Bucks (UK) 2003

Engel, Ulf: *Die Afrikapolitik der Bundesrepublik Deutschland 1949–1999. Rollen und Identitäten*. Hamburg 1999

Fabian, Johannes: *Im Tropenfieber. Wissenschaft und Wahn in der Erforschung Zentralafrikas*. München 2001

Fage, John D.; Oliver, Roland: *Kurze Geschichte Afrikas*. Wuppertal 2002

Ferdowski, Mir A.: *Afrika – ein verlorener Kontinent?* München 2008

Finke, Jens: *The Rough Guide to Tanzania*. New York 2006

Fodan, Giles: *Mimi and Toutotu Go Forth. The Bizarre Battle of Lake Tanganyika*. London 2004

Fodan, Giles: *Sansibar*. Berlin 2003

Fonck, H.: *Deutsch Ost-Afrika. Die Schutztruppe, ihre Geschichte, Organisation und Tätigkeit*. Wolfenbüttel 2011

Fokam, Paul K.: *Tomorrow's Africa. What about a Take Off?* Paris 2004

Friedl, Gerhard (Hrsg.): *Wer rettet Afrika? Ein Kontinent im Umbruch*. München 1995

French, Howard W.: *A Continent for the Taking. The Tragedy and Hope of Africa*. New York 2004

Frommlet, Wolfram (Hrsg.): *Die Sonnenfrau. Sechsundzwanzig neue Geschichten aus Schwarzafrika*. Wuppertal 1994

Gabriel, Jörg: *Sansibar. Urlaubshandbuch*. Bielefeld 2001

Gabriel, Jörg: *Tansania. Sansibar. Kilimanjaro*. Bielefeld 2000

Gedat, Gustav Adolf: *Was wird aus diesem Afrika? Erlebter Kampf um einen Erdteil*. Stuttgart 1938

Geldof, Bob: *Geldof in Africa*. London 2006

Goodall, Jane: *Grund zur Hoffnung*. München 2001

Goodall, Jane: *In the Shadow of Man*. London 1999

Goodall, Jane: *Through a Window. Thirty Years with the Chimpanzees of Gombe*. London 2000

Grube, Elsa; Wrage, Werner: *Polyglott-Reiseführer Ostafrika*. München 1977

Greene, Meg: *Jane Goodall. A Biography*. London 2005

Grzimek, Bernhard: *Kein Platz für wilde Tiere*. München 1954

Grzimek, Bernhard; *Flug im Schimpansenland. Reise durch ein Stück Afrika von heute*. Stuttgart 1952

Grzimek, Bernhard; Grzimek, Michael: *Serengeti darf nicht sterben. 367.000 Tiere suchen einen Staat*. Berlin 1959

Guadalupi, Gianni; Shugaar, Antony: *Faszination Äquator*. München 2002

Guest, Robert: *The Shackled Continent. Africa's Past, Present and Future*. London 2004

Gunther, John: *Afrika von Innen*. Zürich 1957

Hallet, Jean-Pierre: *Afrika Kitabu*. München 1965

Hancock, Graham: *Lords of Poverty. The Freewheeling Livestyles, Power, Prestige and Corruption of the Multibillion Dollar Aid Business*. London 2004

Hansen, Holger Bernd; Twaddle, Michael (Hrsg.): *Religion & Politics in East Africa*. Nairobi 1995

Hanzelka, Jiri; Zikmund, Miroslav: *Afrika – Traum und Wirklichkeit*. Ostberlin 1957

Haj, Maulid M.: *Sowing the Seed. Zanzibar and Pemba before the Revolution*. Sansibar 2001

Harden, Blaine: *Africa. Dispatches from a Fragile Continent*. New York 1990

Harding, Leonhard: *Geschichte Afrikas im 19. und 20. Jahrhundert*. München 199

Harris, Joseph E.: *Africans and their History*. New York 1998

Hartley, Aidan: *The Zanzibar Chest*. London 2003

Hemingway, Ernest: *Schnee auf dem Kilimandscharo*. Reinbek bei Hamburg 1952

Hemsing, Jan: *The Beauty of Amboseli*. Nairobi 1993

Herrel, Eckhard: *Ernst May. Architekt und Stadtplaner in Afrika 1934 bis 1953*. Frankfurt am Main 2001

Hirschberg, Walter: *Die Kulturen Afrikas*. Frankfurt am Main 1974

Hofmann, Corinne: *Die weiße Massai*. München 2000

Holgate, Kingsley: *Africa in the Footsteps of the Great Explorers*. Kapstadt 2006

Hopp, Werner: *Wunderwelt der Tropen*. Berlin 1951

Iliffe, John: *Geschichte Afrikas*. München 2000

Italiaander, Rolf: *Schwarze Haut im roten Griff*. Düsseldorf 1962

Jackson, John G.: *Introduction to African Civilizations*. New York 2001

Jary, Michaela: *Sehnsucht nach Sansibar*. München 2011

Jeal, Tim: *Stanley. The Impossible Life of Africa's Greatest Explorer*. London 2007

Jens, Walter (Hrsg.): *Kindlers neues Literaturlexikon* (in 22 Bänden). München 1998

Jong, Albert de: *Mission and Politics in Eastern Africa. Dutch Missionaries and African Nationalism in Kenya, Tanzania and Malawi*. Nairobi 2000

Jungbauer, Andreas: *Deutsche Afrika-Politik in den 90er Jahren*. Hamburg 1998

Kabou, Axelle: *Weder arm noch ohnmächtig. Eine Streitschrift gegen schwarze Eliten und weiße Helfer*. Basel 2001

Kahangi, Gordon Kamugunda: *A History of East Africa*. Kampala 2003

Kaiser, Martin; Wagner, Norbert: *Entwicklungspolitik. Grundlagen – Probleme – Aufgaben*. Bonn 1986

Kandt, Richard: *Zu den Quellen des Nils*. Berlin 1950

Kaufmann, Herbert: *Afrika. Reise durch einen sich wandelnden Kontinent*. Frankfurt am Main 1954

Ki-Zerbo, Joseph: *Die Geschichte Schwarz-Afrikas.* Frankfurt am Main 1981

Klampen, Erich zu: *Carl Peters.* Berlin 1938

Klein, Stefan; Karmon-Klein, Manja: *Die Tränen des Löwen. Leben in Afrika.* Zürich 1992

Kohlert, Christine Elisabeth: *Dar es Salaam. Urbane Restrukturierung einer afrikanischen Hafenstadt. Stadtgeschichte, Stadtanalyse, Punktuelle Intervention.* München 2005

Kohlhammer, Siegfried: *Auf Kosten der Dritten Welt.* Göttingen 1993

Kols, Brigitte: *Tatort Afrika. Ein Kontinent zwischen Gewalt und Hoffnung.* Berlin 1999

Kordy, Steffi: *Dumont Richtig Reisen Kenya und Tansania.* Köln 2001

Kozeny, Victor: *Das golden Grab am Kilimanjaro.* Mombasa 1996

Krüger, Hardy: *Eine Farm in Afrika.* Reinbek bei Hamburg 1970

Kundrus, Birte: *Moderne Imperialisten. Das Kaiserreich im Spiegel seiner Kolonien.* Köln 2003

Kundrus, Birte: *Phantasiereiche. Zur Kulturgeschichte des deutschen Kolonialismus.* Frankfurt am Main 2003

Kunkler, Tom: *Kilimanjaro. Trekking und Abenteuer am höchsten Berg Afrikas.* Bad Kreuznach 2007

Lettow-Vorbeck, Paul von: *Meine Erinnerungen aus Ostafrika.* Leipzig 1920

Lithgow, Tom; Lawick, Hugo van: *The Ngorongoro Story.* Nairobi 2004

Livingstone, David: *The Life & African Explorations of David Livingstone.* New York 2002

Lynn, Richard; Vanhanen, Tatu: *IQ and the Wealth of Nations.* Westport (US) 2002

Lyogello, Lilian: *A Tourist Guide to Tanzania National Parks.* Dar es Salaam 1995

Mabe, Jacob E. (Hrsg.): *Das Afrika-Lexikon. Ein Kontinent in 1000 Stichwörtern.* Wuppertal 2001

Mackenzie, Rob: *David Livingstone. The Truth behind the Legend.* Fearn 2002

Makgoba, William (Hrsg.): *African Rennaissance.* Kapstadt 1999

Martin, David: *Tanzania National Parks and other Attractions.* Harare 2004

Martin, Esmond Bradley: *Zanzibar. Tradition and Revolution.* London 1978

Moyo, Dambisa: *Dead Aid. Warum Entwicklungshilfe nicht funktioniert und was Afrika besser machen kann.* Berlin 2001

McCarthy, James: *Journey into Africa. The Life an Death of Keith Johnston, Scottish Cartographer and Explorer (1844–1879).* Caithness 2004

McLynn, Frank: *Stanley. Dark Genius of African Exploration.* London 2004

Meffert, Rrich F.: *Sansibar. Ein deutsches Lesebuch 1844–1914.* Sansibar 2007

Meffert, Erich F.: *Where to, Fair Beauty?* Sansibar 2009

Meissner, Ursula; Metlitzky, Heinz: *Todestanz. Sex und Aids in Afrika*. Frankfurt am Main 2003

Mercer, Graham: *The Beauty of Ngorongoro*. Nairobi 1993

Meredith, Martin: *The State of Africa. A History of Fifty Years of Independence*. London 2005

Meyer, Hans: *Die Erstbesteigung des Kilimandscharo 1889*. Stuttgart 2001

Michler, Ian: *Zanzibar – The Insider's Guide*. Kapstadt 2005

Michler, Walter: *Weißbuch Afrika*. Bonn 1988

Millais, J. G.: *Life of Frederick Courtenay Selous*. Sansibar 2001

Mitchison, Amanda: *Who was David Livingstone? The Legendary Explorer*. London 2003

Moser, Achill: *Afrika. Faszinierende Welten zwischen Himmel und Erde*. München 2001

Mudimbe, V. Y.: *The Idea of Africa*. London 1994

Müller, Klaus E.; Ritz-Müller, Ute: *Soul of Africa. Magie eines Kontinents* (mit Fotos von Henning Christoph). Köln 1999

Nhema, Alfred G.: *The Quest for Peace in Africa. Transformation, Democracy and Public Policy*. Addis Abeba 2004

N'dumbe III, Kum'a: *Was wollte Hitler in Afrika? NS-Planungen für eine faschistische Neugestaltung Afrikas*. Frabkfurt am Main 1993

Nuscheler, Paul: *Entwicklungspolitik*. Bonn 2004

Oberndörfer, Dieter; Hanf, Theodor: *Entwicklungspolitik*. Berlin 1986

Ogutu, Matthias A.: *An Introduction To African History*. Nairobi 1997

Oppenheimer, Stephen: *Out of Africa's Eden. The Peopling of the World*. Johannesburg 2003

Owusu, Heike: *Symbols of Africa*. New York 1998

Paice, Edward: *Tip & Run. The Untold Tragedy of the Great War in Africa*. London 2007

Parsons, Janet Wagner: *The Livingstones at Kolberg 1847–1852*. Gaborone 1997

Patience, Kevin: *Königsberg. A German East African Raider*. Bahrein 2001

Paulitschke, Phillip: *Geographische Erforschung des afrikanischen Kontinents*. Osnabrück 1968

Pesek, Michael: *Das Ende eines Kolonialreiches. Ostafrika im Ersten Weltkrieg*. Frankfurt am Main 2010

Peters, Carl: *Afrikanische Köpfe*, Berlin 1915

Peters, Carl: *Die deutsche Emin Pascha-Expedition*. Hamburg 1907

Plate, Christoph (Hrsg.): *Der bunte Kontinent. Ein neuer Blick auf Afrika*. Stuttgart 2001

Pluth, David; Amin, Mohammed; Mercer, Graham: *Kilimanjaro. The Great White Mountain of Africa*. Nairobi 2001

Quiring, Claudia; Voigt, Wolfgang; Cachola Schmal, Peter; Herrel, Eckhard (Hrsg.:) Ernst *May 1886–1970*. München 2011

Read, David: *Another Load of Bull. Extracts from the Ol Molog Diaries West Kilimanjaro 1952–1975*. Arusha 2005

Read, David: *Barefoot over the Serengeti*. Arusha 2004

Reader, John: *Afrika. Ein Porträt des schwarzen Kontinents mit Fotos von Michael Lewis*. Washington D. C. 2001

Rodney, Walter: *How Europe Underdeveloped Africa*. Nairobi 2003

Roodt, Veronica: *Tourist Travel & Field Guide of the Ngorongoro Conservation Area*. Johannesburg 2006

Roodt, Veronica: *Tourist Travel & Field Guide of the Serengeti National Park*. Johannesburg 2005

Ross, Andrew: *David Livingstone. Mission and Empire*. London 2002

Ross, Colin: *Die erwachende Sphinx*. Leipzig 1927

Rothschild, Donald: *Managing Ethnic Conflict in Africa. Pressures and Incentives for Cooperation*. Washington D. C. 1997

Ruete, Emily: *Leben im Sultanspalast*. Frankfurt am Main 1989

Rushton, Philippe J.: *Rasse, Evolution und Verhalten. Eine Theorie der Entwicklungsgeschichte*. Graz 2005

Salkeld, Audrey: *Kilimanjaro. To The Roof of Africa*. Washington D. C. 2002

Sardanis, Andrea: *A Venture in Africa. The Challenges of African Business*. New York 2007

Sattin, Anthony: *The Gates of Africa. Death, Discovery and the Search for Timbuktu*.

London 2003

Schicho, Walter: *Handbuch Afrika* (in drei Bänden). Frankfurt am Main 1999

Schiffers, Heinrich: *Wilder Erdteil Afrika. Das Abenteuer der großen Forschungsreisen*. Frankfurt am Main 1962

Schott, Hanna: *Mama Massai. Angelika Wohlenberg – die wilde Heilige der Steppe*. Gießen 2007

Schulte-Varendorff: *Kolonialheld für Kaiser und Führer. General Lettow-Vorbeck*. Berlin 2006

Schulz, Eckhard: *Unter Giraffen und Elefanten*. Leipzig 1987

Scurla, Herbert (Hrsg.): *Zwischen Mittelmeer und Tschadsee. Reisen deutscher Forscher des 19. Jahrhunderts durch Nord- und Zentralafrika*. Berlin 1966

Seifert, Christine: *Zanzibar Sketchbook*. Sansibar 2009

Seufert, Karl Rolf: *3000 Jahre Afrika*. Baden-Baden 1973

Shelley, Steve: *Doing Business in Africa. A Practical Guide for Investors, Entrepeneurs and Expatriate Managers.* Kapstadt 2004

Sheriff, Abdul: *Historical Zanzibar. Romance of the Ages.* London 1995

Sheriff, Abdul: *Slaves, Spices & Ivory in Zanzibar.* Nairobi 2002

Shikwati, James (Hrsg.): *Reclaiming Africa.* Nairobi 2004

Smith, David Lovatt: *Amboseli. Nothing Short of a Miracle.* Nairobi 1997

Smyth, Annie; Saftel, Adam (Hrsg.): *The Story of Julius Nyerere. Africa's Elder Statesman. From the Pages of Drum.* Dar es Salaam 1993

Stanley, Henry Morton: *Through the Dark Continent* (in zwei Bänden). Toronto 1988

Stanley, Henry Morton: *Wie ich Livingstone fand.* Stuttgart 1983

Stephan, Harry (Hrsg.): *The Scramble for Africa in the 21st Century. A View from the South.* Kapstadt 2006

Stewart, Julia: *Stewart's Quotable Africa.* Kapstadt 2004

Strachan, Hew: *The First World War in Africa.* New York 2004

Strandes, Justus: *The Portuguese Period in East Africa.* Nairobi 1989

Stuart, Chris; Stuart Tilde: *Ngorongoro Conservation Area.* Kapstadt 2003

Sulivan, G. L.: *Dhow Chasing. In Zanzibar Waters.* Sansibar 2003

Sutton, J. E. G.: *Archaeological Sites of East Africa: Four Studies.* Nairobi 1998

Taylor, Stephen: *Livingstone's Tribe. A Journey from Zanzibar to the Cape.* London 2000

Temming, Rolf L. (Hrsg.): *Entdecker, Forscher, Weltenbummler. Abenteuer aus zwei Jahrtausenden.* Köln 1970

Tetzlaff, Rainer; Jakobeit, Cord: *Das nachkoloniale Afrika. Politik – Wirtschaft – Gesellschaft.* Wiesbaden 2005

Thairu, Kihumbu: *The African Civilzation. Utamaduni Wa Kiafrika.* Nairobi 1985

Thompson, Nicholas; Thompson, Scott: *The Baobab and the Mango Tree. Lessons about Development – African & Asian Contrasts.* Bangkok 2000

Tidy, Michael: *A History of Africa* (in zwei Bänden). London 2001

Timberlake, Lloyd: *Africa in Crisis. The Causes, the Cures of Environmental Bankrupcy.* Nairobi 1994

Trojanow, Ilija: *In Afrika. Mythos und Alltag.* München 2006

Ullrich, Volker; Berie, Eva: *Der Fischer Weltalmanach – Afrika.* Frankfurt am Main 2006

Uribe, Andres: *Brown Gold. The Amazing Story of Coffee.* New York 1954

Vageler, Paul: *Afrikanisches Mosaik.* Berlin 1941

Veit, Fritz: *Vom Pariser Platz zum Kilimandscharo.* Pfaffenhofen/Ilm 1971

Viera, Josef: *Zwischen Kap und Kairo. Afrikanisches Abenteuer.* Reutlingen 1952

Villiers de, Marq; Hirtle, Sheila: *Into Africa. A Journey through the Ancient Empires.* Toronto 1999

Wassermann, Jakob: *Bula Matari. Das Leben Stanleys.* Berlin 1932

Werobel-La Rochelle, Jürgen M.; Hofmeier, Rolf; Schönborn, Mathias: *Politisches Lexikon Schwarzafrika.* München 1978

Wieben, Uwe: *Carl Peters. Das Leben eines deutschen Kolonialisten.* Rostock 2000

Wiedemann, Erich: *Idi Amin. Ein Held von Afrika?* Wien 1976

Wilson, Colum; Irwin, Aisling: *In Quest of Livingstone. A Journey to the Four Fountains.* Tiverton 1988

Wingenroth, Carl G.: *Des weißen Mannes Bürde. 2000 Jahre Kolonialismus.* Köln 1961

Wolff, Jürgen H.: *Entwicklungshilfe: Ein hilfreiches Gewerbe?* Münster 2005

Wolff, Jürgen H.: *Entwicklungsländer und Entwicklungspolitik im Rahmen globaler Strukturen und Prozesse.* Paderborn 2003

Zache, Hans (Hrsg.): *Das deutsche Kolonialbuch.* Leipzig 1925

Zwilling, Ernst A.: *Tierparadies Ostafrika.* Wien 1966

(Es wird jeweils die dem Autor zur Verfügung stehende Ausgabe erwähnt.)